조선 성균관 교학문화

장재천 저

박영story

머리말

조선시대의 성균관 관련 연구를 서울 올림픽 이후부터 30여 년이 훌쩍 넘도록 수행해오는 동안 2000년 2월에 『조선조 성균관 교육과 유생문화』를 처음 선보였고, 그 후 진행된 연구물들을 모아 2012년 2월에 속편 격인 『조선 성균관 교육문화』를 두 번째로 발간하였다. 또 2018년 2월에 와서야 두 번째 저서의 속편 격으로 『조선 성균관 학교문화』를 세 번째 저서로 간행하였다. 체력이나 정신력이나 여러 면에서 이제 더 이상 연구하는 것도 쉽지 않아 아무래도 마지막이 될 것만 같은 네 번째 저서인 『조선 성균관 교학문화』를 내놓게 되었다.

애초부터 조선 성균관 연구 1, 2, 3, 4의 번호를 붙여가며 시리즈 스타일의 책 제목을 계속 지었더라면 좋았을 것을 먼 미래를 내다보지 못하고 굳이 조금씩 다르게 하다 보니, 교육 문화니 학교 문화니 교학 문화니 해가면서 머리를 쥐어짜는 고민을 자주 하는 바람에 스스로도 혼선을 빚고 말았다. 물론 그 내용에 있어서는 중복되는 것들이 거의 없도록 하였으나 처음부터 원대한 목표를 세워서 차근차근하지 않고 그때그때 생각나는 대로 연구를 진행하다 보니 이제 와서는 뭔가 종류별로 구성하기도 상당히 어려워졌다.

더욱이 이번에는 2019년 초부터 코로나19 바이러스로 인하여 모든 것이 자유롭지 않은 상황에서도, 상업성보다는 학술적 가치를 인정하여 국가 경제 상황과 출판계의 불황에도 불구하고 이 졸저를 내는 데 힘써주시고 도와주신 박영사와 편집진들에게 깊은 감사를 드린다.

2021년 3월 20일

장 재 천

차례

제1부 성균관과 효

제1장 효와 정치

제2장 효와 교육

제3장 효와 천거

제4장
추효(追孝)

제5장
성균관 양로례

제2부
성균관 유생들의 싸움

제1장
덕방암 승려들과의 패싸움

제2장
외부 관리들과의 싸움

제3장
포졸들과의 싸움

제4장
유생들의 성범죄

제3部
성균관에 대한 군왕의 시각

제1장
중종 전반기 학풍 논란

제2장
중종 후반기 학풍 논란

제3장
순조 전반기 시각

제4장
순조 후반기 시각

제4부
예악교육과 노비상벌

제1장
성균관 예악 교육

제2장
성균관 노비 상벌

제 1 부

성균관과 효

제 1 장

효와 정치

1. 글머리

조선시대는 우리가 잘 알다시피 성리학이라는 철학국가시대요, 끊임없는 충·효·열에 대한 정표정책(旌表政策)[1]을 통해 정치와 교육 등이 혼연일체가 된 그야말로 정치와 교육이 분리될 수 없는 정교일치 시대였다. 그러므로 성균관 교관이 70세 치사(致仕)[2] 때까지의 직책이 아닌 거쳐 가는 직책으로 이동이 잦았으며, 『논어』·『효경』[3]과 같은 유교경전이라는 기본 교과서에 의한 교육내용도 시대가 아무리 흘러간다 할지라도 절대적인 진리로서 인정하는

1) 『오륜행실도』, 즉 『이륜행실도』, 『삼강행실도』, 『효행록』 등을 비롯한 그림, 책자 같은 것들의 간행과 효행상, 효행 천거제들을 통한 포상과 정표정책들로 인해 오늘날도 웬만한 시골동네에 가보면 효자문, 효자각, 열녀문 등이 많이 남아 있음을 어렵지 않게 찾아볼 수 있다. 뿐만 아니라 수많은 효행담, 효행설화, 효 속담, 효 격언, 효 지명, 효 이름들도 주변에서 아주 흔하게 들어볼 수 있을 것이다.

2) 대부는 나이 70세면 치사한다는 『예경(禮經)』의 고사에서 비롯되었다. 『경국대전주해』에서는 관직을 왕에게 되돌리고 나이들었음을 고하는 뜻이라고 했다. 치사제는 퇴직 후의 대우규정까지 포함하는 것으로 치사자에게는 관직에 따라 차등 있게 녹봉을 지급하고 일정한 예우를 했다. 따라서 치사라는 용어는 고위관료에게 사용했다. 치사제는 삼국시대부터 있었으며, 『삼국사기』 신라본기에 의하면 665년에 중시(中侍) 문훈(文訓)이 치사했다고 한다. 고려시대에는 분명한 정년퇴직제도로 운영되었다. 1115년 나이 70세가 되면 퇴직해야 한다는 기록이 있다. 대우도 봉군(封君)과 관직의 고하에 따라 차등이 있었는데 정확한 규정은 알 수 없다. 조선시대에는 당상관 이상에게 사용했으며 이들에게는 봉조하라는 관직을 부여했다. 성종 때는 치사자에게 해당 관아나 읍에서 술과 고기를 보내도록 했다. 또 치사를 허용할 수 없는 사람이거나 업적이 큰 사람에게는 왕이 궤장(의자와 지팡이)을 내렸다(예를 들면 664년 신라 문무왕이 김유신에게 궤장을 내림). 치사한 후에도 원로대신들은 왕과 관료들의 자문에 응하며 국정에 영향력을 발휘한 경우가 많았다 (Daum백과).

3) 삼국시대, 고구려, 조선시대를 통하여 모든 교육기관에서 우리나라는 『논어』와 『효경』 두 권은 각각 충과 효를 대의로 가르치는 필수 교과서였다.

데는 별다른 변함이 없었고, 안팎으로 항시 충효교육이 모든 정치와 교육의 본질이었으므로, 그 본질이 결단코 바뀔 수는 없었다. 혹 외풍(임진왜란, 병자호란 등)에 의한 일로 국가체제가 흔들리거나 어려운 문제가 생기게 되면 충효교육에 대한 강조가 다시금 논의되고 재확인되었다는 것을 우리는 여러 경로들을 통해 많은 문헌들 속에서 그동안 흔하게 찾아볼 수 있었다.

한편 21세기 평생학습 시대에 접어들면서 학습방법도 자기 주도적 학습에 의한 방식이 큰 주목을 받고 있다. 자기 주도적 학습이 이루어지려면 먼저 학습내용이 풍부하게 만들어져 있어야만 한다. 따라서 어떤 분야이든지 연구자들의 활발한 연구 활동은 필요할 수밖에 없다.

더욱이 우리나라는 이제 선진국의 문턱에 도달했기 때문에 경제뿐만이 아니라 문화대국이 되기 위해서는 전통문화의 발굴과 계승 및 창달이 주요한 목표가 되고 있다. 효치[4]에 대한 연구들도 그래서 필요하고 앞으로 어떤 시대가 된다고 할지라도 인간과 가족이 존재하는 한 효 교육과 효 정책들은 계속 필요할 수밖에 없을 것이다. 그리고 이 정치적인 효치를 분석하는 문헌적인 연구는 정교일치시대에 있어서 정치와 교육의 불가분의 관계를 이해하는 데 매우 중요한 기초가 될 것이다.

2. 정치적인 효치

조선시대 전체가 성리학 국가인 이상 효치시대라고 해도 과언은 아닌데 좀 더 많이 강조된 시대라고 한다면 그 중의 하나는 정조시대가 될 것이다. 『조선왕조실록』에서 효에 대한 이야기가 나오는 경우만을 검색해서 세어보니 많이 나오는 순서대로 살펴보면 대략 중종시대 28회, 명종시대 18회, 선조시대 14회, 광해군시대 14회, 영조시대 14회, 연산군시대 11회, 그리고 정조시

4) 효치에 대해 참고할 만한 저서로는 김해영, 『철학자, 정조의 효치를 분석하다』, 안티쿠스, 2012. 김해영은 그 책에서 "정조는 효에 대한 교육을 구체화하기 위해 『오륜행실도』나 『향례합편』, 『소학』 등을 간행하여 보급했고 아울러 사도세자의 추존, 능침천봉과 화성건설, 애민정책과 탕평책 등을 통해 치인적 차원의 정치적 구현을 했다."고 밝혔다. 정표정책에 대한 좋은 책은 박주, 『조선시대의 정표정책』, 일조각, 1990 등이 있다.

『조선왕조실록』에 나타난 효 언급 빈도

국왕	횟수	국왕	횟수	국왕	횟수	국왕	횟수
정종	2	예종	1	선조	14	경종	1
태종	4	성종	8	광해	14	영조	14
세종	7	연산	11	인조	2	정조	9
문종	2	중종	28	효종	4	순조	6
단종	3	인종	6	현종	2	헌종	1
세조	1	명종	18	숙종	8		

화성능행도병 중 〈시흥환어행렬도〉

출처: 국립중앙박물관

대는 9회로 나타났다.

그런데 중종시대가 가장 많이 나타난 이유는 아무래도 패륜을 일삼았던 폐주 연산군 탓으로 생각된다. 정조시대가 기록된 횟수로만 따지자면 7번째이기는 하지만, 부친이었던 사도세자(莊祖) 문제로 정조가 융릉(隆陵)이라든지 화성(華城)이라든지 하는 것들을 역점을 두어 크게 건설한 것들과 능행[5]을 대

5) 왕이 궁 밖으로 나가는 것이 행행(幸行)인데, 다른 왕의 능행이나 원행이 1년에 1회에서 2회였던 것에 비해 정조의 능행은 1년 평균 3회가 넘었고 재위 24년간 무려 66회의 행행

규모 인원을 동원하여 왕권강화와 함께 적극 실천했던 것으로 살펴보자면 단연 효치시대의 정점은 사실상 정조시대라고 할 수 있겠다.[6)]

그런데 이 효치는 조선 초기부터 이미 시작된 것이라고 볼 수 있는 기사(記事)들이 이미 눈에 띈다. 즉 태종 1년 때의 성균관 교무처라고 할 수 있는 정록소(正錄所)의 건의를 보면 충분히 이를 짐작할 수 있다.

> 명하여 상(喪)을 입는 3년 동안은 과거를 보지 못하게 하였다. 성균 정록소에서 상소하였다. "신 등은 듣자오니, 3년상은 천하에 통한 상이어서, 천자로부터 서인에 이르기까지 한 가지라 합니다. 우리 태상왕(태조)께서 기강을 세워 상제(喪制)를 거듭 밝히어, 전조(前朝)의 날로써 달을 바꾸는 제도를 고치었으니, 참으로 풍속을 후하게 하는 아름다운 뜻입니다. 지금은 3년 안에 권도(權道)[7)]에 따라 과거보는 것을 허락하니, 신 등은 생각건대, <u>부모 섬기기를 효도로 하기 때문에 충성을 임금에게 옮길 수 있는 것</u>인데, 어찌 자식의 도를 알지 못하고 신하의 의를 다할 수 있겠습니까? 또 예라는 것은 부득이한 데서 변하는 것이니, 부득이한 것이 아니고서 선왕의 제도를 변경하는 것은 매우 불가합니다." 이리하여 이 명이 있었던 것이다.[8)]

을 하였다. 정조의 화성행차는 단순한 성묘수준을 넘었다. 왕의 행차는 국가적으로 매우 큰 행사로서 수많은 병력과 인원이 동원되고 막대한 재정이 소요되는 행행은 왕이 군권과 재정권을 완전히 장악하지 않으면 실현되기 어려운 것이다. 효를 앞세운 정조의 능행은 자신의 왕권장악을 모든 정치적 적대세력에게 나타내는 동시에 새로운 정치개혁의 기반을 다지는 매우 중요한 의미를 갖는 효치였다. 『정조실록』 참고.

6) 『태학지(太學志)』 첫 부분인 「건치(建置)」편에서도 삼강오륜 즉 효를 언급하고 있다. 明建都之初先相學址以立先聖之廟而修三代之禮以丕興儒術爲出治之本制度旣備儀章弗戒建夫聖神繼作眞儒輩出家訟鄒魯之書人傳性理之學使三綱五常之敎燦然複明於世者實自　國初建學始作建置第一.

7) 어떤 일을 이루기 위하여 상황에 따라 일을 처리하는 방도. 앞으로 본문이나 인용문에서 나타나는 어려운 용어들을 간단한 경우에는 ( )나 =로 바로 그 자리에서 풀이하고 길게 풀어서 설명을 해야 할 경우는 부득이 각주를 달아 설명하기로 한다.

8) 『태종실록』 태종 1년 3월 12일 신미조. 辛未/命服喪三年, 勿令赴試. 成均正錄所上疏曰:臣等聞三年之喪, 天下之通喪, 自天子以至庶人一也. 惟我太上王, 立經陳紀, 申明喪制, 革前朝以日易月之制, 誠厚風俗之美意也, 今乃許三年之內, 從權赴試. 臣等竊謂事親孝, 故忠可移於君. 豈有不知人子之道, 而能盡人臣之義乎? 且禮變於不得已. 非不得已而變更先王之制, 甚不可也.

위의 인용문에서 살펴볼 수 있는 바와 같이 효도 문제를 앞세워 3년상을 치르는 동안에는 제도적으로 과거응시를 제한하는 명을 내리게끔 한 것은 이미 조선 초기부터 효치를 앞세웠기에 가능한 것으로 파악된다. 효가 있어야 충도 존재하며, 효자가 되어야 충신도 된다는 것으로 국왕과 신하 모두가 기초적으로 알고 있었던 것이다. 이러한 것이 권도(權道)[9]로 인해 느슨해진 것을 원래대로 되돌려놓는 일을 정도(正道)라고 생각하고 실행했던 것이다.

또한 태종 10년 때 사간원의 8가지 시무책 건의 중 첫 번째 안건이 풍속교화의 문제로서 효도문제를 다음과 같이 말하고 있다. 말하자면 민본주의 시대에 있어서 백성들이 정치의 근본인데 그 근본의 기초를 확실하게 하는 것은 풍속의 순화라는 것이다. 풍속을 순후하게 하는 것은 효도가 으뜸이며 그 효도가 가장 착한 풍속이라는 것이다. 가정에서 시작하여 한 고을로, 그리고 점점 한 도로 퍼져 필경에는 한 나라에까지 이르게 된다는 것이었다.

> 사간원에서 시무 8가지 일을 조목조목 진달하니, 의정부에 내려 의논하여 아뢰게 하였다. 그 첫째에 말하기를, “풍속은 국가의 원기요, 교화는 국가의 급무이니, 교화가 닦아지면 풍속이 후해지고, 국가가 다스려집니다. 요순 때에는 의관을 그려 입어도 백성이 범하지 않았고, 삼대(三代－夏殷周)의 성시(盛時)에는 누구를 헐뜯고 누구를 칭찬하겠습니까? 곧은 도리로 행하였습니다. 한나라 문제와 경제는 풍속을 변역시켜 백성들이 순후하여졌고, 당 태종 때에는 바깥

9) 유학에서 행위의 정당성을 판단하는 기준은 그 행위가 규범에 일치하는가를 묻는 규범성과 그 행위가 상황에 적절했는가를 묻는 적시성(適時性)의 양자다. 경상(經常)·예의(禮義) 등이 규범성을 지적한 표현이라면, 시중(時中)이나 권도는 그 상황성을 중시한 표현이다. 맹자는 “남녀가 물건을 주고받을 때 직접 손을 맞대지 않는 것이 예의이고, 형수가 물에 빠졌을 때 손을 잡아 건져주는 것은 권도다.”라고 했는데, 이처럼 권도란 예외적이고 특수한 상황에서 정당성을 갖는 행위를 의미하는 것이요, 단순한 편법을 뜻하는 것이 아니다. 다만 이 권도는 일반적인 상황에서의 행위양식과는 다르거나 또는 어긋나는 모습을 갖게 되기 때문에, 한대(漢代)의 유자들은 이 점을 권도의 특성으로 파악하였다. 즉 『춘추공양전』에서는 “권도란 경(經)에 어긋난 뒤에 선한 것”이라 하였고, 허신(許愼)은 『설문해자』에서 권도는 '반상'(反常)이라고 규정하였던 것이다. 그러나 권도의 행위양상이 경상과 다르다는 것은 그것이 본질적으로 다름을 뜻하지는 않는다. 이이(李珥)가 “때에 따라 중(中)을 얻는 것을 권도라 하고, 일에 대응하여 마땅함을 얻는 것을 의(義)라 한다.”고 하였듯이, 일반적 사태인가 특수한 상황인가에 따라 서로 다른 행동양식으로 나타날지라도 그들은 모두 정당한 행위인 점에서 일치하는 것이다. 『한국민족문화대백과사전』 참조.

문을 닫지 않고 나그네가 양식을 싸 가지고 다니지 않았으니, 이것으로 본다면, 다스림의 오르고 내리는 것이 풍속의 후하고 박한 데에 관계됩니다. 우리 동방이 전조(前朝)의 성시에는 백성이 순후하고 풍속이 아름다웠는데, 쇠한 말년에 이르러서 풍속이 날로 박하여졌습니다. (중략) 신 등은 생각건대, 한 고을에서 일어나면 한 도에 퍼지고, 한 도에서 일어나면 한 나라에 퍼지니, 이렇게 되면, 들어오면 효도하고 나가면 공손히 하는 아름다운 선비와 윗사람을 친히 하고 어른을 위해 죽는 착한 풍속이 어디로부터 나오겠습니까?(하략)[10]

한편, 세종 6년 7월 12일 을유조에도 광효전(廣孝殿)[11]에서의 제사와 종묘에서의 추향대제를 지낸 세종대왕의 효성에 대한 찬양기사를 읽어볼 수 있고, 연산군 1년 때도 성균관 생원 조유형(趙有亨) 등이 올린 다음 내용의 상서(上書)[12]를 통해 국왕의 효행에 대해 솔선수범을 강조하는 효치의 측면을 파악할 수가 있다. 또 연산군 7년 1월 30일 기묘조에서도 대사헌 성현(成俔) 등의 상소 내용을 통해 국왕의 효치 곧 솔선수범을 강조하는 비슷한 글들을 읽을 수가 있으며, 선조 38년 1월 25일 경자조에서도 성균관 진사 유학증(俞學曾) 등이 계성전(啟聖殿)[13] 건립과 우리나라 오현(五賢)[14]의 종사(從祀)를 청하는 상소문에서도 그 종향이나 위차문제가 효치의 기본적인 일이라는 인식을 엿볼 수가 있다.

---

10) 『태종실록』 태종 10년 4월 8일 갑진조. 司諫院條陳時務八事, 下議政府擬議以聞:其一曰, 風俗, 國家之元氣; 敎化. 國家之急務. 敎化修, 則風俗厚而國家治矣. 堯, 舜之時, 畫衣冠而民不犯; 三代之盛, 誰毁誰譽, 直道而行. 漢之文, 景, 移風易俗, 黎民淳厚; 唐之太宗, 外戶不閉, 行旅不齎糧. 以此觀之, 致治之升降, 關乎風俗之厚薄. 惟我東方, 前朝盛時, 民淳俗美, 至于衰季, 風俗日薄 (중략) 臣等謂興一州, 則遍於一道, 興一道, 則遍於一國. 如此則入孝出悌之美士, 親上死長之善俗, 何自而出乎?

11) 창덕궁에 있던 태종과 원경왕후의 신주를 모신 혼전(魂殿).

12) 고려시대까지는 상서(황제에게 올리는 글로 上奏와 같은 뜻)와 상소(제후에게 올리는 글)는 같은 의미를 지녔었으나 조선시대에 와서 차이가 생겨났다. 상소는 주로 관리 및 양반들이 공적인 일로 왕에게 올렸고, 상서는 국가의 잘못된 행정으로 백성들이 입은 억울한 일을 당했을 때 양반층이 왕에게 올렸고, 상언(上言)은 억울한 일이 있을 때 피지배층이 왕에게 올렸다. 상소가 제일 높은 글, 상서가 그 다음, 상언이 가장 낮은 단계였다.

13) 공자, 안자, 증자, 자사, 맹자 등 5성의 아버지를 모신 사당.

14) 5현은 이황, 조광조, 이언적, 정여창, 김굉필을 말함.

이렇게 곳곳에서 효도에 대한 국왕의 솔선수범을 강조하고 또 강조했던 가장 근본적인 이유는 하늘에 떠 있는 하나의 태양이 밝게 땅의 곳곳을 비추듯이 국왕이 일종의 태양으로 비유되어 왕도정치 즉 덕치주의[15]는 국왕의 덕이 온 땅의 백성들에게 미칠 수 있도록 정치라고 하는 것은 덕으로써 모든 이들을 감화·감동시켜야 된다고 생각하였기 때문인 것이다.

> 성균관 생원 조유형 등이 상서하기를, 전(傳)에 이르기를 (중략) '그 어버이의 위(位)에 앉아서는 그 어버이의 예를 행하고 그 음악을 아뢰고 그 높이던 바를 공경하고 그 친하던 바를 사랑하여, 죽은 이 섬기기를 살아 있는 이를 섬기는 것과 같이 하는 것이 효도의 지극함이다.'하였는데, 전하께서는 중의 무리를 대행왕이 친하던 바라 여기시며, 요망하고 허황한 귀신을 대행왕이 높이던 바라 여기십니까? 대행대왕[16]이 위로는 양전(兩殿)에 효도를 다하고 아래로는

15) 유학에서 이상으로 생각하는 정치의 방법으로, 통치자의 덕에 의해 이루어지는 정치를 말한다. 하·은(상)·주나라 삼대를 이상으로 하는 유학은 이 3대의 정치를 덕치로 파악하고, 이 덕치에 의한 현실의 이상화를 추구한다. 덕치주의는 공자에 이르러 특히 강조되었다. 이는 두 가지 중요한 성격을 가진다. 첫째, 덕치주의는 군주의 도덕적 정당성을 정치의 근원적인 힘으로 본다. 본래 유학에서 정치는 바르지 못한 것을 바르게 만드는 것이다. 따라서 바르지 못한 것을 바르게 만들 수 있는 힘인 도덕적 정당성은 통치자에게 필요불가결한 것이며, 이 힘을 지닌 사람만이 통치자의 자격을 가진다고 할 수가 있다. 즉, 내성(內聖)의 덕을 갖춘 사람만이 외왕(外王)의 자격이 있다. 이 내성의 덕은 그 감화력을 통해 자연스럽게 바람직한 사회를 형성해간다. 둘째, 덕치주의는 통치자의 덕에 의한 감화력에 따라 피치자의 자발적인 복종의 형태를 띠게 된다. 이 때문에 덕치주의는 피치자의 동의와 자발성을 배제하고 강제성을 띠는 모든 형태의 정치에 대해 부정적인 자세를 가진다. 『한국민족문화대백과사전』 참조.

16) 대행대왕은 임금이나 왕비가 죽은 뒤 시호를 정하기 전에 이르던 칭호다. 왕이 승하하면 중국에 3종류의 사신을 보냈다. 왕의 부고를 알리는 고부사(告赴使), 후계왕의 즉위를 요청하는 청승습사(請承襲使), 그리고 왕의 시호를 요청하는 청시사(請諡使)였다. 보통 이 3종류의 사신을 한 사람이 겸해 고부청시청승습사(告赴請諡請承襲使)라 했다. 청시사를 보낸 이유는 제후국을 자처한 조선이 중국황제에게 승하한 왕의 일생을 평가하여 그의 공덕을 기리는 호칭을 내려 달라는 의미에서였다. 청시사의 요청을 받으면 중국에서는 보통 두 글자의 시호를 지어 보냈다. 태조의 경우는 강헌(康獻)이라는 시호를 보냈는데, 강(康)은 온화, 선량하고 낙을 좋아한다는 의미이고 헌(獻)은 총명하고 예지가 있다는 뜻이다. 세종의 경우는 장헌(莊憲)이라는 시호를 보내 주었는데, 장(莊)은 엄격, 공경으로 백성에게 임한다는 의미이고 헌(憲)은 선행이 기록할 만하다는 뜻이다. 왕의 3년상이 끝나고 종묘에 부묘(祔廟)할 때가 되면 신료들이 그 왕의 치적을 평가하여 2글자의 묘호(廟號)를 올렸다. 예컨대 공이 뛰어난 왕에게는 조(祖)자를 붙이고 덕이 뛰어난 왕에게는 종(宗)자를 붙여서 올렸다. 태조는 개국의 공을 평가한 것이고 세종은 문물정비의 덕을 기린 것이

신하와 서민에게 정성을 다하셨음은 전하께서 친히 보신 바이온데, 전하께서 즉위하신 처음에, 선왕이 친하지 않던 것을 친하고 선왕이 높이지 않던 것을 높이시니, 이것은 또한 전하의 큰 불효입니다. 전하의 마음에는 하늘에 계신 선왕의 영이 예 아닌 자리에 내려오시어 흙과 나무의 덩어리에게 애걸하시리라 생각하십니까? 그렇지 않을 줄은 전하께서 틀림없이 아실 것입니다. 그렇지 않으실 줄 알면서도 오히려 하신다면 죽은 이 섬기기를 살았을 때와 같이 하는 것이다 할 수 있겠습니까. 신들이 그윽이 듣자오니, 대행대왕이 승하하신 날에 중외의 신하와 서민들이 애통하여 울부짖지 않는 사람이 없었는데, 검은 옷 입고 머리 깎은 무리들이 서로 더불어 말하기를 '선왕이 우리 도를 좋아하지 않더니 이제 이미 돌아가셨고, 사왕(嗣王)[17]은 아직 어리고 양전께서 뜻대로 하실 것이니, 우리 도가 희망이 있다.'하고, 전하께서 설재(設齋)하라는 명을 내리신 것을 듣고는, 서로 길에서 만나 축하하며 '우리 도가 장차 다시 일어나리라.'하였습니다. 이것은 종묘사직의 한이 되는 바요, 신하와 백성의 마음 아픈 바며, 전하께서 차마 하지 못할 일인데 하시니, 장차 우리 백성을 아비도 없고 임금도 없는 것들로 만드시며, 불충·불효가 되게 하시렵니까? 백성들이 다 아비도 없고 임금도 없다면, 전하께서는 누구와 더불어 선왕의 업을 지키시렵니까?(하략)[18]

효치를 위해 국왕이 우선적으로 효성에 대한 솔선과 수범할 것을 계속 강조하는 내용으로는 영조 7년 5월 8일 경오조에도 보이고, 국왕이 친히 요순

다. 선왕을 부를 때는 제일 먼저 묘호를 부르고 다음에 시호를 붙이며 마지막으로 존호(尊號)를 붙였다. 『한국민족문화대백과사전』 참조.

17) 왕위를 이은 임금을 말함.

18) 『연산군일기』 연산군 1년 1월 2일 병술조. 成均館生員(趙有享) 等上書曰: 臣等聞 (중략) 《傳》曰: "踐其位, 行其禮´ 奏其樂; 敬其所尊, 愛其所親. 事死如事生: 孝之至也." 殿下以謂, 緇衣之徒, 爲 大行大王之所親乎? 妖誕之鬼, 爲 大行大王之所尊乎? 大行大王, 上以盡孝於兩殿, 下以盡誠於臣庶, 殿下之所親見也. 殿下卽位之初, 親其先王之所不親, 尊其先王之所不尊, 此亦 殿下不孝之大端也. 殿下之心以謂, 先王在天之靈, 降臨於非禮之饗, 乞憐於土木之塊乎? 殿下決知其不然也. 知其不然, 而猶爲之, 則可謂事死如事生乎? 臣等竊聞, 大行大王, 棄群臣之日, 中外臣庶, 莫不哀號, 而緇髡之徒, 相與語曰: "先王不喜吾道, 而今已棄弓, 嗣王尙幼, 兩殿遂意, 吾道庶有可望矣." 及聞殿下設齋之命, 相與慶於道曰: "吾道將復興矣." 此宗社所憾, 臣民所痛, 殿下所不忍. 殿下猶忍爲之, 則 將使吾民, 爲無父無君乎? 爲不忠不孝乎? 民皆無父無君, 則殿下何能處萬民之 (하략)

(堯舜)의 도는 효제(孝悌)일 뿐이라고 강조하는 내용은 영조 23년 6월 7일 병인조에도 보인다. 그리고 다음의 정조 15년 7월 3일 병자조에서 보다 분명하게 효도가 곧 정치라는 것을 살펴볼 수 있다. 정조가 자신의 입으로 확실하게 효도를 앞세워서 정치를 한다고 하고 있으며 이는 효치가 곧 정치고 정치가 곧 효도 행위라는 것이다. 국왕이 효도를 하면 신하들이 따라 하게 되고 그렇게 되면 만백성들이 효도를 하는 나라가 된다는 것으로 정치의 으뜸을 효도로 보고 있는 것이다. 효가 백 가지 행실의 근본이라고 아주 어렸을 때부터 배우는 시대였기에 매우 당연한 효 가치관과 효의 태도가 몸에 자연스럽게 누구에게나 체득되어 있었던 것이다.

> (상략) 내가 지난 십여 년 전부터 대사성의 의망 단자에 끝내 채홍리에게 낙점을 하지 않은 것은 이미 은밀하게 별책을 보인 조치였는데, 그가 감히 얼굴을 바꾸고 사실을 뒤엎어 농락하면서 도리어 좌상을 위해 첩자노릇을 한 것처럼 하였으니, 그 마음가짐을 따지자면 말이 추해진다. 들으니, 이 자는 유복자라 한다. <u>내가 앞세우는 것은 효도로 나라를 다스리는 정치</u>라서 그 어미가 살아 있는 동안에 그 자식에게 형벌을 베푸는 일을 차마 못하는데, 개탄스러운 것은 좌상의 일이다. 처음에 그 조카에게 팔려 농락당했으면서도 끝내 또 그를 비호하는 것이야 그래도 그 일이 지친(至親)[19]에 관계되므로 이상할 것이 없지만, 애석한 것은 그가 80의 나이로서 이처럼 내가 믿고 국사를 맡기면 오직 한 마음으로 나라를 위할 뿐 사(私)를 잊어야 할 것인데, 전일 경연에서의 일이 과연 말이 되는가. 서호수가 인사행정의 책임을 맡고 있으면서 자기를 찾아 묻지 않으면 파직을 요청하거나 삭직을 요청하거나 무엇이 잘못될 것이 있기에 굳이 남의 부자간에 끼어들어 그들의 말을 꼬집어 내어 이처럼 박절한 사태를 초래한단 말인가. 이 어찌 맑은 조정의 충후(忠厚)[20]한 기풍이겠는가.(하략)[21]

---

19) 더할 수 없이 가까운 친족이라는 뜻으로, 부모와 자녀 사이 또는 형과 아우 사이를 이르는 말.

20) 충직하고 온후함을 말함.

21) 『정조실록』 정조 15년 7월 3일 병자조 (상략) 予於十餘年來, 前後國子之望, 終不點下弘履者, 已微示衮鉞, 而渠敢改換頭面, 倒弄事實, 反若爲左相間諜者然, 究其情態, 言之醜也. 聞

또 명종 11년 7월 17일 계유조에 보면 다음과 같은 내용이 있다. 즉 장유유서를 배우는 성균관의 유생 중에서 나이가 많아 후배들에게 영향력이 있을 법한 당장유생 몇 명에게 우선적으로 어찰(御札)[22]을 보여주고, 그 후에 대사성 임열에게 최종적으로 주도록 도승지 정유길(鄭惟吉)에게 명한 것인데, 자주 성균관에 가서 공자를 알성(謁聖)하고 유생들의 학업을 권장하고 싶었으나, 나랏일로 그리 하지 못한 것을 서운하게 여기다가 오늘 기회를 얻어 후추 열 말을 선물로 내리며 당부하기를, 모든 유생들은 배움에 진력하고 특히 충효에 마음을 두도록 명한 것을 보면 '효'라는 가치가 배움의 근본이라는 것을 인식할 수 있다. 군자가 되는 출발과 기본이 바로 이 효라는 것이다.

> 어찰로 도승지 정유길에게 전교하기를, "이것을 당장유생(堂長儒生)[23] 2, 3인에게 보인 뒤에 대사성 임열(任說)에게 주도록 하라." 하였다. 그 글에 이르기를, "내가 부족한 덕으로 외람되게 신민의 주인이 되었으니, 비록 문왕(文王)의 인재를 양성하는 아름다움에는 미치지 못하나 어찌 당 태종의 유생을 위로하는 마음이 없겠는가? 관학(館學)[24]에 마음을 두어 인재들을 왕성하게 일으키려 하였으나 세월이 흘러도 효과를 보지 못하였다. 매번 경석(經席=경연)에서, 학교의 일이 해이해져서 사유(師儒)와 유생들이 모두 게을러 가르치지도 않고 배우지도 아니한다는 말을 들었으니, 이는 내가 인재를 양성하는 성의가 지극하지 못하여 그렇게 된 것이다. 유감 됨이 마음에 간절하여 자주 반궁(성균관)에 나아가 선성을 배알하고, 겸하여 유생들의 학업을 시험하고자 하였으나 근래 나라에 재앙이 많아 뜻은 있어도 이루지 못하여 마음이 항상 서운하였는데, 오늘 마침 하게 되었으니 이는 내가 다행으로 여기는 바이다. 특별히 호초(胡椒=후추) 열 말을 내려서 나의 정을 표하니, 모든 유생들은 그렇게 알도

是其母遺腹之子, 予之所敦尙者, 孝理之政, 不忍於其母生前, 施刑其子, 而所可慨然者, 左相事也. 始爲其姪賣弄, 終又容庇者, 猶以其事係至親, 無怪如此, 而惜乎以八十之年, 倚任如此, 則惟當一心公耳忘私, 而向日賓筵事, 其果成說? 徐浩修若當政而不就問, 則請罷請削, 何所不可, 而何苦爲處人父子之間, 抉摘其言語, 致有此迫隘底事? 是豈淸朝忠厚之風也? (하략)

22) 임금의 편지를 말함.

23) 당장유생은 성균관 유생 중에서 나이가 가장 많은 고참 유생들을 말함.

24) 성균관과 부속학교인 4학을 합쳐서 말함.

> 록 하라. 배움에는 근본을 힘쓰는 것을 귀하게 여기니 항상 당명(堂名)을 돌아보고서 <u>충효에 마음을 두어 모두 후일에 군자다운 선비가 되도록 하라</u>. 이것이 내가 바라는 바이다."(하략)[25]

뿐만 아니라 역시 명종 20년 1월 16일 갑인조에도 보면, '효감득어송(孝感得魚頌)'이라는 어제(御製)로 성균관 유생들에게 제술(製述)을 보게 하여 밀봉해서 그대로 가져오라고 명한 것인데, 제목에서 이미 효를 시험문제로 출제해서 효를 가르치고 재인식시켜서 테스트하려 했다는 것을 알 수 있다. 그만큼 국왕의 머릿속에도 오로지 효가 항상 염두에 있었다는 사실을 파악할 수 있다. 그러므로 효치가 모든 왕들에게 최우선적인 과제였던 것이다. 제술시험에 따른 인센티브(incentive)로 술과 귤까지 하사했던 것을 보면 당근과 채찍의 방법을 쓰면서까지 언제나 고심했다는 것을 잘 알 수 있다.

> 대제학 홍섬(洪暹), 제학 박충원(朴忠元), 예문 제학 윤춘년(尹春年)을 명소(命召)하여 어제(御題)('효도에 감동하여 생선을 얻었다는 송[孝感得魚頌]')를 봉해서 내리며 이르기를, "반궁에 가서 유생들로 하여금 조용히 제술하게 하되 과차(科次)를 정하지 말고 봉해서 궁내에 들이도록 하라."하고, 이어서 승지 유혼(柳渾) 등을 보내어 선온(宣醞=술)하고 또 황감(귤)을 하사하였다.[26]

25) 『명종실록』 명종 11년 7월 17일 계유조. 以御札, 傳于都承旨鄭惟吉曰: "以此示諸堂長儒生二三人後, 付大司成."【任說】其書曰: "予以涼德, 叨主臣民, 雖不及文王作人之美, 豈無唐宗慰儒之念乎? 留意館學, 欲使人才, 蔚然而出, 歲月逾邁, 迨不見效. 每於經席, 聞學校之事廢弛, 師生俱惰, 不敎不學云. 是予作成之誠, 未至而然也. 恨切于中, 欲累臨泮宮, 以謁先聖, 兼試諸生學業, 而近年以來, 國多災厄, 有志未遂, 心常缺然. 今日偶來, 是予之幸也. 特賜胡椒十斗, 以表予情, 諸生其知之. 學貴務本, 常顧堂名, 以忠孝爲心, 皆爲他日君子儒, 是予之望也."

26) 『명종실록』 명종 20년 1월 16일 갑인조. 命召大提學洪暹´ 提學朴忠元´ 藝文提學尹春年, 以御題【孝感得魚頌】封下曰: "其往泮宮, 使儒生等, 從容製述. 勿爲科次, 封入于內." 仍遣承旨柳渾, 宣醞. 且賜黃柑.

3. 맺으며

지금까지 위에서 살펴본 바와 같이 효치는 모든 국왕들의 최우선적인 정치과제였으며, 그것이 성리학을 실천하는 것이었고 성리학의 이상인 덕치주의를 실현하는 것이었다. 하늘에 태양이 하나이고 그 태양이 만천하를 골고루 비추듯 국왕이 만백성들에게 덕화로써 국정을 펼치되 효도로써 해야만 왕실 가정이 화목해지고, 신민들도 따라하며 그 결과 태평성대가 이룩될 수 있다는 유교적 이상을 현실화하는 것이었다.

교육에서도 『효경』[27]과 『논어』[28]를 통해 배운 효와 충의 윤리와 가치를 체득해서 가정에서부터 실천하고, 정치에서도 『효경』과 『논어』를 통해 배운 효와 충의 윤리와 가치를 실천하는 것이 정교일치 시대에 있어서 지배층이든 피지배층이든 국왕이든 신하든 일반 백성이든 모두에게 아주 당연한 생활철학이었다.

다시 말해서 효는 천지자연의 불변적 원리이고, 합리적인 인간의 일이며, 모든 사람들이 실천해야 할 길이었다. 효는 불변적 원리이자 합리적인 인간의 일이었으므로 모든 사람이 기꺼이 기준과 법도로 삼아야 하는 것이었다. 누구나 자연의 질서를 잘 따르면 교화가 엄숙하지 않아도 이루어졌고, 요순시대처럼 정치가 엄격하지 않아도 잘 다스려졌다. 옛날부터 훌륭한 국왕들은 효를 핵심 내용으로 삼아 교화를 할 때만이 모든 백성들이 감화·감동된다는 것을 알았다. 따라서 솔선수범하여 백성들을 두루두루 사랑하는 자세를 갖추어야 했다. 그래야 백성들도 자기 부모를 버리는 자가 없었다. 국왕이 먼저 도덕적인 행동과 옳은 일을 베풀면 백성들이 고무되어 착한 행동을 하였다. 그래서 통치의 수단인 사회규범으로서 효 사상을 기초로 잡았던 것이었다.

이렇게 조선시대는 그 이전부터 유지되어 온 효 사상과 문화를 정치의 전면에 내세우며 분명하고도 확실한 효치국가로서 출발하여 조선왕조 5백년

---

27) 『효경』에서는 「개종명의장」의 '身體髮膚 受之父母 不敢毀傷 孝之始也'가 그 대표적인 글귀. 『시경』 「소아」편, 『명심보감』 「효행」편에서도 많이 찾아볼 수 있다.

28) 『논어』에서는 「학이」편의 '其爲人也孝悌, 而好犯上者, 鮮矣, 不好犯上, 而好作亂者, 未之有也. 君子務本, 本立而道生. 孝悌也者, 其爲仁之本與'가 그 대표적인 글귀.

내내 높고 낮은 물결을 이루며 약해질 때마다 다시금 재확인하고 재천명하는 정치의 요체를 효로 삼은 효치시대였다.

제 2 장

효와 교육

1. 글머리

조선이라는 나라는 명백히 성리학 이념으로 강력하게 무장된 철학국가요, 500여 년 간 끊임없이 충·효·열에 대한 정려(旌閭)[1]나 정표정책(旌表政策)을 통해 성리학을 백성들의 모든 정신생활과 물질생활에 이르기까지 뼛속 깊이 실현하였던 나라였다. 정치와 교육이 일체가 된 그야말로 조선시대는 정교일치 시대였다. 이러한 시대에 조선국 최고의 고등교육기관이라는 명칭과 명분을 갖고 있는 성균관은 항상 성리학 지배이념을 계속 확대 재생산하고 시대에 맞게 계승·발전시키는 역할을 해야 했다. 이는 건국 초기부터 당연히 성균관이 맡은 본분이기도 하였다.

이렇게 주어진 시대적 사명을 다하기 위해 성균관에서의 교육은 『논어』·『효경』[2]과 같은 유교경전이라는 기본 교과서에 의한 교육내용 만큼은 시대가 변한다 할지라도 절대 불변적 진리로서의 위상을 차지하며 별다른 변화가 없었고, 안팎으로 항시 충효교육이 모든 정치와 교육의 본질이었으므로, 그 본질은 세상이 뒤집어져도 결코 바뀔 수는 없었다. 혹 임진왜란이나 병자호란과 같은 엄청난 전란으로 국가체제가 흔들리거나 왕조가 사실상 바뀌어야만 하는 상황이 되었어도 국민단합을 위해 충효교육에 대한 강조가 다시금 견고하게 재확인되고 확산되었다는 것은 많은 문헌들 속에서 매우 쉽게 찾아낼

1) 충신(忠臣), 효자(孝子), 열녀(烈女) 등을 기리기 위해 그 동네에 정문(旌門)을 세워 표창하는 일을 이르던 말.

2) 삼국시대, 고려시대, 조선시대를 통하여 모든 교육기관에서 우리나라는 『논어』와 『효경』 2권만큼은 항상 각각 충과 효를 대의로 가르치는 필수 교과서였다.

수 있는 명약관화한 사실이다.

필자는 여기에 착안하여 실제로 조선시대 중종 때 성균관 유생들에 대한 충효교육, 그 중에서도 특히 효에 대한 교육이 얼마나 안팎으로 강조되었는지를 주로 『조선왕조실록』을 중심으로 살펴보고자 한다. 물론 효치에 대한 것이나 정표정책에 관한 것들[3], 그리고 유생들의 상소인 유소(儒疏)나 교육 및 생활문화들에 대한 연구[4]들은 그동안 많이 수행되어 왔다. 그러나 성균관 유생들에 대한 효도교육이 얼마나 강조되어 왔는지, 그리고 국왕을 비롯하여 대신들과 교관들 및 유생 자신들은 정작 얼마나 관심이 있었는지는 거의 연구되지 않았다. 그 이유는 관련문헌들이 풍부하지도 않고 또 사실상 선행연구도 거의 없었으므로 온갖 어려움이 많이 수반되었기 때문이다. 그래도 『조선왕조실록』을 중심으로 중종 때에 국한하여 몇몇 기사들을 살펴본다면 효도교육에 대해 어떻게 강조하였는지 그 윤곽 정도는 충분히 확인할 수 있을 것으로 생각된다.[5]

2. 교육적 차원의 강조

우선 중종 때로 들어가기에 앞서서 조선 건국 때 이미 태조가 즉위교서를 통해 효치를 어느 정도 공표하고, 또 효도교육에 대한 거시적인 지침 내지는 암시를 주기 시작했다고 볼 수 있는 기사가 발견된다. 즉 다음의 인용문 내용들을 살펴보면, 국학 즉 성균관을 비롯한 관학교육에 있어서 좌주문생제[6] 혁

---

3) 효치에 대해 참고할 만한 저서로는 김해영, 『철학자, 정조의 효치를 분석하다』, 안티쿠스, 2012. 그리고 정표정책을 상세히 다룬 책은 박주, 『조선시대의 정표정책』, 일조각, 1990 등이 있다.

4) 장재천, 『조선조 성균관 교육과 유생문화』, 아세아문화사, 2000. 『조선 성균관 교육문화』, 교육과학사, 2012. 『조선 성균관 학교문화』, 박영사, 2018 참고.

5) 중종 때로 국한한 이유는 효에 관한 기사가 제일 많이 발견되고 있어서이다.

6) 고려시대에 과거의 정·부 시험관을 지공거(知貢擧)와 동지공거라고 했는데, 과거급제자는 이들을 좌주라고 부르고 좌주는 급제자를 문생이라고 불렀다. 이들은 좌주-문생 관계라고 해 평생 부자와 같은 관계를 유지했다. 과거급제자는 방방을 마친 후 공복(公服)을 입고 시험관의 부모와 좌주에게 배알하는 등 좌주와 문생 간의 의례까지 있었다. 동년 급제자들은 또 자신들끼리 회를 만들어 평생 동료로 지냈는데, 이 관계는 곧 과거를 통해 중앙정계에 강한 문벌과 학벌을 형성하는 방편이 되었다. 이를 타파하기 위해 시행한 방

파를 내세웠고, 과거제도의 개혁을 지시하고 있다. 이는 교육의 공공성을 확보하고 경서 중심의 과거를 통해 도덕성을 확보하려는 것이다. 다시 말해서 도덕성은 충효교육을 통해 제대로 성립되는 것이다. 그러므로 성균관에서의 교육은 효도교육이 중심이 될 수밖에 없는 것이었으며, 이어서 관혼상제의 풍속교정과 충신효자 권장을 통한 문려(門閭)와 정표(旌表) 정책을 제시하고 있어서 효치를 정치의 으뜸으로 선포했음을 파악할 수 있다.

> 중외(中外)의 대소신료와 한량·기로(耆老-60세 이상)·군민(軍民)들에게 교지를 내리었다. (중략) 1. 문무 두 과거는 한 가지만 취하고 한 가지는 버릴 수 없으니 중앙에는 국학과 지방에는 향교에 생도를 더 두고 강학을 힘쓰게 해 인재를 양육하게 할 것이다. 그 과거는 본디 나라를 위하여 인재를 뽑았던 것인데, 그들이 좌주문생을 일컬으면서 공적 천거로 사적 은혜로 삼으니 법을 제정한 뜻이 아니다. 지금부터 중앙에는 성균정록소와 지방에는 각도의 안렴사(도지사)가 그 학교에서 경의(經義)에 밝고 덕행을 닦은 사람을 뽑아, 연령·본관·삼대(三代)와 경서에 통하는 바를 잘 기록해 성균관 장이소에 올려, 경에서 통하는 바를 시강하되 사서로부터 오경과 통감 이상을 통달한 사람을, 그 통달한 경서의 많고 적은 것과 알아낸 사리의 정밀하고 소략한 것으로 그 고저 등급을 정해 제1장으로 하고, 입격자를 예조로 보내면 표문(表文)·장주(章奏)·고부(古賦)를 시험해 중장으로 하고, 책문을 시험해 종장으로, 삼장을 통해 입격자 33명을 상고해 이조로 보내면 재주를 헤아려 탁용하고 감시(監試-생원, 진사시)는 폐지할 것이다.(중략)
>
> 1. 관혼상제는 나라의 큰 법이니, 예조에 부탁해 경전을 세밀히 구명하고 고

법이 전시(殿試)를 신설한 과거삼층법(科擧三層法)이다. 왕이 직접 복시 합격자를 대상으로 3차 시험인 전시를 주관해서 성적을 매기는 시험으로, 왕이 곧 좌주가 된다는 의미이다. 1368년 공민왕이 성균관 9재에 가서 친시를 보았으며, 다음해부터 정시 과거삼층법을 시행했다. 이 법은 우왕 때 문벌귀족의 반대로 철폐되었다가 개혁파 사류가 주도한 창왕 즉위 후부터 부활되었는데, 시험관도 지공거에서 고시관으로 바뀌었다. 이 방침은 조선 건국 후 태조의 즉위교서에 그대로 천명되었다. 그러나 이 관행은 바로 없어지지 않았고, 태종은 왕권강화 수단으로 왕과 친시급제자 간에 좌주문생의 예를 행하기도 했다. 1413년 다시 좌주문생법을 폐지하는 교서가 내렸는데, 이후에 비로소 좌주문생법이 철폐되었다. Daum백과 참고.

금을 참작해 일정한 법령으로 정해 인륜을 후히 하고 풍속을 바로잡을 것이다.

1. 충신 · 효자 · 의부(義夫) · 절부(節婦)는 풍속에 관계되니 권장해야 될 것이다. 소재관사(所在官司)로 하여금 순방(詢訪)[7]해 위에 아뢰게 하여 우대해서 발탁 등용하고, 문려(門閭)[8]를 세워 정표(旌表)하게 할 것이다.(하략)[9]

따라서 그 이후 다소 명실상부하지 못한 세조나 연산군과 같은 군주도 있었지만 줄곧 세종 시기나 성종 시기를 거치면서 효치나 효도교육이 더 강고해지고 중종 때에 이르러 다시금 재강조되는 일들이 많이 생겨났던 것으로 볼 수 있다. 다음의 인용문, 즉 중종 5년 4월 4일 기축조를 살펴보면, 성균관도 4학도 모두 유생들을 배양하는 교육목적은 기본적으로 효도교육임을 알 수 있다. 유생들이 가정에서는 부모에게 효도를 다하게 하고, 국가에서는 충을 다하게 한다는 것이니, 그 효도교육이 자연스럽게 국왕에게 충성교육으로 이어지는 것은 너무나 당연지사인 셈이다.

대간(臺諫)이 합사하여 유생을 형신(刑訊)[10]하지 말기를 청하니, 임금이 이르기를, "예로부터 유생을 대우함에 있어 큰 허물이 있는 자가 아니면 모두 너그럽게 용서했지만, 이것은 그렇지 않다. 국가에서 성균관과 4학을 설치해 유생을 배양하는 것은 집에서는 부모를 섬김에 효도를 다하고 조정에서는 임금을 섬김에 충성을 다하고자 하는 것인데, 이것은 선비의 이름을 가탁한 무뢰배의 짓이니, 지금 이 사람들을 죄주면 유생에게도 쾌할 것이다."했다.(하략)[11]

---

7) 자문을 구하기 위해 방문하는 일.

8) 마을 어귀에 있는 문.

9) 『태조실록』 태조 1년 7월 28일 정미조. 敎中外大小臣僚閑良耆老軍民: (中略) 一, 文武兩科, 不可偏廢. 內而國學, 外而鄕校, 增置生徒, 敦加講勸, 養育人才. 其科擧之法, 本以爲國取人, 其稱座主門生, 以公擧爲私恩, 甚非立法之意. 今後內而成均正錄所, 外而各道按廉使, 擇其在學經明行修者, 開具年貫三代及所通經書, 登于成均館長貳所, 試講所通經書, 自四書五經通鑑 已上通者, 以其通經多少, 見理精粗, 第其高下爲第一場; 入格者, 送于禮曹, 禮曹試表章古賦爲中場; 試策問爲終場, 通三場相考入格者三十三人, 送于吏曹, 量才擢用, 監試革去.(中略) 一, 冠婚喪祭, 國之大法. 仰禮曹詳究經典, 參酌古今, 定爲著令, 以厚人倫, 以正風俗.(中略) 一, 忠臣孝子義夫節婦, 關係風俗, 在所奬勸. 令所在官司, 詢訪申聞, 優加擢用, 旌表門閭(下略).

10) 형장으로 죄인의 정강이를 때리며 죄를 심문하던 형벌.

그리고 중종 5년 10월 10일 계사조에 보면, 충남 논산 출신 강응정[12]이 효자로 이름이 높았는데 그가 성균관 유생이 되어서도 같은 성균관 유생들에게까지 추앙과 시샘을 받을 정도였으며 공부자(孔夫子)에 빗대어 강부자(姜夫子)라는 칭호까지 얻었다는 것이다. 연산군이 등장하기 전까지는 강응정 덕분에 성균관 유생들의 효행 분위기가 좋았었는데(물론 비아냥거리는 자들도 더러 있었다고 함), 정성근[13]이 성종을 위해 3년상을 입자 나중에 폐주가 된 연산군이 괴이하다고 죄를 주는 바람에 선비들의 전반적인 문화가 나빠졌다는 것이다.

> 조강에 나아갔다. 대학의 진강(進講)[14]을 시작했는데, 참찬관 김세필(金世弼)이 강하여 '속된 선비들의 기송(記誦)과 사장(詞章)의 풍습'이란 대문에 이르러 아뢰기를, "삼대(三代) 이하 세상의 유자(儒者)들은 오로지 사장만을 숭상해 그들의 학문은 다만 구두를 배울 뿐이고 의리의 근원을 탐구하지 않기 때문에 세상에는 참선비가 없고 사습은 날로 낮아져서, 이치를 깊이 연구하고 마음을 바르게 하는 선비를 볼 수 없게 되었습니다. 우리 선비들의 풍습도 오로지 사장을 업으로 하고 경술을 정미하게 다스리지 않아서, 능히 마음에 성현도학의 깊은 뜻을 깨달은 자는 한 사람도 없습니다."하고, (중략) 영사 성희안이 아

---

11) 『중종실록』 중종 5년 4월 4일 기축조. 臺諫合司, 請勿刑訊儒生. 上曰: "自古待儒生, 非有大過, 則皆優容, 此則不然. 國家設成均四學, 培養儒生, 欲其在家, 則事親盡孝, 在朝則事君盡忠. 此假托儒名, 無賴者之所爲, 今罪此人, 則於儒生亦快矣(下略)."

12) 강응정은 논산 출신으로 생몰년 미상. 1470년 효행으로 관직에 천거되었으나 사양, 1483년 생원시 합격, 성균관 유생이 됨. 김용석·신종호·박연·손효조·정경조·권주 등과 주자의 고사에 따라 향약 제정, 『소학』 강론. 세인들은 소학계, 효자계(孝子契)라 칭함. 부모의 병간호가 지극하였고, 사후에는 5년의 여묘(廬墓)의 예를 다해 효자정문이 세워짐. 『한국민족문화대백과사전』 참고.

13) 1446~1504. 김종직의 문인, 1474년 문과 을과급제, 수찬, 경연관, 부교리, 경차관, 홍문관 부응교, 전한, 대마도선위사, 시강관, 직제학. 선위사였을 때, 대마도주가 주는 화선·호초를 되돌려주기도 했으나 도주가 그 물건을 또 특별히 보내와서 분급했지만, 완강히 사양해 왕은 도로 대마도에 돌려보냄. 해주목사를 거쳐 1490년 반우형·표연말과 함께 사유(師儒)로 선발. 경기도경차관·우부승지, 좌부승지, 해주목사로 재직할 때의 부정으로 탄핵을 받자 사직. 1494년 성종이 죽자 3년 동안 수묘했으며, 1495년 행호군으로 한직에 물러나 있다가 축출, 1497년 복귀. 1504년 갑자사화에 연루되어 참수, 중종 즉위 후 신원, 그의 충효로 아들이 녹용됨. 1507년에 이조참판에 추증, 정문이 내려짐. 또한, 청백리에 녹선. 시호는 충절. 『한국민족문화대백과사전』 참고.

14) 임금의 앞에서 강론하는 일.

뢰기를, "조종조에는 명유가 있었습니다. 강응정(姜應貞)이란 자는 자못 학술의 조예가 있고 또 효행이 있어서, 사류(士類)가 모앙(慕仰)하여 모여서 스승으로 삼았는데, (중략) 지난번에는 정성근(鄭誠謹)이 성종을 위해 3년상을 입자 폐주(廢主)가 그를 궤이(詭異)하다고 하여 큰 죄를 주니 이로부터 사습이 크게 무너졌습니다. 신은 지금 늙어서 제생들의 하는 일이 어떠한지 자세히 알지 못하나, 그 사이에 어찌 한 사람의 학행 높은 이가 있는 것을 여러 사람들이 모여서 헐뜯는 자가 없겠습니까."(하략)[15]

한편 중종 6년 3월 12일 임술조에는 성균관 대사성 유숭조[16]가 학관과 유생들을 거느리고 중종에게 사전을 올렸는데, 은나라 탕 임금을 거론하며 효제를 언급하고 있고, 요순시대의 격앙가를 들먹이며 부모에 대한 섬김과 학교에서의 인륜교육, 즉 효제충신 교육을 강조하고 있다. 이로써 우리는 그들의 사고방식은 오로지 교육은 효가 출발이며 으뜸이고 언제나 국왕들도 효행에 앞장서는 군주가 성군이며 본을 항상 보이고 효를 우뚝 세우는 것만이 모든 가르치는 자들의 목표가 되어야 한다는 것을 파악할 수 있다. 그들에게는 효라는 가치가 언제나 옳은 것이고 표준이며 절대불변의 진리라는 생각이 보편적이었다.

성균관 대사성 유숭조가 학관·유생을 거느리고 사전(謝箋)을 올리기를, (중

15) 『중종실록』 중종 5년 10월 10일 계사조. 御朝講 始進講大學. 參贊官金世弼, 講至俗儒記誦詞章之習, 乃曰: "三代以下, 世之儒者, 專尙詞章, 其學文只句讀而已, 不究義理之源, 世無眞儒, 士習日下, 不見窮理正心之士. 我國士習, 專以詞章爲業, 不精治經術, 能心得於聖賢道學之蘊奧者, 無一人焉." (中略) 領事成希顔曰: "在祖宗朝, 有名儒姜應貞者, 頗有學術, 又有孝行, 士類慕仰, 聚而師之. (中略) 頃者鄭誠謹, 爲成宗, 行三年之喪, 廢主以爲詭異, 置之大罪. 自此儒者之習大毁. 今臣年老, 不能詳知諸生所爲何如, 然其間豈無一有學行之高, 而群聚相詆者乎?"(下略).

16) 1452~1512. 1472년 진사, 1489년 문과병과 급제, 교서관정자, 사간원정언·홍문관부교리·사헌부장령. 1504년 연산군의 정치를 직간, 미움을 사 원주 유배. 중종반정으로 복직, 네 자급을 뛰어 판결사 등용, 공조참의로 경연관 겸임. 성균관대사성·동지중추부사. 황해도 관찰사가 되었으나, 사장(師長)의 자리를 유숭조가 아니면 안 된다는 삼공들의 의견으로 재임. 18년간 조광조 등 신진유림 다수 배출, 성리학 학풍진작. 천문·역상(曆象) 통달, 혼천의 제작. 『칠서언해』는 언해의 효시. 강직과 직언은 후학에게 모범. 동지중추부사. 『진일재문집』 4권, 『대학잠』 1권, 시호-문목. 『한국민족문화대백과사전』 참고.

략) 그 '신민잠(新民箴)'은 이러하다. 민심의 천성은 본시 나와 한가지인데 세상 풍속에 더럽혀져 전에 물든 것을 고치지 못한다. 탕 임금은 소반에 자경(自警)하는 글을 새겨 날로 그 덕을 새롭게 하여 그 표준을 세워 오복을 널리 폈고, 다 함께하는 마음을 미루어 효제(孝悌)를 일으켰다. 만일 기한(飢寒)에 궁하다면 어느 겨를에 예절을 행하겠는가. 그 좋아하고 미워함을 같이하여 이미 넉넉히 된 뒤에 선을 가르쳤다. 정(井)자로 나누어 밭을 받아서 우물 파서 물마시고 밭을 갈아 먹는다. 농사철을 어기지 않고 길쌈하는 시기를 빼앗지 않으니, 여자에게는 베가 넉넉하고 남자에게는 남는 곡식이 있어 주리지 않고 춥지 않으니, 위로 부모를 섬기고 아래로 자녀를 양육할 수 있게 되었다. 상(庠)[17]을 설치하고 교(校)를 일으켜 인륜으로 교육하니, 모두들 보고 감화하여 날로 새로움을 이루었다. (중략) 그 '지지선잠(止至善箴)'은 이러하다. 새가 언덕에 머물렀으니 활 쏘는 자는 정곡을 표준해야 된다. 사냥꾼은 그 기계를 벌여놓고서는 오늬[18]를 살펴 헤아린 뒤에 활을 쏜다. 타고난 선은 오직 큰 표준뿐이니 불편불의하며 더욱 높고 더욱 굳건하다. 반드시 옳은 것도 없고 반드시 옳지 않은 것도 없어 문득 뒤에 있더니 어느덧 앞에 있어 약여(躍如－생생함)하고 우뚝하게 중도에 섰다. 효제충신과 인의예지는 조목의 큰 것이며 그쳐야 할 것의 큰 것이다. (하략)[19]

다음의 인용문 1의 내용은 성균관 교관이었던 강관[20]이 본래부터 진주

17) 본래 庠은 봉양한다는 뜻이고, 校는 가르친다는 뜻이며, 序는 활쏘기라는 뜻으로 夏나라는 校, 殷나라는 序, 周나라는 庠이라고 하였다. 그리고 學은 인륜을 밝히는 것으로 삼대가 같았는데 다 학교의 명칭이라고 할 수 있다.

18) 화살의 끝을 시위에 끼도록 두 갈래 지게 에어 낸 부분.

19) 『중종실록』 중종 6년 3월 12일 임술조. 成均館大司成柳崇祖, 率學官儒生, 上謝箋曰: (中略) 其作《新民箴》曰: 民心之天, 本與我一. 汚于流俗, 舊染未革. 湯盤自警, 日新其德. 建其有極, 敷錫五福. 推同然心, 興其孝悌. 若窘飢寒, 何暇治禮? 同其好惡, 旣富方穀. 分井受田, 鑿飮耕食. 不違農時, 不奪蠶績. 女有餘布, 男有餘粟. 不飢不寒, 仰事俯育. 設庠興校, 敎以人倫. 觀瞻感化, 作其自新.(中略) 其《止至善箴》曰: 鳥止丘隅, 射準正鵠. 虞張其機, 省括度釋. 降衷之善, 惟皇之極. 不偏不倚, 彌高彌堅. 無適無莫, 忽焉瞻前. 躍如卓爾, 中道而立. 孝弟忠信仁義禮智. 乃目之大, 當止之大(下略).

20) 조선 전기의 문신. 생몰 미상으로 본관은 진주. 부사(府使)를 지낸 강응태(姜應台)의 아버지로 1510년(중종 5) 식년시 병과에 급제해 현감을 지냄. 『한국민족문화대백과사전』 참고.

향리에서 효자로 이름이 높았는데 부모 봉양을 위해 성균관 교관도 포기하고 돌아갈 정도로 효심이 깊은 사람이었음을 알 수 있고, 차차 높은 벼슬을 탐하기보다는 결국 효를 택해 자신의 일생을 효로 마감하였던 사람으로, 그가 죽은 후 국가에서 정표(旌表)하였다는 그의 아들 강응태(姜應台)[21]에 관한 이어지는 인용문 2의 내용을 통해서도 알 수 있는데 강관과 강응태 부자가 모두 하나 같이 효행으로 이름이 매우 높았음을 파악할 수 있다. 이는 성균관 유생들에게 강관이 교관으로서 몸소 효도교육에 대한 생생한 모델이 되어 주었으므로 많은 감화를 성균관 유생들에게 주었을 것으로 짐작이 가고도 충분히 남는 일이다.

1. 성균관 학유 강관(姜琯)이 돌아가 부모봉양하기를 고하니, 상이 윤허하였다. 사신은 논한다. 강관은 진주 사람인데 학문과 행실이 있고 어버이 봉양에 정성을 다하므로, 향리에서 <u>효자</u>라고 일컬었다. 이에 앞서 경상도 관찰사가 추천하여 계문(啓聞－아룀)했는데, 경오년에 급제해 학유(종9품)가 되었다가 어버이가 늙기 때문에 사직하고 갔다. 마침 진주의 교수가 비었으므로 주의(注擬:－3인 추천)하여 제수했는데, 고만(考滿－임기)하자 학록(정9품)이 되었는데도 다시 사직하고 가니, 사람들이 모두 칭찬하며 한 고을 원이 되어 돌아오지 못한 것을 애석하게 여겼다.[22]

2. 이날 문과의 출방(出榜)[23]이 있었다. 8인을 뽑았는데 생원 이현당(李賢讜)이 1등이었고, 그 중에 유학(幼學) 강응태(姜應台)도 들어 있었다. (응태는 진주인이다. 그 아버지가 악질을 앓자 손가락을 잘라 태워서 약에 타 주니 그 병이 즉시 나았다. 금상(今上)[24] 11년의 일이었다. 그 소문이 위에 알려져 정려

21) 1495~1552. 1532년 별시문과 병과급제, 1533년 예문관, 1541년부터 성균관전적·사헌부지평, 1544년 이조정랑, 1546 승문원교리·사섬시첨정·한성부서윤·봉상시첨정, 1547년 사간원헌납. 전적·소격서령·예빈시첨정·군기시부정, 순천도호부사. 1549년 홍문관부수찬. 1551년 밀양도호부사, 이듬해 재직 중 사망. 효행으로 순후장자(醇厚長者) 칭송. 『한국민족문화대백과사전』 참고.

22) 『중종실록』 중종 7년 8월 23일 갑자조. 成均館學論姜琯告歸養, 上許之.(史臣曰: "琯 晋州人也, 有學行, 奉親致誠, 鄕里稱孝. 前此本道觀察使薦聞, 庚午年中第, 爲學論. 以親老辭去, 會晋州教授有闕, 注除之. 考滿受學錄, 再辭去, 人皆稱嘆, 不得爲一縣以還爲惜.")

23) 과거에 급제한 사람에게 그 증서를 주던 일.

(旌閭)하였다. 그의 아버지 관(琯)도 효행으로 정표되었는데, 과거급제하자 늙은 어버이를 위하여 걸군(乞郡)[25]해 사천현감으로 갔다가 거기서 죽었다. 그래서 경외(京外) 사람 모두가 그들 부자를 세효(世孝)라 지목하고 칭찬해마지 않았다.)[26]

한편 다음에 제시한 중종 8년 11월 4일 무진조의 인용문 내용은 중종이 효도교육에 대한 하명을 성균관에 내린 것이다. 학교는 국가에서 필요한 인재를 양육하는 곳으로 무엇보다도 풍속교화의 근원인 곳인데 성균관 유생들은 전에 없이 돌아다니며 놀기만 하는 상태로서 그 유생들의 풍습이 매우 나빠졌다는 것이다. 따라서 성균관 교관들은 입으로만 가르치고 귀로만 듣게 하는 교육을 할 것이 아니라 마음을 바르게 하고 행실을 잘 닦는 제대로 된 교육을 실시하라고 명하였던 것이다. 그야말로 그 교육은 중종 스스로가 효제충신이라고 못 박고 있다. 그러므로 성균관 교육의 가장 우선적인 목표는 효도교육이라는 것을 아주 명확하게 파악할 수 있다.

성균관에 분부했다. "국가에서 인재를 양육하는 것은 뒷날에 쓰려고 함이다. 학교는 교화의 근원이니, 한갓 입으로 말하고 귀로 듣는 학문만을 익힐 것이 아니라, 모름지기 효제(孝悌)·충신(忠信)·염치·절의를 익히고서야 사습이 바르게 될 것인데 요즈음 사습이 옛날 같지 않아, 유생들이 관학에는 모이지 아니하고 마을로만 마구 돌아다니니, 뒷날 비록 벼슬길에 오른다 해도 그를 무엇에 쓰겠는가! 경들은 한갓 입으로 말하고 귀로 듣는 학문만을 강하지 말고, 마음을 바루고 행실을 닦는 학문을 힘써 숭상하여 훌륭한 인물들이 많이 일어나게 하라."[27]

---

24) 당시에 왕위에 있는 임금을 이르는 말.

25) 문과에 합격한 사람이 부모를 모시기 위하여 임금에게 고향의 수령 자리를 달라고 부탁하는 일.

26) 『중종실록』 중종 27년 10월 18일 임진조. 是日, 文科出榜, 取八人. 生員李賢讜居首, 幼學姜應台與焉. (應台, 晋州人也. 其父患惡疾, 斷指和藥以進, 病卽愈. 今上十一年, 事聞旌閭. 其父琯, 亦以孝旌表. 登第爲親老乞郡, 終于泗川縣監. 京外之人, 皆目之以世孝也, 稱之不已.)

27) 『중종실록』 중종 8년 11월 4일 무진조. 教成均館曰: "國家養育人材, 以備他日之用也. 學

또 다음의 중종 9년 11월 15일 계유조를 보면 우의정 김응기(金應箕)[28]는 중종에게 아뢰기를, 어진 선생을 발탁해 성종 때처럼 학교에 장기간 재직시켜야 교육에 전념해서 본받는 유생들이 많이 생겨나고 또 이렇게 해야 유생들이 국가의 인재로 길러지는 것이니 지금이라도 전례대로 교회(敎誨)[29]에 전념할 수 있게 하자고 하고 있다. 이에 중종이 시행이 될 수 있도록 논의하자고 하니, 형조판서 강혼(姜渾)[30]은 30일 중에 20일 정도는 의리의 근원과 효제의 도리를 알게 하는 것이 좋겠다고 말하고 있다. 이로써 우리는 성균관 교육이 제술 쪽으로 흘러가게 두기 보다는 강경을 앞세워야 한다는 것을 알 수 있다. 즉 인간의 도리는 효도임을 강론을 통해 제대로 깨우치게 하는 것이 성균관 교육의 우선적인 교육목표임을 파악할 수 있다.

(상략) 우의정 김응기는 아뢰기를, "어진 사장(師長)을 얻으면 유자가 모두 마땅히 본받게 될 것입니다. 성종조에는 사유(師儒)에 합당한 사람을 4학에 오랫동안 임명하여 관계(官階)를 승진시켜 우위(右位)에 서용했으니, 지금도 그 전례에 의거하여 교회(敎誨)에 전념하도록 하소서."하니, 상이, "대저 나라를 다스리는 데는 인재가 있어야 하는 것이고 인재를 양육하는 데는 학교만한 것

校, 風化之原, 非徒習口耳之學, 須習孝悌﹑忠信﹑廉恥﹑節義, 然後士習乃正. 近來士習不古, 儒生不會于館學, 橫行閭里. 他日雖登仕路, 將焉用彼? 卿等勿徒講口耳之學, 務崇心正行修之學, 以爲濟濟多士之盛也."

28) 1455~1519. 1477년 식년문과 병과급제로 검열, 1482년 수찬, 예조정랑·사유·경연시강관·집의, 1492년 직제학. 좌·우부승지, 이듬해 도승지, 1496년 강원도관찰사, 동지성균관사·관상감제조·공안상정사제조. 1498년 호조참판, 이듬해 동지중추부사, 천추사, 공조참판, 1500년 한성부판윤, 형판, 지의금부사·세자우빈객, 1504년 갑자사화로 문외출송(門外黜送). 1506년 중종이 즉위하자 이조·병조·공조·예조판서, 1513년 우의정, 좌의정, 1518년 영중추부사. 천문·지리·수학 정통, 언행이 법도에 맞아 '동방의 부자(夫子)'라고 존경. 성종의 신임이 두터워 10여 년간 강연(講筵). 시호－문대. 『한국민족문화대백과사전』 참고.

29) 나쁜 짓을 한 사람을 잘 가르치고 타일러 지난날의 잘못을 뉘우치게 함.

30) 1464~1519. 1483년 생원·진사, 1486년 식년문과 병과급제, 사가독서. 1498년 무오사화로 김종직의 문인이라 해 장류됨. 그 뒤 연산군에게 문장으로 아부해 총애를 받고 도승지가 됨. 1506년 박원종이 죽이려 했으나 영의정 유순의 주선으로 목숨을 빌고 반정에 가담, 그 공으로 진천부원군. 대제학·공조판서, 1512년 한성부판윤, 숭록대부, 우찬성·판중추부사. 시문에 뛰어남. 연산군 말년 애희의 죽음을 슬퍼한 왕을 대신해 궁인애사와 제문을 지은 뒤 사림에게 질타 대상, 반정 후에도 이윤에게 폐조의 행신이라는 탄핵을 받음. 저서－『목계일고』, 시호－문간. 『한국민족문화대백과사전』 참고.

이 없는데, 이 일은 시종과 대간이 매양 말하고 있는데도 또한 시행한 바가 없었으니 지금 다시 의논함이 옳겠다."하매 형판 강혼이, "윤차(輪次－순번)하는 당상(堂上)을 설치하는 것은 권장하려는 것입니다. 단지 제술만을 과(課)하고 강론은 하지 않으니, 지금부터는 3순(旬) 내에 2순은 강론해 의리의 근원과 효제의 도리를 알게 해 그들로 하여금 감격하도록 하는 것이 어떻겠습니까?"하였다.(하략)[31]

또 중종 12년 7월 27일 신축조에 보면 영사 정광필(鄭光弼)[32]이 중종에게 아뢰기를, 어머니와 아들 사이만큼 친친한 것도 없으니 원자도 중전 곁에 날마다 있게 해서 친친해지도록 지도하고 교양해야 효심이 생기게 된다는 것이다. 그 이유는 왕실에서 먼저 모범을 보여야 되고, 그 모범은 결국 자연스레 모든 학교에까지 이어진다고 대신들은 생각하고 있는 것이다.

(상략) 관상감(기상청) 영사 정광필이, "보도(輔導－지도)하고 교양하는 방도는 좌우가 이미 남김없이 아뢰었습니다. 다만 중전께서 이미 위에 오르셨으니 모자 사이는 친친(親親)하는 일밖에는 없습니다. 보통 사람의 정리는 어릴 때부터 한집에서 같이 길렀으면 비록 남의 아들이라도 또한 친애하게 되고, 아들 된 자도 어릴 때부터 양육 받았으면 효심이 또한 지극하게 되는 것이니, 원자도 이제 마땅히 대궐로 들여와서 날마다 중전의 곁에서 모시게 해 친친하는

31) 『중종실록』 중종 9년 11월 15일 계유조. (上略) "右議政金應箕曰:"師得賢, 則儒者皆當取法. 成宗朝師儒可當之人, 久任於四學, 陞秩右敍, 今可依此例, 專其敎誨." 上曰: "大抵治國, 無如人才; 養育人才, 莫如學校. 此事, 侍從´ 臺諫每言之, 而亦無所施, 今可更議."刑曹判書姜渾曰: "輪次堂上之設, 所以勸奬也. 只課製述, 而不爲講論, 自今三旬內, 二旬講論, 俾論義理之源´ 孝悌之道, 使之感激, 何如?"(下略).

32) 1462~1538. 1492년 진사, 을과급제, 성균관학유 · 의정부사록 · 봉상시직장. 1504년 직제학, 이조참의, 임금의 사냥이 잦다고 간했다가 아산 유배. 1506년 중종반정 후 부제학, 이조참판 · 예조판서 · 대제학, 1510년 우참찬, 전라도순찰사, 병판. 1512년 함경도관찰사, 이듬해 우의정 · 좌의정, 1516년 영의정. 1519년 기묘사화 때 조광조를 구하려다 영중추부사로 좌천, 1527년 영의정. 1519년 중종이 천재의 원인이 될 만한 정치의 잘못을 물었을 때 한충이 비루한 재상이라고 탄핵하자, 신용개가 배척풍토는 근절해야 한다며 한충의 논죄를 주장. 바른말하는 풍조를 꺾어 억제하는 것은 옳지 못하다 해 재상의 넓은 도량을 보임. 저서－『정문익공유고』, 시호－문익. 『한국민족문화대백과사전』 참고.

일을 도탑게 하도록 해야 합니다. 교양하는 방도와 친친하는 일은 어느 하나도 빠뜨려서는 안 됩니다."하니, (중략) 상이, "인심과 풍속의 아름답지 못함이 이때와 같음이 없다. 학교는 풍화의 본원이니, 인재의 양육에 마음을 다하지 않아서는 안 된다."(하략)33)

3. 맺으며

지금까지 위에서 필자는 『조선왕조실록』을 중심으로 성균관 효도교육에 관한 기록들을 주로 살펴보며 논지를 전개하여 왔다. 결과적으로 보면 조선시대라고 할지라도 그리고 당연한 진리라고 할지라도 강조하거나 교육하거나 모범을 보여야 되는 것이지 그냥 저절로 모든 것이 다 잘되어 가는 것은 아니라는 것을 알 수 있었다. 즉 아무리 쉬운 것도 습관이 되어야 하고 몸에 체득이 되어야 하며 자꾸 반복해서 강조되고 교육되어야 한다는 것이다.

조선시대는 그야말로 정교일치의 시대로서 효치가 정치의 으뜸이요 정치는 곧 효치를 말하는 것이었다. 그 효치가 가장 정점을 이룬 시대는 정조 때였으나 그에 앞서 중종시대도 정조시대만큼은 아니었다고 말할 수 있지만, 그래도 조선 전기 중흥 시기에 해당되었기 때문에 그 어느 국왕 못지않게 효치를 상당히 강조한 시대였다. 그래서 성균관 유생들에게 효도교육이 어떻게 강조되고 재확인되었는지 확인해 본 결과, 국왕이 하명하기도 하고 대신들이 건의하거나 강조하기도 하며 끊임없이 성균관 효도교육은 그 교육과정의 중요한 맥락들이 퇴색되지 않고 이어졌다.

이러한 역사적 사실은 성균관 유생교육의 목적이 국가의 인재를 양성하는 것이 당연한 소임이었지만 우선은 효라는 가치를 가르쳐야 하며, 효를 몸

33) 『중종실록』 중종 12년 7월 27일 신축조. (上略) 領事鄭光弼曰: "輔養之方, 左右所啓, 已無餘蘊. 但坤位已定, 母子之間, 無他親親而已. 常人之情, 若自幼時, 同養一家, 則雖他人之子, 亦親矣. 爲其子者, 若自幼時見養, 則孝心亦至. 元子今當入闕, 日侍中殿左右, 以篤親親之事, 可也. 教養之方´ 親親之事, 今不可闕一也.(中略)" 上曰: "人心風俗之不美, 無如此時. 學校, 風化之本源, 則養育人才, 不可不盡心也."(下略).

으로 실천하는 효행자들을 길러내는 것이 최고의 목표였다는 것을 알 수 있다. 그래서 유생들의 풍습이 어느 순간 느슨해지거나 괴이해질 때마다 교육의 출발점인 효도교육을 재강조하고 다시금 각인시키는 일들을 국왕과 조정에서 꾸준히 실행했다는 것을 파악할 수 있다. 왜냐하면 성균관 유생교육이 본래부터 효치와 연결이 되어 있었고, 성균관 교육의 모든 것은 효도교육이 그 첫 출발점이었으며, 또한 궁극적인 종착점은 결국 효와 충이기 때문이었다.

제 3 장

효와 천거

1. 글머리

조선시대 성균관 유생들은 공부하는 도중에 다양한 방법으로 관직 진출을 할 수가 있었다. 예를 들면 식년시(式年試)와 별시(別試) 말고도 관시(館試), 알성시(謁聖試), 황감시(黃柑試), 관천(館薦), 도기(到記), 전강(殿講), 절제(節製), 응제(應製) 등과 같은 다양한 방법들이 존재하였다.[1] 여기서 중점적으로 살펴보고자 하는 것은 관천 중에서도 효행문제로 인하여 관직에 진출한 사례들을 『중종실록』을 중심으로 얼마나 있었는지 정리해보는 것이다.

그런데 성균관 관련 문헌들이 『조선왕조실록』 이외에도 『태학지』라든가 『증보문헌비고』, 『승정원일기』, 『태학성전』, 『반중잡영』 등이 있지만, 천거 기준에 효행문제로 천거되어 관직에 진출하게 되었다는 기록들을 『조선왕조실록』 이외의 문헌에서는 좀처럼 발견할 수 없었다. 따라서 부득이 『조선왕조실록』만을 중심으로 살펴볼 수밖에 없었으며, 그것도 『중종실록』에서만 그나마 인용할 만한 것들이 발견되어서 어쩔 수 없이 중종시대로 한정하게 되었다.

학덕을 갖춘 상태에서 효행에 역점을 둔 천거에 의한 관직 진출을 두고 이야기가 나오는 사례들은 중종 때가 6건, 명종 때가 1건, 선조 때가 1건, 광해군 때가 1건, 인조 때가 1건 등 모두 10건이 나타났지만, 명종 때와 선조 때는 천거 부작용에 대한 이야기였고, 광해군 때와 인조 때의 이야기는 사실상 효행 관련 천거라고 단정할 수 있는 근거가 미약하여 제외할 수밖에 없었

1) 장재천, 『조선 성균관 교육문화』, 교육과학사, 2012년, 177~191쪽 참고.

다. 그리고 중종 때의 6건도 사실은 2건이었고, 이 2건을 두고 말들이 오가는 것이었기 때문에 실제로 관직에 진출한 유생들은 모두 9명으로 확인되었다.

그러므로 중종 시대로 부득이 한정하여 이 2건을 가지고 어떤 말들이 오가며 진행되었는지 살펴보고, 이렇게 해서 진출하게 된 유생들의 첫 관직이 어떤 품계를 가진 직책이었는지, 그리고 그들이 도달한 최종적인 관직은 무엇이었는지를 언급하고자 한다.

2. 관직 진출의 사례

중종 6년 4월 3일 임오조에 보면 성균관에서 유생 천거의 기준은 본래 학문을 위시해서 재주와 조행이 즉 재주와 태도 및 행실이 뛰어난 자라야 한다는 것인데 －물론 이러한 원칙이 꼭 지켜진 것은 아니지만(때에 따라서는 연령도 고려함)－ 생원 조광조·김석홍·황택 등이 있었는데 과히 특출 나지 않다는 의견이 더러 있었음에도 불구하고 의논해서 관직에 서용하라고 중종이 명하는 것을 볼 수 있다. 그런데 계속 이어지는 인용문들을 통해 천거된 이 유생들이 재주와 조행 말고도 효행과 관계되어 있다는 것을 파악할 수 있게 된다.

> 석강[2]에 나아갔다. 사경(司經)[3] 황여헌(黃汝獻)이 아뢰기를, "하명해 쓸 만한 유생을 천거하게 하셨는데, 성균관이 생원 조광조·김석홍·황택 등을 천거했습니다. 이 몇 사람은 모두 학문과 조행(操行)이 없으니, 성상의 성심으로 구하시는 뜻에 부합하지 못할까 합니다. 조광조는 바야흐로 학문에 뜻을 두니 쓸 만하기는 합니다마는, 학문을 폐지하고 벼슬길에 나가는 것을 그 역시 원하는 것이 아닙니다. 대개 천거라는 것은 재주와 조행이 특이한 자를 뽑을 것이요, 범류(凡類)로 그 선에 충당함은 불가합니다." 하고, 시강관 구지신(具之愼)은 아뢰기를, "성종조에서 시학한 뒤에, 유생들에게 글을 강해 안양생을 뽑아 서

2) 저녁에 임금이 신하들과 글을 강론하는 일을 이르던 말.
3) 경연에 있던 정7품직. 왕에게 경서를 강의하고 논평하는 일을 담당했다.

용했습니다. 그러나 이번의 천거한 예와는 같지 않습니다. 신 또한 듣건대, 이번에 천거된 사람들은 특별한 재주와 조행이 없으니 쓸 수 없습니다."하니, 상이 이르기를, "천거했으므로 이미 서용할 것을 명했다. 그러나 다시 널리 의논해서 천거해 쓰겠다."하였다.[4)]

즉, 같은 중종 6년 4월 11일 경인조에 보면, 위에서 언급한 세 사람 말고도 천거된 유생들이 민세정·박찬 등이 더 있었다는 것을 알게 되는데 결국 나이와 효행 등을 중시하여 민세정[5)]과 박찬[6)]이 서용돼 관직 진출에 성공하였다. 물론 김석홍[7)]과 황택[8)]은 이들보다 먼저 서용되었던 것으로 보인다.

조강에 나아갔다. 헌납 이언호(李彦浩)가 아뢰기를, "신 등이 성균관에서 천거한 유생을 보니, 민세정(閔世貞)·박찬(朴璨) 같은 이는 효행이 있고 나이가 거의 40이 되었으니 그래도 서용할 만합니다만, 조광조는 조행이 있으나 나이 30이 못되어, 한창 학업에 큰 뜻을 두고 있습니다. 지금 만일 그의 뜻을 갑자기 빼앗아 미관에 서용한다면, 반드시 그 학업을 폐지하게 되고, 저 또한 나와 벼슬하는 것을 즐겨하지 않을 것이니, 국가에서 인재를 배양하는 도리에 결함이

4) 『중종실록』 중종 6년 4월 3일 임오조. 御夕講. 司經黃汝獻曰: "上命擧可用儒生, 成均館擧生員趙光祖, 金錫弘, 黃澤等, 此數人者, 皆無學問操行, 恐未副聖上誠求之意. 趙光祖方有志於學, 猶可用矣. 然廢學從仕, 亦非其所願. 大抵所謂薦擧者, 宜擢才行特異者, 不可以凡類, 充其選也." 侍講官具之愼曰: "成宗朝視學之後, 講書儒生, 擢安良生敍用矣. 然與今薦擧之例不同. 臣亦聞之, 今此薦擧之人, 殊無才行, 不可用也" 上曰: "薦擧故已命敍用矣. 然更可廣議薦用."

5) 민세정(1471~1538)은 경북 청송 출신. 단정하고 효제가 돈독, 학문에도 출중. 1495년 생원시 입격. 돈독한 효우로 정려. 호역(戶役) 면제. 1511년에는 효행으로 성균관 천거를 받아 언양현감이 됨. 1519년 현량과 3등 합격, 함경도 도사(都事)가 됨. 정암 조광조·음애(陰崖) 이자(李耔)와 세교(世敎)를 바로 세울 뜻이 있었으나, 기묘사화에 연좌되어 벼슬을 그만두고 향리에서 후학양성에 전념. 낙향 후 청송에서 처가가 있는 경북 의성으로 이사.

6) 박찬에 대해서는 돈녕부참봉과 별좌, 직장 벼슬을 한 것밖에는 더 자세한 것을 알기 어려움.

7) 김석홍(金錫弘, 1473~1546), 세 고을의 수령을 했다고 알려져 있고, 『기묘록속집』에는 벼슬이 참봉으로 시작되었으나 소세양의 『양곡집』에는 김석홍의 묘비에 나중에 수안군수를 했다고 기록하고 있다.

8) 한국역대인물정보시스템에 의하면 품계가 건공장군, 관직이 행충좌위부사맹으로 되어 있고, 1507년 식년시에 생원 2등, 진사 3등이라고 하였다.

> 되겠습니다. 갑자기 서용하지 말고, 평생의 뜻을 펴게 해서 입신성명한 후에 쓰더라도 늦지 않습니다."하고, 지평 이빈(李蘋) 또한 이 뜻으로 아뢰었다. 우승지(右承旨) 이희맹(李希孟)이 조광조의 일을 품의하니, 상이 명하여 우선 조광조는 서용하지 말고, 먼저 민세정·박찬을 서용하게 하였다.9)

그리고 이어지는 같은 중종 6년 4월 18일 정유조에 보면 조광조를 서용하지 않게 된 상세한 이유가 설명되고 있다. 즉 조광조는 아직 30세가 안 된 젊고 유능하여 신임을 얻은 자이지만 급하게 미관말직에 기용하기보다는 좀 더 학덕을 쌓게 하여 나중에 크게 쓰자는 여러 사람들과 여러 차례의 주장들에 힘이 실려 서용이 미루어졌던 것이다.

> 주강에 나아갔다. 검토관 공서린(孔瑞麟)이 아뢰기를, "성균관이 천거한 유생 조광조는 그 마음과 행실이 다른 사람보다 특이한 점이 있어서 특별히 천거를 받았으니, 이는 사람들에게 신임을 얻었기 때문입니다."하고, 대간·시종이 함께 아뢰기를, "아직 서용하지 말자는 것은 그 덕을 쌓아서, 다른 날 크게 쓰일 인물로 삼으려는 것입니다. 특별히 포상하는 글을 내리시어 권장하소서. 그렇게 하면 선비들이 많이 근면 정려할 것입니다."하였다.10)

그런데 두 달 정도 시간이 흐른 뒤 같은 중종 6년 6월 24일 임인조에 보면 민세정과 박찬 및 조광조 이야기가 다시 나오고 있다. 즉 효도와 우애가 깊은 민세정을 참봉(종9품)에, 여막 3년을 충실히 이행한 박찬은 별좌(종5품)에 서용하였는데도 일반적으로 귀하게 여기는 벼슬이 아니므로 현감(종6품)에 보

9) 『중종실록』 중종 6년 4월 11일 경인조. 御朝講. 獻納李彦浩曰: "臣等見成均館所薦儒生, 如閔世貞, 朴璨則有孝行, 而年幾四十, 猶可敍用也. 趙光祖則雖有操行, 然年未三十, 而方大有志於學業, 今若遽奪其志, 而敍於微官, 則必廢棄其業, 而彼亦必不樂於從仕. 於國家培養人材之道, 亦有缺矣. 勿遽敍用, 俾展生平之志, 立身成名後, 用之未晩也." 持平李蘋, 亦啓之以此. 右承旨李希孟, 稟趙光祖事, 上命姑勿敍光祖, 先敍閔世貞´ 朴璨.

10) 『중종실록』 중종 6년 4월 18일 정유조. 御晝講. 檢討官孔瑞麟曰: "成均館所擧儒生趙光祖, 其存心操行, 有異於人, 特被薦擧. 此取信於人故也" 臺諫, 侍從共啓曰: "姑勿敍用者, 欲令蓄養其德, 以爲他日大用之人也. 請特下褒賞之章, 以勸奬之. 如是則士多勉勵矣."

직하는 것이 좋겠다는 건의를 받아 들여 전보 조치를 통해 해결하고 있음을 살펴볼 수 있다. 다시 말해서 효행 문제를 중요시한다면 조금 더 높은 품계의 벼슬이나 아니면 선호하는 벼슬을 내려야 한다는 것인데, 결과적으로 균일하게 종6품의 직분을 맡기는 것으로 보아 일반적인 천거보다는 그리고 문과 갑과에 장원급제할지라도 종7품에 서용하는 것이 법칙이었는데 이것들을 뛰어 넘었거나 요직에 중용하였던 것으로 보아 확실히 효행에 의한 천거가 융숭한 대접을 받았음을 파악할 수 있다.

> 조강에 나아갔다. (중략) 공서린은 아뢰기를, "예조와 성균관이 민세정(閔世貞)·박찬(朴璨) 등 몇을 의천(議薦)해 민세정은 참봉, 박찬은 별좌(종5품)를 삼았는데, 별좌와 참봉은 어두운 밤에 권문에 애걸하는 자까지도 천하게 여기는 것이니, 천거한 본의에 어긋남이 있지 않겠습니까. 신의 생각으로는 곧 6품직을 제수하시어 현감(종6품)에 보직하신다면, 비록 작은 직이기는 하나 평소에 품었던 뜻은 펴볼 수가 있을 것입니다. (중략) 특진관 유승조는 아뢰기를, "민세정은 어버이께 효도할 뿐 아니라 형제간에도 우애가 좋습니다. 그 형이 일찍이 문둥병에 걸렸었는데, 의원에게 물으니 뱀고기라야 치료할 수 있다고 하므로, 민세정은 곧 뱀을 잡아 구워먹으니 형은 선뜻 먹으려 하지 않았습니다. 민세정은 다시 큰 뱀을 잡아 회를 만들고 마주해 울면서 스스로 먼저 먹으니, 형도 감오(感悟)하여 먹고 병이 곧 나았습니다. 이는 진실로 누구나 할 수 있는 일이 아닙니다. 박찬은 여막에 사는 3년간 동구 밖을 나오지 않았으며, 제물을 차려 조촐하게 제사를 드렸고, 처상을 당해 홀아비로 3년을 살았으니, 사람마다 능히 할 수 있는 일이 아닙니다." (중략) 성희안이 또 아뢰기를, "공서린이 아뢴 바가 그럴 듯합니다. 성종 때 김굉필은 경서에 밝고 행실이 단정하므로 천거를 받았었는데, 역시 이와 같은 논의가 있어 처음에 6품직을 제수했습니다. 다만 홍문관이 '민세정 등은 한 때의 추천을 받았으며 조광조는 미직에 제수할 수 없다.'하니, 이로써 본다면 민세정과 박찬은 조광조보다 못한 듯합니다. 이제 또 유승조의 말을 들으니, 민세정 등의 행의 또한 지극합니다. 비록 참봉·별좌의 직을 제수해도 개만(個滿)[11]하거든 곧 옮겨 전보해 특이한 대우의 뜻을 보이심이 어떠하겠습니까?"하고, 동지사 정광필도 성희안의 말이 옳다고

하니, 상이 이르기를, "천거된 사람을 참봉·별좌에 서용함은 현직(顯職)[12]에 두는 것이 못되는 듯하다. 6품직을 제수한다면 현직도 되고 그의 업적도 따라서 나타나겠으나, 이미 직을 제수했으니 이의가 있을 수 없다. 개만 즉시 옮겨 전보함이 옳겠다."(하략)[13]

다음의 중종 8년 6월 9일 병오조에는 강관(姜琯)[14]과 김만균(金萬鈞)[15]은 이미 성균관에서 두 번이나 천거를 받은 일이 있고, 현재는 각각 학정과 참봉직을 수행하고 있는데 부모 봉양 문제로 벼슬을 버리고 갈 정도로 어질고 효행이 뛰어난 자들이어서 참상관이라면 자기 고향의 수령으로 서용해주겠으나 아직은 직급이 낮아서 그렇게 하지 못한다고 하니 결국 중종이 참상관으로 승진시키라는 하명을 내리고 있다.

이조판서 김전(金詮)이 아뢰기를, "강관과 김만균은 재행(才行)이 뛰어났다

11) 기한이 채워지는 것을 말함.

12) 높고 중요한 직위를 말함.

13) 『중종실록』 중종 6년 6월 24일 임인조. 御朝講. (中略)孔瑞麟曰: "禮曹, 成均館, 議薦閔世貞, 朴璨等數人, 世貞爲參奉, 璨爲別坐. 別坐, 參奉, 雖昏夜哀乞於權門者, 猶以爲卑下, 豈不有乖於擧薦之本意耶? 臣意以謂卽授六品職, 補爲縣監, 則此雖微職, 亦可見其展布志意也. (中略)特進官柳崇祖曰: "閔世貞不但孝於其親, 亦善友於兄弟之間. 其兄嘗得癩疾, 問諸醫曰: '蛇肉可治.' 世貞卽捕蛇而燒飼, 兄不肯食, 世貞又捕大蛇作膾, 對之而泣, 先自食之, 兄亦感悟, 遂食之, 疾卽已. 此固非人人所能爲也. 朴璨居廬三年, 不出洞口, 親執奠物, 精潔以祭. 又遭妻喪, 鰥居三載, 此亦人所不能爲也."(中略)成希顔又曰: "孔瑞麟所啓然矣. 在成宗朝, 金宏弼以經明行修被薦, 而亦有如此議論, 初授六品之職. 但今弘文館, 以世貞等一時見薦趙光祖, 不可遽授微職. 以此觀之, 則閔世貞, 朴璨, 似下於趙光祖矣. 今又聞崇祖之言, 世貞等行義亦至矣. 授參奉, 別坐之職, 若箇滿, 卽令遷轉, 以示異待之意何如?" 同知事鄭光弼, 亦以希顔之言爲是. 上曰: "敍薦擧人於參奉, 別坐, 似爲未顯. 若敍六品職, 則職顯而其行事之迹, 亦從而見矣. 然業已授職, 今不可更有他議, 箇滿卽時, 遷轉爲可."(下略)

14) 생원으로 정덕(正德) 경오년(중종 5년, 1510) 식년시에서 병과에 합격하고 한림(翰林)을 지냈으며 금산(琴山)에 살았다. 더 상세한 사항은 알기 어려움.

15) 1515년 진사, 1528년 별시문과 장원급제, 세자시강원사서, 1531년 홍문관수찬이 되어 정권을 장악하고 있던 김안로(金安老)를 탄핵했으나, 도리어 기묘사화를 일으킨 심정(沈貞)의 무리라고 탄핵당해 삭직되었다. 그 뒤 1537년 김안로가 축출된 뒤 재 서용되어 시독관·교리·홍문관부응교·사헌부장령·사간원사간·대사간을 역임. 1543년 사은사, 1544년 천추사로 파견, 예조참판으로 『중종실록』 편찬참여, 강원도관찰사를 거쳐 동지중추부사로 재임 중 사망.

하여 성균관에서 두 번이나 이조에 천거했거니와, 관은 과거에 급제해 지금 학정이 되었고, 만균은 지금 참봉이 되었는데, 이 두 사람은 어버이를 봉양하고자 매양 벼슬을 버리고 갑니다. 그런데 이들이 만약 참상관이라면 마땅히 그 도의 수령을 제수해 그 어버이 봉양하려는 뜻을 이루어 주겠으나, 이들은 모두 참상관이 아니라 신이 감히 마음대로 못하겠습니다. 그러나 이 두 사람은 물론(物論)[16]이 모두 어질다 하며, 또 지금 효행을 포장하는 때를 당했기로 감히 계달하지 않을 수 없습니다."하니, 전교하기를, "이 사람들이 과연 그와 같다면 참상관으로 등용하라."하였다.[17]

또 다음의 중종 10년 6월 8일 계해조를 보면 성균관에서 천거된 조광조(趙光祖)[18]와 김식(金湜)[19] 및 박훈(朴薰)[20] 등을 평하고 있는데 '행실'이라는

16) 수군수군하는 일로 일종의 여론.

17) 『중종실록』 중종 8년 6월 9일 병오조. 吏曹判書金銓啓曰: "姜琯, (金萬鉤)〔金萬鈞〕, 以才行卓異, 成均館再薦於吏曹. 琯則登第, 今爲學正, (萬鉤)〔萬鈞〕則今爲參奉. 但此二人欲養親, 每棄官而, 去若參上官, 則當拜其道守令, 以遂養親之心, 然皆非參上之官, 臣不敢擅. 此人等, 物論皆以爲賢, 且今方褒奬孝行之時, 故不敢不達." 傳曰: "此人等果如是, 可於參上官用之."

18) 성균관 유생들의 천거와 이조판서 안당(安塘)의 적극적인 추천으로, 1515년 조지서사지(造紙署司紙)라는 관직에 초임되었다.

19) 정치 분위기를 일신하려는 추이에 따라, 조광조·박훈 등과 함께 성균관과 이조판서 안당(安塘)의 천거로 종6품직인 광흥창주부가 됨. 이어 형조좌랑·호조좌랑·지평·장령 역임. 1519년 4월 조광조·김정(金淨) 등 사림파 건의로 실시된 현량과에서 장원급제. 현량과의 천거명목은 성품·기국·재능·학식·행실·행적·생활태도 또는 현실대응의식 등의 7가지. 그런데 급제자 28인 가운데 유일하게 7개 항목에서 모두 완벽하게 평가받았다. 이는 당시 사림들로부터 두터운 신뢰를 얻었고, 중앙에 이미 진출해 있던 사림파 중에서도 조광조에 버금갈만한 인물로 평가되었음을 뜻한다. 그리하여 급제자 발표 5일 만에 성균관 사성, 며칠 뒤에는 홍문관직제학, 현량과 실시로부터 겨우 보름 사이의 일이었다. 그런데도 이조판서 신상(申鏛)과 우의정 안당은 만족하지 못해 대사성에 추천했으나 중종은 주청을 물리치고 홍문관부제학에 임명. 신상과 안당의 거듭된 상계(上啓)로 마침내 대사성에 임명. 그 해 11월 기묘사화가 일어나자 절도안치(絕島安置)의 벌이 내려졌으나, 영의정 정광필(鄭光弼)의 비호로 경북 선산 유배. 뒤따라 일어난 신사무옥에 연좌되어 다시 절도로 이배된다는 소식에 거창에 숨었다가 자결. 기묘사화 후에 현량과가 폐지되면서 직첩과 홍패도 환수되었으나 명종 때 복관, 선조 때 이조참판을 거쳐 영의정에 추증. 당시 사림영수로 숭앙된 조광조와 깊은 관계를 바탕으로 훈구세력 제거에 앞장섰으며, 조광조와 함께 왕도정치실현을 위해 개혁정치를 폈다.

20) 1504년 사마시 합격 1506년 천거로 의영고주부(義盈庫主簿), 보은현감에 임명되어 외지로 나갔다. 그러나 어진이를 외직으로 내보내는 것은 잘못이라는 여론에 따라 사헌부감찰로 바뀌었다가 공조좌랑을 거쳐 사헌부지평에 올랐다. 1519년 현량과 병과급제, 사헌부장령·

단어 속에 기본적으로 효행 관련 내용이 포함되어 있는 것으로 짐작이 간다. 특히 조광조를 평할 때에는 효행 행실을 높이 평가하고 있어서 더욱 그럴 것이라는 생각이 든다. 그리고 조광조를 비롯해 그들을 높이 평가해 종9품의 참봉보다는 높은 수준의 종6품 직분을 맡겨야 한다고 이조판서 안당(安瑭)이 아뢰어 그리하라는 중종이 하명이 있었음을 알 수 있다. 그리하여 위 인물 각주에서 살펴볼 수 있는 바와 같이 세 명이 똑같이 종6품 수준으로 이미 일찍이 전에 천거를 받은바 있었던 조광조는 조지서 사지, 그리고 김식은 광흥창 주부, 박훈은 의영고 주부가 되었다. 또 조광조와 김식 그리고 박훈은 1519년 현량과(賢良科)[21]에도 급제한바 있는 우수한 인재들이었으며 그 셋은 기묘사화[22] 때에도 같이 화를 입었다.

> 안당이 아뢰기를, "이제 성균관이 천거한 것을 살펴보니, 조광조·김식·박훈 등과 같은 자들입니다. 이들은 진실로 경서에 밝고 행실과 수양이 있는 사람으로 천거되었으니, 반드시 성균관의 당상장관과 2백 생원들의 뜻에 맞은 뒤에 천거했을 것입니다. 이들을 등용하는 것은 마땅히 문신을 등용하는 것과 다름

사간원사간 등을 거쳐 동부승지에까지 올라 '국기(國器)'라는 명성을 들었다. 기묘사화 때 조광조 등과 함께 화를 입어 성주에 유배. 이후 의주, 13년 뒤에 안악으로 옮겨짐. 1533년 유배에서 풀려나 향리인 청주에 은거. 어머니가 죽자 상주노릇을 너무 슬프게 하다 병을 얻어 죽었다. 효심뿐 아니라 성품과 자질이 순수하고 지조가 굳고 법도가 있었다. 당대 큰 선비들과 두루 사귀었고, 조광조와는 가장 친했다.

21) 본 명칭은 천거과·천과·천거별시. 조선초에는 정도전이 편찬한 〈조선경국전〉에 '거유일'이란 항목을 두어 관료선발방법으로 천거제 채택을 강조했다. 성종 때 활발하게 쓰이다가 연산군 때는 거의 쓰이지 않았으며, 1506년에 마침내 천거법을 혁파했다. 중종대에는 사림파가 그들의 지배기반을 확대·재정립하기 위해 많은 개혁을 단행했는데, 현량과 실시도 그 조치 가운데 하나였다. 현량과는 유일천거제를 기본이념으로 하지만 결국 사림파의 세력강화와 밀접한 관련을 가졌다. 현량과가 사림파의 관리직 진출의 등용문이 되자, 훈구파는 인재천거에 공정을 기할 수 없다는 이유로 현량과를 반대했다. 그래서 현량과는 위훈삭제문제와 함께 기묘사화를 유발시키는 원인이 되었다.

22) 1519년 11월 남곤·심정·홍경주 등에 의해 조광조·김정·김식 등 사림이 화를 입은 사건. 중종 즉위 이후 정국을 주도한 훈구파에 대해 신진 사림파들이 정계진출해 세력을 늘려가면서 갈등을 일으켰다. 특히 사림파들은 중종반정의 공신 중 공이 없음에도 공신이 된 자들을 속아내야 한다고 주장하고 이를 일부 관철시켰다. 그러자 훈구파들은 사림파들이 붕당을 지어 왕권을 위협하고 국정을 어지럽힌다고 고해 중종은 이를 수용해 사림파들을 숙청했다. 이후 훈구파가 다시 정계중심이 되었으나 사림의 대세는 막을 수 없었다.

이 없어야 합니다. 조광조는 또 효행이 있습니다. 이들은 행실이 높으나 본래부터 가자(加資)가 없으니, 이제 만약 참봉을 제수하는 데 그친다면 비록 10년이 되어도 진작시킬 길이 없습니다. 바라건대 올려서 선무랑(宣務郎)[23]으로 삼고, 주부(종6품)의 직에 준하게 해 하는 바를 관찰하소서."하니 '그리하라' 전교했다. (사신은 논한다. 세 사람은 뜻이 같아서 공리에 급급하지 않고 성현의 학문에 뜻이 있었다. 항상 《소학》을 읽어 그 행실을 계칙(戒飭)[24]하고 또 논의를 중지하지 않으니, 사림이 자못 사랑하고 소중히 여겼다. 세 사람은 도(道)가 같고 뜻이 맞지만 그 하는 바가 각기 다르니, 기질이 같지 않기 때문이다. 조광조는 밝고 바르고 매우 곧으며, 식은 통달하고 주편(周遍)[25]하며, 훈은 덕행과 기량(器量)이 일찍 이루어졌다.)[26]

그리고 지금까지 성균관에서 특별히 효행 천거에 관련된 9명에 대한 기록들을 인용하며 상세히 살펴보았는데, 이들에 대한 신상을 표로 정리하면 다음과 같다.

성균관 효행 천거 9명에 대한 천거시기와 벼슬

이름	천거시기	첫 벼슬	끝 벼슬	유생신분
조광조	1차 중종6년 2차 중종10년	조지서사지 (종6품)	대사헌(종2품)	생원, 진사
김석홍	중종6년	참봉(종9품)	수안군수(종4품)	진사
황택	중종6년	행충좌위부사맹 (종8품)	건공장군(종3품)	생원, 진사
민세정	중종6년	언양현감 (종6품)	함경도도사(종5품)	생원

23) 종6품 이하의 문관을 말함.

24) 경계하여 타이름을 말함.

25) 보편적이며 일반적이라는 말.

26) 『중종실록』 중종 10년 6월 8일 계해조. 安瑭啓曰: "今考成均館薦擧, 則如趙光祖, 金湜, 朴薰等, 此固經明, 行修之人, 而被薦焉. 必合成均館堂上, 長官及二百生員之意, 然後擧之, 用此人, 當與用文臣無異也. 趙光祖, 又有孝行, 而此人等行高, 本無加資, 今若止授參奉, 則雖至十年, 無由振發. 請陞爲宣務郎, 准主簿職, 以觀其所行" 傳曰:"可."(史臣曰: "三人同志, 不汲汲於功利, 有志聖賢之學. 常讀《小學》, 以飭其行, 不爲浮議所掩, 士林頗愛重之. 三人道同志合, 而所造各異, 氣質不同. 光祖明正切直;湜通達周遍; 薰德器夙成.")

이름	천거시기	첫 벼슬	끝 벼슬	유생신분
박찬	중종6년	돈녕부참봉 (종9품)	직장, 별좌(종5품)	생원
강관	중종8년	학정(정8품)	현감(종6품)	생원
김만균	중종8년	참봉(종9품)	동지중추부사 (종2품)	진사
김식	중종10년	광흥창주부 (종6품)	대사성(정3품)	진사
박훈	중종10년	의영고주부 (종6품)	보은현감, 동부승지(정3품)	생원

그러나 시간이 지날수록 이와 같은 효행 관련 천거나 또 일반적인 성균관 천거들이 사적인 청탁이나 감정에 치우치기 시작해 매우 잘못된 방향으로 흘러가버려 난잡해진 폐단을 더 이상 용납하지 말고 속히 개혁을 단행해야 한다는 내용들이 명종 8년 3월 28일 갑진조와 선조 33년 11월 25일 을축조에 나타나고 있다.

3. 맺으며

지금까지 『중종실록』을 통해 살펴본 바는 성균관에서 나이나 학덕 등 기본적인 조건을 갖춘 상태를 넘어 특별히 효행이 뛰어나 천거를 받은 유생들이 누구였으며 그들이 진출한 첫 관직은 무엇이었고, 그리고 그런 효행 문제로 천거를 받아 과연 어떤 벼슬에까지 최종적으로 이르렀는지를 파악하는 것이었다.

그 결과 중종대에는 조광조, 김석홍, 황택, 민세정, 박찬, 강관, 김만균, 김식, 박훈 등 모두 9명이 천거를 받았으며, 그들이 일반적인 천거에 비해서는 높은 품계를 받아 비교적 좋은 관직을 받았다는 것이었다. 그런데 혹 첫 대우를 높이 받아야 했는데 생각보다 낮게 벼슬살이를 시작했다면 반드시 신하들의 상소에 의해 마음이 움직여진 중종이 이를 수용하였고, 다시 하명을 내려 높은 관직으로 영전이 되었다. 굳이 이렇게까지 했던 이유는 조선이라는 나라의 정치는 곧 효치였고, 성균관 천거 중에서도 효행 관련 천거는 특별한 대우를 하였다는 뜻이었다.

사실 제 각각 개인적인 관운이라고 하는 것도 있고, 또 시대적인 분위기 문제로 사화를 겪는 등 별로 순탄치 않은 경우도 있어서 그들이 모두 최종적으로 엄청 높은 벼슬에까지 도달한 것은 아니었지만, 효행으로 천거된 자들을 특별히 우대해야 한다는 분위기는 분명히 확인할 수 있었다.

따라서 지금도 효행이 뛰어난 사람들은 그들이 전공한 것과 거주하는 지역들을 고려해 여러 분야의 지방 공무원으로 특별 채용하는 것이 좋은 방책이 아닐까 생각된다. 적어도 효행이 뛰어난 사람들은 타인을 배려하는 인간적인 성품이나 서비스정신이 결여되어 있지는 않을 것이기 때문이다.

제 4 장

추효(追孝)

1. 글머리

조선은 성리학으로 무장된 철학국가요 효행을 최고의 가치로 삼은 유교국가였다. 모든 정치의 핵심은 효치였으며 효치가 곧 정치였는데 그 대표자가 바로 정조 임금이었다.[1] 따라서 모든 교육의 출발점도 효요 종착점도 효였던 시대가 바로 조선시대였다.

이러한 조선시대에 최고 교육기관인 성균관에서 효행 천거에 의한 관직 진출[2]도 있었으며, 음서제(蔭敍制)[3]에 속하는 효행 천거로 관리가 되는 방식[4]도 있었다. 주로 제사를 중심으로 이루어지는 '추효(追孝)'라는 것은 일반적으로 보면 '죽은 부모나 조상의 명복을 빌고 공양하여 효도하는 것'을 말한다. 다시 말하자면 일반적인 제사들이 대부분 추효행위이며, 위패를 만들고 사당을 지어 제사를 드리는 행위도 모두 추효행위인 것이다.

그리고 더 나아가 반궁(泮宮=成均館)의 문묘(文廟)를 통해 유교의 선성선사(先聖先師)들을 추모하는 석전(釋奠) 대제뿐만이 아니라 문묘 뒤에 계성사(啓聖祠)[5]를 지어 5성(五聖)[6]의 부(父)[7]들을 제사하는 행위까지도 넓은 의미의

1) 정조의 추효는 화성, 융릉, 용주사 등에서 절절하게 나타난다.

2) 장재천, 「조선 중종대 성균관 유생들의 천거 중 효행에 의한 관직 진출 사례」, 『청소년과 효문화』 32집, 한국청소년효문화학회, 2018.

3) 문음제(門蔭制)라고도 하며 나라에 공을 세운 신하나 지위가 높은 관리의 자손을 과거(科擧)를 치르지 아니하고 관리로 채용하던 제도.

4) 정구선, 『조선시대 천거제도 연구』, 초록배, 1995.

5) 1530년 명나라 때 국자감에 세워졌고, 조선은 1574년(선조 7년) 조헌(趙憲)을 질정관으로 중국에 보내 규모와 제도를 조사시킨 다음, 1699년(숙종 25년) 예조판서 김구(金構)와 대

추효행위인 것이다. 그런데 이 계성사에 대한 추효행위의 연구는 사실상 현재 계성사의 건물실체가 없어졌기에[8] 그동안 관심이 너무나도 적었고, 또 계성사에 대한 학술적인 또는 교육사적인 선행연구도 지금까지 전혀 없는 것이 현실이다.

따라서 여기에 착안하여 계성사가 세워지게 된 이유, 위차문제에 대한 논란, 그리고 전체적인 계성사의 변천문제를 다루어 본다. 첫 시도이기는 하지만 계성사를 통한 성균관 교육에서의 추효문제를 고찰해보면 조선 사회의 일반적인 추효도 짐작이 가능하리라고 본다.

2. 계성사 조성 경위

대략 처음으로 성균관 계성사의 조성문제가 시작된 것은 선조 7년인 1574년(갑술년) 명나라에 사신일행으로 다녀온 조헌(趙憲)이 올린 8조 상소로부터이다. 그 소 하단에 보면,

"신은 또 보니 성묘의 서북쪽에 계성묘가 있는데, 계성공 공씨가 북쪽에, 안

사헌 홍수헌(洪受濾)을 시켜 대성전 서북쪽에 터를 잡고 건축을 시작해 2년 뒤인 1701년에 완공하였다. 규모는 사당이 3칸, 내외의 향청 3칸, 전사청 2칸, 집사청 2칸, 주소(廚所) 1칸, 고사(庫舍) 1칸, 수복청 2칸이며, 건물 앞에는 삼문(三門)이 있고, 서쪽에 협문이 있다. 5성의 부(父) 위패를 모셨다. 1739년(영조 15년) 모든 도와 큰 고을의 향교마다 계성사를 세울 것을 명했고, 20년 뒤인 1759년에 사액하였다. 향사의(享祀儀)는 성균관의 예에 준했으며, 그 뒤 성균관유생 중에서 1인을 선발해 관리하게 하였다. 『한국민족문화대백과사전』 참고.

6) 공자, 안자, 자사, 증자, 맹자.

7) 공자의 아버지 제국공 공숙량흘(齊國公 孔叔梁紇), 안자의 아버지인 곡부후 안무유(曲阜侯 顏無繇), 증자의 아버지 내무후 증점(萊蕪侯 曾點), 자사의 아버지 사수후 공리(泗水侯 孔鯉), 맹자의 아버지 주국공 맹격(邾國公孟激).

8) 1701년(숙종 27년) 세워진 계성사는 1954년 성균관대학교 캠퍼스 확장 공사로 인하여 헐렸다. 문화재청, 『서울문묘 실측조사보고서』상, 2006, 121쪽. 그리고 현판은 2007년에 이름을 밝히지 않은 소장자가 대구시 남구 대명 9동 534의 5에 있는 대연학당에 기증하였다. 고서적 수만 권이 있는 대연학당은 이응문 대표가 주역을 가르치는 곳인데, 여기서는 옛 유학자들이 해온 '관(觀)' 수행을 하는 관생제(觀生齊)를 만들어 이 현판을 소장하고 있다. 한겨레신문, 2007.5.21.

> 무유·공리는 동쪽에, 증석·맹손씨는 서쪽에, 양무에는 정향(程珦)·채원정(蔡元定)·주송(朱松)이 있었습니다. 대개 학교는 인륜을 밝히기 위한 것입니다. 안자·증자·자사는 사당의 가운데에 있고, 그의 아버지인 안로(顔路)·증점(曾點)·백어(伯魚)는 아득히 먼 아래에 있으니, 보통 사람도 편안하지 않을 것인데 하물며 성현이겠습니까? 그런 까닭에 세종황제가 비로소 별묘를 지어 춘추 석전과 동시에 제사를 거행하게 했으니 이는 이른바, '아들이 비록 성인이라 할지라도 아버지보다 먼저 제사 받지 못한다."고 하는 도리입니다. 살펴보건대, 문묘의 서쪽에 널찍한 빈 땅이 있습니다. 만약 의논해 그곳에 별묘를 세우고, 춘추석전과 동시에 제사한다면 거의 인륜의 도리가 온전해지고 사리도 합당하게 되어 한 나라의 부자(父子) 된 자의 도리가 바로잡힐 것입니다."[9]

라고 하였다. 그러나 금방 어떤 진전이 있지는 않았고 세월이 한참 흘러 선조 34년에 와서야 예조에서 다시 그 문제를 언급하기를 다음과 같이 하였다.

> "안자·증자·자사는 모두 정전에 배향되어 있는데 안무요·증점·공리는 동·서무(東西廡)에 종사되고 있어 아들이 아버지 위에 있게 되니 역시 잘못이며, 별도로 계성사를 만들어 공자의 부를 수위로 해 안무요·증점·공리·맹손씨(맹자)[10]를 배향하고 정향·주송·채원정을 종사해야 된다고 했으며, 설선·왕수인·진헌장·호거인 4현에 있어서는 바로 명조(明朝)의 유신들로 가볍게 논의하기 어렵다."[11]

---

9) 『선조수정실록』, 선조 7년 11월 1일 신미조. 臣又見, 聖廟西北, 又有啓聖廟. 啓聖公 孔氏在北, 先賢顔無繇, 孔鯉在東, 曾晳, 孟孫在西, 東廡有先儒程珦, 蔡元定, 西廡只有朱松. 蓋學宮, 所以明人倫也. 顔子, 曾子, 子思, 在於廟中, 偃然先饗, 而顔路, 曾點, 伯魚, 杳然居下, 於常人, 亦有所不安, 況聖賢乎? 故熊禾, 洪邁, 曾有別設一廟之議, 而弘治中, 程敏政又嘗建白. 至于世宗朝, 乃作別廟, 春秋釋奠, 同時行事, 所謂 "子雖齊聖, 不先父食" 者, 至是無遺憾矣. 臣愚竊念, 我國文廟之西, 有地閑敞, 若議立廟, 而春秋同祀則庶乎倫全義安, 而一國之爲父子者定矣. 『태학지』「부편」 계성사에도 비슷한 내용이 나온다.

10) 맹자는 노나라 귀족 맹손씨의 후손이다.

11) 『선조실록』, 선조 34년 1월 24일 계해조. 且顔子曾子子思 俱享於正殿 而顔無繇曾點孔鯉從祀於兩廡. 子在父上 亦似未安 故天朝別設啓聖祠 以叔梁紇爲首 以顔無繇曾點孔鯉孟孫氏配享 程珦朱松蔡元定從祀. 是乃推其所從出之義 而父子等級 理勢亦妥. 此皆我國之所未講定者也. 今則聖廟 亦草草權設. 後日重建大學及兩廡之時 別設啓聖祠 恐或無妨. 至於薛瑄王守

라고 했다. 이어 의정부 우찬성 심희수는 국왕에게 올린 차자(箚子)에서 왕을 사(師)로 고치는 것과 중국의 제도를 준봉해 문선왕이란 글자를 개정하고 별도로 계성묘를 설치해 호거인·진헌장·왕수인·설선 4현을 아울러 종사하자는 것을 주장하였다[12]는 기록이 보인다.

현종 때 와서 관학유생 홍수헌(洪受瀗) 등 1백 70여 명이 연명 상소하여 계성묘를 세우기를 청하고, 또 선유(先儒) 이동(李侗)을 문묘의 종사하는 반열에 올리기를 청했으나, 국왕이 '전례가 없는 참으로 중대한 일이어서 지금 갑자기 거행하기는 곤란하다'며 유생들은 일단 학업에 열중하라는 하교를 내렸다는 기록[13]도 보인다.

현종 9년 1668년(무신년)에 와서는 관학유생 신응징(申應徵) 등이 상소해 계성묘 건립을 청하고, 또 송나라 유학자인 귀산 양시와 예장 나종언, 연평 이동을 종사하는 반열에 올려 미비한 전례를 갖추기를 요청하니, 국왕이 해조(해당관청)로 하여금 품의(稟議)[14]해 처리하겠다고 하였다.[15] 신응징 등의 상소는 성현 아버지들의 위패가 낭하에 있어서, 즉 문묘 대성전 아래 동서 양무에 있어서 아들 제사를 무지하게 먼저 하고 있으니 도리에 어긋난다며 중국처럼 문묘 위에 계성사를 세울 필요가 있다고 한 것이다. 현종은 여럿의 논의

仁陳獻章胡居仁四賢 乃天朝儒臣 天朝雖因一時之議 從祀聖廟 而其學問事業之淺深 外國有未及詳知 而其中亦不無醇正之可議. 則恐難輕議也. 事係重大 竝議大臣定奪何如 傳曰允.

12) 『선조실록』, 선조 34년 5월 1일 무술조. 伏以臣 在上年春 隨萬經理謁文廟 經理見孔子位版書大成至聖文宣王之號. 深以爲非 卽以移咨本國 勸令遵依天朝定式 改寫至聖先師之稱. 其意甚勤 臣亦親聽其分付. 今者經理 又因林萬琦楊喬林沈思賢稟稱 再行文移 不容但已. 林萬琦等所稟 專在改王爲師 而沈思賢之意 欲令遵奉天朝之制 改正文宣王字樣 別設啓聖廟 併及胡陳王薛四賢從祀之擧 而至於誤疑我國文廟 只享周程張朱 而無七十二賢配享之例 諄諄致意.

13) 『현종개수실록』, 현종 9년 5월 1일 무술조. 館學儒生洪受瀗等一百七十餘人上疏, 請建啓聖廟, 又陞宋朝先儒李侗于文廟從祀之列, 上答曰: "斯誠重擧, 今難猝行. 爾等退修學業." 啓聖廟者, 皇朝立別廟於夫子廟後, 以祀叔梁紇, 配以顏無繇, 曾點, 孔鯉, 孟孫氏, 且以程珦, 朱松´ 蔡元定從祀. 其論始於趙宋之熊夭, 洪邁, 重起於皇朝宋濂, 解縉等諸儒, 而成於嘉靖閣臣張孚敬. 至是, 儒生等, 又考皇朝之制, 有是請.

14) 어떤 일이나 사실을 상급 기관이나 상사에게 말이나 글로 여쭈어 의논함.

15) 『현종개수실록』, 현종 9년 5월 29일 병인조. 館學儒生申應澄等上疏, 請立啓聖廟, 且請陞宋儒龜山, 楊時, 豫章, 羅從彦, 延平, 李侗于文廟從祀之列,以擧闕典, 上答曰: "當令該曹稟處焉." 所謂啓聖廟者, 皇明立祠, 祀以叔梁紇, 顏無繇, 曾點, 孔鯉, 孟孫氏, 謂之啓聖廟, 儒生等乃考明制, 有是請. 12월 27일 신묘조, 12월 29일 계사조 등. 『태학지』「부편」 계성사에도 비슷한 내용이 나온다.

에 따른다고 했다. 그래서 이 일을 주무 관아에 준비시켰지만 흉년이었으므로 풍년을 기다려서 시행하기로 하였다.

그 후 1681년(신유년)에 장령(掌令)[16] 정면(鄭勔)이 소를 올렸는데, 그 대략을 보면 다음과 같다.

> "명나라에서는 효종 홍치(弘治－연호) 연간에 급사중(給事中)[17] 장구공(張九功)의 건의로 따로 계성전을 설치해 숙량흘을 향사하고 안로·증석·공리·맹손씨를 배향했습니다. 우리가 대소제례를 모두 명나라 제도를 따르면서 유독 이 일만은 시행하지 않고 있습니다. 선조조에 선정신[18] 조헌(趙憲)이 건의해 실행하기를 청했사오나, 마침내 채택·실시되지 못했습니다. 신의 의견으로는 별전을 신축해서 '계성(啓聖)'이라 해 숙량흘을 정향(正享)의 위(位)에 모시고, 사성의 부를 동·서의 자리에 나누어 자리 잡게 하며, 또 정태중(程太中)·주위재(朱韋齋)를 그 아래에 있게 해, 춘추석전과 함께 제사를 행한다면, 둘 다 성인을 높이고 근본에 보답하는 도리에 마땅해 유감 됨이 없을까 합니다."고 했다. 임금이 대신과 수의해 품처[19]하게 했다. 12월에 송시열이 올린 소의 한 대문에 아뢰기를, "문묘에 정해져 있는 안자·증자·자사 부자의 위치는 하늘의 이치와 사람의 심정으로 헤아려 볼 때에 실로 온당하지 못합니다. 만약 중국의 예에 의해 계성묘를 세우고, 안로·증석·공리·맹손·정향·주송을 숙량흘에 배향하게 한다면 명분이 바로 서고 사리에 맞아서 일과 체통이 완비하게 되겠습니다."[20]

16) 사헌부 정4품직.

17) 중서문하성의 종4품직.

18) 어진 신하를 말함.

19) 품처(稟處)는 윗사람에게 아뢰고 명령을 받아 일을 처리하는 일.

20) 『숙종실록』, 숙종 7년 10월 12일 신묘조. 掌令鄭勔上疏, 請遵皇朝之制, 別立啓聖廟, 祀叔梁紇以下以及朱松. 且陳皇明薛瑄當陸學波蕩之時, 獨倡正學之功, 請依明制, 從祀文廟. 上命該曹, 議大臣處之. 禮曹覆啓言: "啓聖廟, 曾在先朝, 因館學儒生申應澄等陳疏. 收議於大臣, 儒臣, 已有創建之成命, 而連仍凶歲, 未及擧行. 當此災荒孔慘, 興作非時, 且旣是定奪之事, 不必更議. 薛瑄陞配一節, 請依聖敎, 問議大臣." 上可之. 於是, 領議政金壽恒, 右議政李尙眞議: "皇明諸儒, 惟薛瑄獨尊程, 朱, 我朝先輩, 亦多稱許者. 然其造道淺深, 立朝本末, 亦有不可得以詳知者. 且我國文廟祀典, 多與中朝不侔. 今若一倂釐正則已, 不然而隨續陞配, 非所以

고 했다. 그리고 또 세월이 한참이나 흘렀다. 1700년(경진년)의 주강(晝講) 때에도 판돈녕부사 최석정(崔錫鼎), 동지사 오도일(吳道一), 영의정 서문중(徐文重), 좌의정 이세백(李世白), 우의정 신완(申琓), 영중추부사 남구만, 판중추부사 유상운(柳尙運), 좌참찬 윤증(尹拯)이 비슷한 말을 하였다.[21] 1701년(신사년)에 와서 또 예조참판 이돈(李墩)이 아뢰기를,

"전일 영중추부사[22] 남구만이 헌의[23]에서 말한 것은 모두 깊은 생각과 먼 염려에서 나온 것이니, 잘 검토해 처리하지 않으면 아니 되겠습니다. 계성묘를 건축한 뒤에는 당연히 위판으로 봉안해야 할 것인데, 안로·증점·공리는 이미 봉작이 있으니, 다시 논의할 것이 없으나 숙량흘과 맹자의 부에 이르러서는 모두 작호가 없으니, 위판에 칭호를 무엇으로 써야 되겠습니까."[24]

라고 하며 계속 논의를 진전시켰다. 1701년 예조에서는 계성사에 제사를 지내는 예전(禮典)과 위판(位版) 등의 일로써 밖에 있는 대신과 유현(儒賢)에게 문의하였는데, 영돈녕 윤지인(尹趾仁), 이조참의 권상하도 의견을 다음과 같이 길게 보태었다.

"축폐(祝幣)·전헌(奠獻)의 절차와 변두(籩豆)·악일(樂佾)[25]의 수효를 성묘보다 감하는 일은 미안하다고 말하는 것은 사리가 그럴 듯합니다. 위판칭호에 있어서는 숙양흘은 안씨가 노(魯)의 어진 대부라 했으니 노대부로 쓰는 것이 해로울 것이 없을 듯하고, 맹씨에 이르러서는 이미 칭호나 이름·자(字)를 상고

重廟享之道. 況朱子後如黃榦, 眞德秀之名儒, 而猶未與腏食之列, 【德秀已從享, 此議似未詳事實】 今獨以瑄陸配事, 尤未妥." 行判中樞府事金壽興亦以爲重難, 上遂命勿爲施行.

21) 『숙종실록』, 숙종 26년 10월 4일 계해조. 『태학지』 「부편」 계성사에도 비슷한 내용이 나오는데 이미 숙종 25년이었다.

22) 중추부(中樞府)에 두었던 최고책임자로 정1품 관직. 영중추, 영사로 약칭함.

23) 윗사람에게 의견을 말하는 일.

24) 『숙종실록』, 숙종 27년 1월 5일 계사조. 墪曰: "南九萬收議以爲: '祝幣·奠獻之節, 籩豆·樂佾之數, 一如聖廟, 則事勢有不逮, 減殺則於大聖尊其所生之心, 豈不未安?' 云(下略).

25) 변두는 과실을 담는 제기인 변과, 국 따위를 담는 제기인 두를 아울러 이르는 말이고, 악일은 제사음악과 춤을 말함.

할 수 없으니 막중한 전례(典禮)를 신이 함부로 의논할 수 없습니다."하였고, 좌참찬 윤증은 사양하고 헌의하지 않았으며, 이조참의 권상하는 "대륙에서 계성묘의 위판을 정한 순서는 계성공 공씨는 북쪽에, 안무유와 공리는 동쪽에, 증석은 남쪽에 맹씨는 서쪽에 있다고 합니다. ＜공자통기＞에 이르기를 '격공의(激公宜)란 자가 구씨(仇氏)에게 장가들어 맹자를 낳고 3년 만에 격공의가 죽었다.'고 했으니 이에 의거하면 숙양흘과 맹손씨는 모두 칭호가 있어 징거할 만하니 아마도 이것으로 위판에 쓰는 것도 합당할 것 같습니다. 다만 격공의란 세 글자가 모두 이름인가 아니면 격공은 벼슬이고 의(宜)가 이름인가 하는 것이 문제입니다. 그리고 삼가 생각건대 4성을 배위하는 데에 있어서 이미 이름이나 자를 쓰지 않았으니 이 4위에 있어서도 또한 아무 벼슬·아무 씨로 쓰는 것이 더욱 마땅할 것 같으며, 축폐·전헌·변두에 이르러서는 계성공이나 연국공 등 여러 공(公)은 모두 공작이니 다를 것이 없습니다. 만일 악(樂)과 일(佾)에 있어서는 후세에 공후들이 모두 열경(列卿)의 질(秩)이니 순수하게 옛날 여러 후의 예(禮)를 쓰지 않는 것이 옳을 듯합니다. 대개 당연히 해야 할 것을 하는 것이 예이고, 당연히 하지 말아야 할 것을 하지 않는 것이 또한 예입니다. 계성묘가 선성묘와는 융쇄(隆殺)한 바가 있어 언뜻 보면 미안한 것 같지만 각각 그 예를 바로잡아 의리가 합당하면 성인의 영혼이 어찌 불안한 것이 있겠습니까?"하니 숙종은 다시 가서 윤증에게 문의하라고 명하였다. 이 뒤에 예조에서 또 아뢰기를 "다시 더 상고해 본즉 숙양흘은 송 진종(眞宗)인 상부(祥符) 연간에 제국공으로, 맹손씨는 원(元) 때 주국공으로 추봉되었으니 위판서식은 의심할 것이 없을 것 같고, 사전은 명 조정에서 이미 행했고, 품식(격식)은 ＜도서편＞ 속에 자세히 있으니 오직 마땅히 여기에 의방해 행하면 다시 번거롭게 문의할 것이 없을 듯합니다."하니 답하기를 "문의할 필요가 없고 여기에 의거해서 행하는 것이 옳다."[26)]

26) 『숙종실록』, 숙종 27년 1월 22일 경술조. 禮曹以啓聖祠祀典, 位版等事, 問議于在外大臣, 儒賢, 則領敦寧尹趾完以爲: "祝幣·奠獻之節, 籩豆·樂佾之數, 減殺於聖廟, 事有未安云者, 事理似然. 位版稱號叔梁紇, 則顔氏以爲魯之賢大夫, 以魯大夫書之. 宜若無害, 而至於孟氏, 旣無稱號, 名字之可考者, 莫重典禮, 非臣所可容議." 左參贊尹拯辭不獻議, 吏曹參議權尙夏以爲: "中朝啓聖廟位序, 啓聖公 孔氏在北, 顔無繇, 孔鯉在東, 曾晳, 孟氏在西.《孔子通紀》曰: '激公宜者娶仇氏, 生孟子, 三歲而激公宜卒.' 據此則叔梁紇, 孟孫氏, 俱有稱號可徵, 似當

논의는 또 계속 이어졌다. 이 해 3월 27일(갑인) 예조에서 말하기를,

"계성사의 제기(祭器)와 품식을 명나라 때에 ＜도서편＞을 가져다가 살펴보니 계성공은 대성위와 한결같은데, 여기에 감한 것은 우(牛)가 하나이며, 4성위의 기품(器品)은 대성위에 비해 우 하나와 변(籩) 둘을 감했으며, 계성공의 배위는 또 4성보다 강쇄했기 때문에 감한 것은 양(羊) 하나와 보궤(簠簋)[27] 각 하나이며, 변두가 각 네 개입니다. 그런데 우리는 대성위와 배위가 일체니 계성공도 배위와 마땅히 일체일 듯한데, 기품에 있어서는 강쇄절차가 없을 수 없습니다. ＜도서편＞에 실린 바는 계성공의 위(位)에는 백(帛)하나, 양(羊)하나, 시(豕)하나, 작(爵)이 셋이고, 배위에는 각각 백하나, 작이 셋이고, 저육(猪肉)이 둘입니다. 계성공위의 기품을 따른다면 감한 바가 우 하나이니 강쇄한 뜻이 전혀 없고, 배위의 기품을 따른다면 ＜도서편＞에 실린바 10철의 종향의식과 서로 같은데 양 하나만 없습니다. 양과 시는 계성공을 따라 같이 쓰고, 기품은 배위와 10철의 종향의식에 따를 것이며, 향관은 ＜도서편＞에 있는 것에 따라 국자감 3품관으로 정해서 보내는 것이 마땅한 것 같습니다. 대신의 뜻도 또한 이와 같습니다."[28]

以此題於位版, 而第未知激公宜三字, 皆是名耶? 抑激公是爵而宜是名耶? 且伏念配位四聖, 旣不書名字, 則於此四位, 亦以某爵, 某氏書之, 尤似得宜. 至於祝幣, 奠獻, 籩豆, 啓聖公與兗國公諸公, 俱是公爵, 不宜異同. 若樂, 佾則後世公侯, 皆是列卿之秩, 似不當純用古諸侯之禮. 蓋得爲而爲之, 禮也; 不得爲而不爲, 亦禮也. 啓聖廟與宣聖廟, 有所隆殺, 驟看則似若未安, 而各正其禮, 義當理得, 聖人之靈, 豈有不安者乎." 上命更往問議於尹拯. 是後禮曹又啓曰: "更加詳考, 則叔梁紇, 宋〈大中〉祥符中, 追封齊國公, 孟孫氏, 元時追封邾國公, 位版, 書式, 似無可疑, 至於祀典, 則皇明已行之, 品式詳載於所謂《圖書》中, 惟當以此倣而行之, 恐不必更煩問議.篇" 答曰: "不必問議, 依此行之可也."

27) 제사를 지낼 때 기장과 피를 담는 그릇을 이르던 말.

28) 『숙종실록』, 숙종 27년 3월 27일 갑인조. 禮曹言: "啓聖祠祭器, 品式, 取考明朝圖書編, 則啓聖公與大聖位一體, 而所減者牛一, 四聖位器品, 比大聖位, 減牛一籩二, 而啓聖公配位, 則又降殺於四聖, 故所減者羊一, 簠簋各一, 籩豆各四也. 我朝則大聖位與配位一體, 啓聖公與配位, 似當一體, 而器品則不可無降殺之節. 圖書編所載啓聖公位, 則帛一, 羊一, 豕一, 爵三, 配位則各帛一, 爵三, 猪肉二矣. 從啓聖公位器品, 則所減者牛一, 太無減殺之意, 從配位器品, 則與圖書編所載十哲從享儀相同, 而無一羊矣. 羊, 豕從啓聖公同用, 而器品則從配位與十哲從享儀, 而享官則從圖書編所載, 以國子三品官定送似宜. 大臣之意亦如此." 上從之. 『태학지』「부편」 계성사에도 비슷한 내용이 나온다.

라고 하니 숙종이 그대로 따랐다. 1701년 4월 23일(경진) 드디어 명륜당 뒤편에 계성사가 준공되었다. 최종 결론을 내린 대로 제국공 숙양흘을 주향의 위치에, 곡부후 안무유와 사수후 공리를 동쪽에, 내무후 증점과 주국공 맹손씨를 서쪽에 배향하도록 안치하였다. 부연하면 최초에는 안무유·증점·공리를 문묘에서 배향하다가 얼마 전에 날짜를 잡아서 사유를 고한 뒤 별당에 옮겨 안치시키고 위판을 고쳐 써 놓았다가 비로소 이 날에 와서야 새로 지은 계성사 사당에 안치[29]한 것이다.

3. 위차 문제와 변천

1701년 6월 개성부 유생 임태규(任泰奎) 등이 상소하기를 "송도에 있는 성균관 담 뒤에 계성사 기지(基址)가 있으니 청컨대 국학(한양 성균관)의 예에 따라 똑같은 모양으로 건립해 주소서."하니 그 일을 해조에 명했다.[30] 그래서 한양 이외의 다른 곳에도 추가적으로 계성사가 생기게 되었다.

1701년 7월 예조에서 아뢰기를 "알성하고 작헌례를 행할 때에 계성사에도 역시 제관을 보내 전헌(奠獻)하는 예를 거행함이 마땅합니다."하니 숙종이 옳게 여겼다[31]는 기록이 보인다.

또 1719년 9월 예조에서 말하기를 "문묘에 전알(展謁)하여 작헌례를 거행

29) 『숙종실록』 숙종 27년 4월 23일 경진조. 啓聖祠成. 齊國公 叔梁紇主享, 曲阜侯 顔無繇, 泗水侯 孔鯉, 配享在東, 萊蕪侯 曾點, 邾國公 孟孫氏, 配享在西. 初顔無繇, 曾點, 孔鯉, 配于文廟, 故先期告事由, 移安于別堂, 改題位板, 及是日安于新祠. 啓聖祠成.

30) 『숙종실록』 숙종 27년 6월 19일 을해조. 開城府儒生任泰奎等, 上疏言松都成均館墻後, 有啓聖祠基址, 請依國學例, 一體營建, 事下該曹. 개성의 계성사비(啓聖祠碑)는 1740년(영조 16년) 6월에 세운 것으로 개성유수 정우량(鄭羽良)이 글을 짓고 글씨를 쓰고 우승지 임정(任珽)이 전서(篆書)를 썼다. 비문에 따르면, 숙종이 즉위 27년인 1701년에 황조(皇朝 : 중국 조정)의 제도를 원용하여 태학에 계성사를 건립하도록 명하였는데 일이 지지부진하였다. 이에 영조가 즉위 15년인 1739년에 경연에서 그 일을 다시 물어보고 열읍(列邑)에 형편을 봐가며 힘써 건립하도록 명하였다. 이에 개성유수로 있던 정우량이 명을 받들어 계성사를 건립하게 되었다. 啓聖祠碑銘; 啓聖祠碑銘并序 嘉善大夫開城府留守兼管理使鄭羽良撰并書 通政大夫承政院右承旨知製 教任珽篆 惟我 (중략) 大成之西 松嶽之東 碑于廟門 刻示無終 聖上十六年庚申六月 日立.

31) 『숙종실록』 숙종 27년 7월 5일 경인조. 禮曹言: "謁聖酌獻禮時, 啓聖祠亦當遣官行奠獻之禮." 上可之.

할 때는 청컨대 태묘(종묘)에서 행례할 때의 예에 의거해 공자의 아버지 숙양흘 및 안자·자사·증자·맹자의 아버지 안무유·증점·공리·맹손씨를 모신 사당인 계성사에도 관원을 보내어 전작(奠酌)하게 하소서."하니 세자가 옳게 여겼다[32]는 것이다.

사실 1701년 최초의 계성사 제사는 국왕의 친제가 아닌 신하의 섭행(攝行)[33]으로 이루어졌다. 국왕이 문묘에서 제사를 지낼 때 관원을 계성사에 보내 따로 제사를 지내는 방식을 취했던 것이다.

1739년 6월 영조가 각 도에 명해 주부(州府) 등 큰 고을에 태학의 예에 따라 계성사를 세우되 풍년이 들거든 거행하게 했으니, 그것은 우의정 송인명의 의논에 따른 것이었다.[34]

1741년 2월 영조가 외방에 계성사를 영건하도록 한 명을 도로 정지했는데, 얼마 있다가 그 전처럼 영건하도록 다시 명하였다. 이보다 앞서 유신이 외방에 계성사를 성균관인 국학의 예와 같이 영건하도록 청하자 영조가 그대로 따랐었는데, 이때에 이르러 영의정 김재로(金在魯)가 아뢰기를 "국학에서는 성인을 정전에서 숭봉(崇奉)하고 있는데, 세 성인의 아버지를 동무와 서무에 배열하는 것은 위에서 누르는 것으로 미안하다 해 특별히 계성사를 설립하도록 했습니다. 그런데 외방에서는 한성과 달라서 성무(聖廡)에 향사하는 것은 송 조정 및 우리나라의 명현에 불과할 따름이니 이미 위에서 누르는 혐의가 없으므로 다시 계성사를 설립할 필요가 없습니다."하니 영조가 마침내 그 명을 정지하였다. 조금 있다가 김재로가 또 아뢰기를 "예조에 물었더니 지방의 계성사는 큰 조목이 있어 주·부의 큰 고을에서는 70제자 및 한·당·송의 여러 현인을 모두 무향(廡享)한다고 했습니다. 당초에 대신에게 의논해 품정(稟定)[35]할 때에 신이 상세히 알지 못했으니 지금 도로 정지할 수는 없습니다."

32) 『숙종실록』, 숙종 45년 9월 12일 신사조. 禮曹言: 謁聖酌獻禮時, 請依太廟行禮時例, 啓聖祠亦遣官奠酌. 世子可之.

33) 일을 대신함.

34) 『영조실록』, 영조 15년 6월 15일 경인조. 命諸道州府大邑, 依太學例, 建啓聖祠, 而待年豐擧行, 以右議政宋寅明議也. 『태학지』「부편」 계성사에도 비슷한 내용이 나온다.

35) 웃어른이나 상사에게 여쭈어 의논해서 결정함.

하니 영조가 이를 옳게 여겼다[36]는 기록이 보인다.

1752년 1월 송도의 진사 이휘동(李徽東) 등이 상서하기를 다음과 같이 하였다.

> "개성부에 성균관을 창설한 것은 고려 때부터였는데 우리 태조대왕께서 나라를 창건하고 도읍을 옮긴 뒤에도 그 학교에 성균관이라는 호칭이 그대로 남아 있었고 무릇 관계되는 의절(儀節)도 옛 법을 고치지 않았습니다. 특별히 분봉상시(分奉常寺)를 설치해 개성에 있었던 친경전(親耕田)인 서적전(西籍田)에서 대제에 쓰는 서직(黍稷)[37]인 자성(粢盛)[38]을 봉진해 석전제에 제공하게 하여 왔습니다. 아! 우리나라 3백 개의 주현에는 성균관이란 이름이 없습니다만 유독 개성부에서만 이렇게 일컫고 있으며, 계성사를 태학법규를 모방해 분봉상시에서 자성을 제공하기에 이르렀는데, 기타의 식례(式例)도 태학과 똑같지 않은 것이 없습니다. 그런데 유독 면세에 관한 한 조항만 다른 주현의 예와 혼잡시켜 시행하고 있어 태학의 4백 결(結)에 대한 것과 달리하고 있으니 어찌 흠전(欠典)[39]이 아니겠습니까? 더구나 이 학궁에는 전부터 있던 것과 새로 매입한 것이 80여 결에 불과한데 구전(舊田)은 이미 면세시켰으니 새로 매입한 전지 40여 결에 대해서도 특별히 그 세금의 견면(蠲免-제거)을 허락해 주소서."
> 하니 왕세자가 답하기를 "묘당(廟堂)으로 하여금 품처(稟處)하게 하겠다."[40]

36) 『영조실록』, 영조 17년 2월 14일 기유조. 還寢外方啓聖祠營建之命, 尋命依前營建. 先是儒臣請建外方啓聖祠, 如國學之例, 上從之, 至是領議政金在魯奏曰: "國學則崇奉聖人於正殿, 而三聖人之父, 列於東西廡, 以壓臨未安, 特設啓聖祠. 而外方則與京有異, 聖廡享祀者, 不過宋朝及東國名賢而已, 旣無壓臨之嫌, 不必更設啓聖祠." 上遂寢其命. 已而在魯又奏曰: "問于禮曹, 則外方啓聖祠, 大條目存焉, 州, 府大邑則七十弟子及漢, 唐, 宋諸賢, 皆廡享焉. 當初議大臣稟定時, 臣未詳知, 今不可還寢也." 上可之.

37) 기장과 피를 말함.

38) 제사(祭祀)를 지낼 때 제기(祭器)에 넣어 바치는 곡물.

39) 흠이 되는 일을 말함.

40) 『영조실록』, 영조 28년 1월 5일 정묘조. 松都進士李徽東等上書, 略曰: 本府成均館之創設, 粤自麗代, 而我太祖大王開國移都之後, 其學猶存成均之號, 凡干儀節, 不變其舊. 特設分奉常, 自西籍田封進粢盛, 以供釋奠. 噫! 東國三百州縣, 未有成均之名, 而獨本府特以是稱之, 至如啓聖祠之倣太學, 分奉常之供粢盛, 其他式例, 莫不與太學一體. 而獨此免稅一款, 混施他州縣之例, 而異於太學四百結者, 豈不爲欠典乎? 況此學宮舊存與新買者, 不過八十餘結, 而舊田旣已免稅, 新買田四十餘結, 特許蠲免其稅焉. 王世子答曰: "令廟堂稟處."

고 하였다. 사실 신하들이 계성사에 가서 제사를 지내던 방식은 1759년 7월 25일 영조가 면복을 갖추고 문묘에 나아가 작헌례를 시행한 뒤 바로 계성사에 가서 망배례(望拜禮)를 행함으로써 바뀌게 되었다. 이때 어필로 계성사 액까지 내렸다. 비천당에 나아가 어제문(御製文)도 내리고 대사성 서명응(徐命膺)에게 정서(正書)해 벽에 걸도록 했으며, 돌아와 춘당대에 나아가 임금이 친림한 가운데 시행하였고 성적이 우수한 사람은 즉시 지방의 수령이나 변장(邊將)에 임명하거나 품계를 올려주는 관무재(觀武才)[41]를 행하고, 유생을 시험해 신익(申熤) 등 여섯 사람을 뽑았다.[42]

이로써 『국조오례의』에는 수록되지 않았던 계성사에 대한 제사가 영조대에 편찬된 『국조속오례의』에는 소사[43]로 등재되었다. 소사(小祀)로 규정되었기 때문에 3품관이 제관으로 차출되어 전사관(典祀官)·묘사(廟司)·대축(大祝) 등과 함께 의식을 진행하였다. 제사는 문묘의 석전제(釋奠祭)와 같은 날인 음력 2월과 8월의 첫 정일(丁日)에 시행되었다.

1772년 8월에는 영조가 말하기를 다음과 같이 하였다.

> "공자·안자·자사·증자·맹자의 아버지를 제사하는 계성사에 배례가 없기 때문에 기묘년의 일기를 가져다 상고해 보니 과연 관왕묘에 재배하는 예가 예전에는 없었는데, 의기(義起)한 것이다. 배례하는 한 절목을 대신에게 물었더니 읍을 하는 것으로 청했었고, 그 후 어제(御題)에 재배례가 실려 있기 때문에 내가 전교를 따라 행한다. 어시(御詩)에 '평생에 내가 관우인 수정공(壽亭公)을 사랑하였다.'라고 했으니 이는 바로 부모가 사랑하는 바를 역시 사랑하는 것이며 재배를 예로 정정하는 것은 부모가 존경하는 바를 존경하는 것이다. 지난

41) 무과시험의 하나로, 초시와 복시 2가지가 있음. 초시에는 2품 이상의 문무관 2명, 복시에는 2품 이상의 문관 1명과 무관 2명을 보내어 시험 보이게 하였는데, 특별한 어명이 있을 때만 이 시험을 보였음. 복시는 반드시 임금이 친림한 가운데 시행했는데, 여기서 성적이 우수한 사람은 즉시 지방의 수령이나 변장(邊將)에 임명하거나 품계를 올려주었음.

42) 『영조실록』 영조 35년 7월 25일 계유조. 上具冕服, 夜詣文廟, 行酌獻禮, 仍詣啓聖祠, 行望拜禮訖, 御丕闡堂, 下御製文, 大司成徐命膺, 正書揭壁, 還御春塘臺, 行觀武才, 試儒生, 取申熤等六人. 『태학지』 「부편」 계성사에도 비슷한 내용이 나온다.

43) 대개 임금이 주관하는 제사를 대사(大祀), 중앙에서 관리를 파견하여 지내는 제사를 중사(中祀), 지방관이 지내는 것을 소사(小祀)라고 함.

번 관왕묘의 수향(受香)[44]이 마침 같은 날이어서 내가 일체로 지영(祗迎)[45]하였다. 계성사에 이미 임해 재배했고, 또 동묘·서묘의 향 지영하는 것을 그만둘 수가 없으니 이후로 소나 양의 희생을 생략하고 채소로 간소하게 지내는 석채 때 지영하면 일체로 지영하라."[46]

고 하였다. 그 후 또 1782년 3월에는 정조가 선성을 알현하고 계성사로 나아가 하교하기를 "곡배(曲拜)[47]가 의미가 없다는 것에 대해 선조(先朝)에서 이미 정식(定式)이 있었으니 직배(直拜)하는 것으로 판위(版位)를 설치하라."하였다. 행례를 마치고나서 도로 명륜당으로 나아가 유생들의 식당을 설치하고 대제학 김종수(金鍾秀)에게 사실을 기록해 벽에 걸게 하였다.[48]

1790년 2월 정조가 선성사당에 참알(參謁)하기에 앞서 하교하기를 다음과 같이 하였는데,

"내일 명륜당에 가거든 저녁 식당을 전례대로 명륜당 마당에 설행(設行)하겠으니 동지관사 이하가 유생들을 데리고 나와 참석하도록 하라. 선조(先朝) 을유년 이후 지금까지 반궁을 숙소로 한 것이 무릇 세 번이었다. 을유년에는 저녁 식당에 내가 명을 받들고 그 곳을 둘러보았는데, 유생들은 서로 읍하는 예를 가졌다. 이 또한 과거로 거슬러 올라가 서술할 일단(一端)이다. 올 봄의 도기를 내일 설행할 것인데, 이미 석전에 참가할 것으로 거안(擧案)한 사람을 제외하고 한성과 지방의 생원·진사들도 모두 아침 식당에서 서로 읍하는 예를 행하게 한 뒤, 그 거안을 도기에 함께 붙여 명륜당 뜰에서 시험 보도록 하라. 올

44) 제관이 제사를 지낼 때 임금으로부터 제문을 받던 일.

45) 백관이 임금의 환행을 공경하여 맞던 일.

46) 『영조실록』, 영조 48년 8월 4일 병인조. 上曰: "啓聖祠無拜禮, 故取讀己卯日記, 果再拜於關王廟, 古無其禮而義起也. 拜禮一節, 問于大臣, 以揖爲請, 其後御製以再拜載焉, 故予遵敎而行. 御詩有曰, 生平我愛壽亭公, 此正父母所愛, 亦愛者也, 再拜定禮, 父母所敬, 亦敬者也. 頃者關王廟受香, 適同日, 予一體祗迎. 啓聖祠旣臨再拜, 且有東西廟香祗迎在所不已, 此後有釋菜祗迎, 則一體祗迎."

47) 임금을 뵙고 절을 하는 일을 이르던 말.

48) 『정조실록』, 정조 6년 3월 9일 병오조. 上謁先聖, 仍詣啓聖祠, 敎曰: "曲拜無義, 先朝已有定式, 以直拜設版位." 行禮訖, 還御明倫堂, 設儒生食堂, 命大提學金鍾秀, 紀實揭壁.

해 알성례는 여느 해와는 다르니 묘정(廟庭)에 참석하는 유생들의 반열을 어찌 이처럼 성기게 해서야 되겠는가. 더구나 제향 반열에 참석하지도 않고 먼저 시험장에 들어와 있다는 것은 유생들의 입장에서 볼 때 수치스러운 일이 될 뿐더러 조정에서 문을 열고 들어오라고 허락한 것도 또한 올바르게 인도하는 도리에 어긋나는 것이다. 성균관으로 하여금 유생들에게 깨우쳐주어 다함께 묘정의 제향 반열에 참가하게 하라."하였다. 예조가 계성사에서 전작례를 행할 때의 복색을 곤룡포로 갖추자고 아뢰니 정조가 하교하기를 "경은 어쩌면 그리도 고루한가. 원유관(遠遊冠)[49]과 강사포(絳紗袍)[50]는 시조(視朝)를 할 때 입는 옷이고 금관조복은 조회 때의 옷이다. 옛날에는 조참 때 위아래가 모두 이 옷차림을 하였었다. 만약 이 옷이 소중한 바가 있어서 계성사에서 사용할 수 없다고 한다면 소중한 것을 위하여 재소(齋所)에 나갈 때의 옷을 제사 전에 지레 바꾸어 입는 것이 어디 될 일인가. 또 한 가지 비유를 들 것이 있다. 제사를 지내기 전에 조신(朝臣)들을 접견할 때에는 마땅히 이 옷을 입어야 하는데, 접현을 하는 데는 구애됨이 없고 사당 참배를 하는 데는 꼭 갈아입어야 한다니, 모르긴 하나 이법이 『5례의』에 있는가 『속5례의』에 있는가? 임인년에 곤룡포를 입었던 것으로 말한다면 필경 선비들을 시험보이는 날에 입었을 것이다. 설사 품지(稟旨)를 하고 싶었더라도 전작(奠酌)에 관한 명령이 내려간 지 벌써 여러 날이 되었는데 어디를 갔다가 이제서 초기(草記)를 내는가."하였다. 이어 예조판서 오재순(吳載純)을 무겁게 추고하라고 명했다.[51] 2월 24일 성균관과 문묘

49) 고려 말기와 조선 시대에 임금이 신하들로부터 아침 인사를 받으러 나올 때 쓰던 관.

50) 임금이 신하들로부터 조문이나 축하를 받는 의식 때 입던 붉은빛의 예복을 이르던 말.

51) 『정조실록』, 정조 14년 2월 23일 갑술조. 將謁先聖, 敎曰: "明日詣明倫堂後, 夕食堂依例設行於堂庭. 同知館事以下, 率諸生進參. 先朝乙酉以後至今番, 以泮宮爲宿所凡三次. 乙酉則夕食堂予承命巡堂, 諸生行相揖禮, 此亦追述之一端. 今春到記, 設行於明日, 而已捧釋菜, 參班擧案人外, 京鄕生進, 皆令朝食堂, 行相揖禮後, 以其擧案, 同付於到記, 仍於堂庭試取. 今年謁聖, 異於常年, 則諸生之廟庭參班, 豈可如是稀踈乎? 況不參享班, 先爲試圍, 不但在諸生爲羞恥, 朝家之開門許入, 亦有違於導之以正. 令成均館曉諭諸生, 咸赴廟庭享班." 禮曹以啓聖祠奠酌禮服色, 具袞龍袍啓, 敎曰: "卿何其固陋也? 遠遊冠, 絳紗袍, 視朝之服也; 金冠, 朝服, 朝會之服也. 古則朝參上下, 皆用是服. 若以是服有所重而不可用於啓聖祠云爾, 則爲所重詣齋所之服, 祭前徑換其可乎? 且有一事取喩者, 祭前晉接朝臣, 當服是服, 在晉接則無拘, 在歷拜則必換, 未知此禮載於《五禮儀》乎, 《續五禮儀》乎. 至於壬寅袞袍事, 必是試士日所着也. 設欲稟旨, 奠酌之成命已多日, 則安往而今始草記乎?" 仍命禮曹判書吳載純從重推考.

> 의 통칭인 반궁에 나가서 계성사에 전작례(奠酌禮)를 행하고 명륜당에서 재숙(齋宿)하였다.[52]

라고 했으니, 이로써 국왕이 직접 계성사에 가서 참배하고 제사를 지내었다는 것을 알 수 있다. 그 뒤 1871년(고종 8)에도 국왕이 문묘에서 전배(展拜)하고 계성사에 들러 배알하였다[53]는 기록이 있는 것을 보면 대략 고종 대까지도 친제 방식이 이어졌던 것으로 보인다.

4. 맺으며

결국 성현들의 신위를 구분하여 정전과 양무에 각각 나누어 모신 것은 그들이 유학의 성행에 얼마나 공을 세웠는지에 대한 역사적 평가에 따른 것이다. 그러나 아들의 신위는 대성전 정전에 모셨는데, 아버지는 비교적 공이 작다고 하여 그 신위를 정전 아래 동서 양무에 모시는 것은 유교의 의리론에 비추어볼 때 예에 어긋나는 일이라고 생각하였다. 즉 자식들을 더 중히 여기고 아버지들을 소홀히 해 위차 문제가 뒤바뀐 것도 문제이지만, 또 자식들을 먼저 제사 지내는 것도 맞지 않는다는 것이 결국 중론이었다.

그리하여 많은 시일이 지나도록 수많은 상소와 논의를 거친 끝에 성현 아버지들의 신위를 윗자리에 별도로 모시고 제사를 지내기 위해서 계성사를 건립하게 된 것이었다. 물론 이 문제는 전체적으로 보면 중국에서 먼저 선행되었던 것을 뒤따라가는 모양새이기는 하였으나 나름대로 조선적인 방향으로 토착화하였다고 볼 수 있다.

이렇게 계성사를 설치한 뒤에는 위에서 살펴본 바와 같이 신하들이 가서

52) 『정조실록』, 정조 14년 2월 24일 을해조. 詣泮宮, 行啓聖祠奠酌禮, 齋宿于明倫堂.

53) 『고종실록』, 고종 8년 3월 12일 임인조. 詣文廟, 行酌獻禮. 仍引見四齋掌議, 參班儒生. 敎曰: "書院設置, 卽有道學, 忠節, 俟百世不易之公議, 然後始可擬議. 而近則不然, 是豈設院之本意乎? 且一人之書院, 或至四五處者, 亦甚無義. 自今爲始, 道學, 忠節之公議所愜外, 切勿設置. 而雖有設院之人, 一人一院外, 毋得疊設, 至於謹悉道學, 忠節人外, 亦不得妄許, 以爲金石之典."

제사를 지내다가 국왕이 직접 제사를 지내는 형태로 확대되었으며, 평소에는 성균관 유생들 중에서 당번을 뽑아 관리[54]를 시켰고 문묘석전행사 시에는 많은 제관들이 담당하게 된 것이다. 그러므로 계성사는 성현들의 아버지들을 모신 사당이지만 성균관 유생들뿐만이 아니라 모든 백성들에게 추효라는 또 다른 형태의 효도행위를 오랜 세월동안 각인시킨 것이었다.

한편 문묘석전 제사도 중국은 명나라 이후 청나라 때에 와서 많은 것들이 달라졌는데 청나라 이후, 혼란기를 거치며 없어졌다가 이제 와서 거의 중단 없이 옛 모양을 유지하며 일제강점기에도 계속된 우리나라의 것을 모방하거나 명나라가 아닌 청나라 때의 것으로 복원하는 것도 실상은 논란거리가 되어 있다. 물론 우리나라의 석전절차도 의견들이 분분하다.

성균관 계성사

출처: 『조선고적도보』

54) 『태학지』 「부편」 계성사에 보면 영조 23년(1747년) 향관청의 예규에 따라 동·서재 유생 각각 1명씩 차례로 돌아가면서 지켜 보호할 곳을 맡도록 하는 별도의 절목이 있다고 하였다. 依享官廳例東西寄齋儒生各一人輪回移接以爲守護之地其看護等事別有節目.

좌우간 1701년에 만들어진 성균관 계성사는 250여 년간 유지되다가 성균관대학교 캠퍼스 확장공사로 인하여 아쉽게도 1954년에 헐리며 없어지고 말았다.[55] 이는 무지의 소산이며 안타깝기가 짝이 없는 일이 되었다. 그 후 계성사는 아직까지 복원되지 않았으며 제사도 별도로 실시되지 않고 있다. 이로써 광의의 추효는 사실상 사라지고만 셈이다. 오늘날 문묘와 석전제례 등을 세계문화유산에 등재시키기 위해 서울시에서 준비하고 있지만 옛 모습을 원형대로 복원하지 못하는 이상 그 일은 무척 어려운 일이 되어 있다.

55) 1949년 6월 2천여 명이 참석한 전국유림대회에서 심산 김창숙의 주도로 '문묘매안사건'을 통해 동서양무에 있던 112위를 동방18현만 남기고 94위를 없앴다. 현재는 공자, 4성, 10철, 송조6현, 동방18현 등 39위를 대성전에 모시고 있다. 따라서 1954년 계성사가 헐리기 전까지는 그럭저럭 제사가 행해졌지만 헐리고 나서부터는 특별히 별도의 제사를 지내지 않았을 것으로 보인다.

제 5 장

성균관 양로례

1. 글머리

1) 양로례의 유래

경로사상(敬老思想)을 실천적으로 표현하는 양로례(養老禮)[1]는 과거 오랜 세월 동안 농경사회 중심의 전통사회에 있어서, 특히 동양의 유교문화권(儒教文化圈)에서는 국가와 사회 공동체 유지를 위해 아주 중요하고도 필수적인 의례(儀禮)들 중의 하나였다.[2] 가족 공동체의 질서유지를 위해 어릴 때부터 가장 먼저 가르치는 것은 당연히 효(孝)였고, 이 효 교육이 전통시대 교육의 전부였다고 해도 과언이 아닐 것이다.

더 나아가 혈연으로 얽힌 친족과 마을공동체에서도 마찬가지로 어김없이 필요한 윤리는 당연히 효였다. 더구나 국가차원으로 확대해도 나라의 부모를 왕과 왕비로 생각하였던 봉건사회에서는 효를 충이라는 용어로 표현했을 뿐, 결국 충은 효로서 충효일치(忠孝一致), 충효일본(忠孝一本)을 사용해 효와 충이 하나이고, 근본이 같음을 표현하였다.

한편 이 효는 내 부모가 아닌 다른 이들의 부모, 즉 이웃 노인들과 함께 향촌(鄕村) 사회와 나라의 모든 노인들에게도 같이 확대 적용되는 것으로 통

1) 전개되는 글의 상황에 따라 양로례(養老禮)라는 용어를 가장 많이 쓰기는 하나 잔치를 강조하는 경우에는 양로연(養老宴), 의식의 절차를 주로 말하는 경우에는 양로연의(養老宴儀) 등을 사용할 것이다.

2) 세종 때 시작해서 성종 때 완성한 『국조오례의(國朝五禮儀)』 권4에는 왕세자의 책봉, 왕실의 혼례, 방방의(放榜儀) 등 과거관련 의례, 양로연의(養老宴儀), 그리고 각종 국내 사신과 외관들의 의례, 향음주의(鄕飮酒儀) 등을 수록했다.

용되었으며, 이것이 바로 다른 표현으로 말하면 경로(敬老) 또는 양로(養老)였던 것이다. 물론 내 부모에게 하듯 똑같은 마음으로 다른 이들의 부모에게 한다는 것이 쉽지 않은 일이었기 때문에, 전국(戰國) 시대의 맹자(孟子)는 "내 집 어른을 어른으로 섬기는 마음을 남의 집 어른에게 미치게 하고, 내 집 아이를 아이로 사랑하는 마음을 남의 집 아이에게 미치게 한다면 천하를 손바닥 위에서 움직일 수 있을 것입니다."[3)]라고 말한 것이다.

따라서 이 효는 인류역사의 시초부터 국가와 사회 전반에 걸쳐 효 철학과 효 사상 및 효 문화로 발전하여왔다. 결국 효의 연장선에서 이 양로례는 마을이나 향촌사회 및 국가사회에 걸쳐 중요한 하나의 의식(儀式)으로 자리 잡았던 것이다.

양로례는 노인들을 공경하는 예속(禮俗) 행사로서, 『예기(禮記)』 왕제(王制) 편에 의하면, 무릇 양로에 있어서 유우씨(有虞氏－순임금)는 연례(燕禮)로 하였고, 하후씨(夏后氏－우임금)는 향례(饗禮)로 하였고, 은(殷)나라 사람들은 식례(食禮)로 하였고, 주(周)나라 사람들은 이 세 가지를 겸해서 행하였다고 한다. 또, 50세가 된 노인은 향교(鄕校)에서 양로의 예를 행하였고, 60세가 된 노인은 국학(國學)에서 양로의 예를 행하였으며, 70세가 된 노인은 태학(太學)에서 양로의 예를 행하였다고 한다. 이와 같은 예법은 천자(天子)로부터 제후(諸侯)에 이르기까지 공통된 것이라고 하였다.[4)]

중국인 동월(董越)의 『조선부(朝鮮賦)』[5)]에 "나라에 80세의 노인이 있으면,

---

3) 『孟子』 「梁惠王章句上」: 老吾老, 以及人之老. 幼吾幼, 以及人之幼. 天下可運於掌...

4) 『禮記』 「王制篇」, "凡養老 … 有虞氏以燕禮 夏后氏以饗禮 殷人以食禮 周人脩而兼用之 五十養於鄕 六十養於國 七十養於朝 達於諸侯…" 다음은 계속 이어진 내용이다. 80세 이상의 노인이 군명을 받을 때는 한 번 꿇어앉아서 머리를 두 번 땅에 조아려 재배한다. 소경도 같다. 90세 이상의 노인은 타인을 시켜서 받는다. 음식은 50세에 이르면 좋은 것을 가려서 드리고, 60세 이상은 고기를, 70세 이상은 두 종류의 좋은 음식을, 80세 이상은 진미를, 90세 이상은 좌우에서 모신다. 50세는 집안에서 지팡이를 짚고, 60세는 향당에서, 70세는 나라 안에서, 80세는 조정에서 지팡이를 짚고, 90세는 천자가 몸소 그 집에 진미를 가지고 간다(八十拜君命 一坐再至 瞽亦如之 九十者使人受 五十異粻 六十宿肉 七十貳膳 八十常珍 九十飮食不違寢 膳飮從於遊可也…五十杖於家 六十杖於鄕 七十杖於國 八十杖於朝 九十者 天子欲有問焉 則就其室 以珍從).

5) 명나라 사신 동월이 1488년 조선에 사신으로 왔다가 돌아가, 15일 동안 본 조선의 풍토를 보고 부(賦)로서 읊고, 그에 대해 주석까지 달아놓았다. 고려시대를 알 수 있는 송나라 사

남녀에게 다 잔치로 그 은혜를 베푼다."고 하였고, 다산(茶山) 정약용(丁若鏞, 1762~1836)은 『목민심서(牧民心書)』의 애민(愛民) 6조[6]에서 "해마다 끝 가을에 왕은 80세 남자 노인을 어전(御殿)에서, 왕비는 80세 부인을 불러 궁중[7]에서 잔치를 베풀었다. 조선 건국 초[8]부터 해마다 상례(常例)가 되었으므로 동월이 이같이 지었다."고 하였다. 이것이 양로례인데, 다산 정약용은 "노인을 공경하는 예(禮)가 폐지되니 백성이 효(孝)를 일으키지 않는다."고 하고, 성호(星湖) 이익(李瀷, 1681~1763)은 『성호사설(星湖僿說)』에서 "향당(鄕黨), 도로(道路), 군족(軍族)에 제(悌)가 사무쳐 있는 것은 그 교화가 국가의 양로하는 데서 뿌리박은 것이다."고 하였다.[9]

그런데 문헌상 이러한 양로연(養老宴) 또는 양로례 기록들이 가장 확실하게 많이 나타나는 시대는 조선시대인데, 50세 이상의 노인은 지역 행정 기관에서 경로잔치를 차려드렸고, 60세 이상은 국가기관에서, 그리고 70세 이상의 노인은 태학에서 그들을 초빙하여 잔치를 베풀어 드림으로써 노인에 대한 존경을 제도적으로 권장하였다. 국가적 차원의 확대는 세종(世宗) 때부터이고, 성별과 귀천을 초월하여 80세를 초과하면 누구를 막론하고 초청되었다. 세종의 경우는 80세 이상의 노인에게는 벼슬을 내리고, 100세 이상의 노인에게는 매년 초에 미곡(米穀)을 하사하였으며, 매월 초에는 술과 고기를 내리도록 제도화하였다. 지방에 사는 노인들을 위해서는 지방수령이 왕을 대리하여 양로

신 서긍이 쓴 『고려도경』에 버금갈 만한 가치가 있는 것으로 알려져 있으며, 조선시대 초기 풍습, 지리, 산물, 외교관계, 건축, 식품, 의복, 도시 등등 여러 가지를 알 수 있는 내용이 담겨져 있다.

6) 애민 6조의 순서는 가장 먼저가 양로(養老)이고, 다음으로 자유(慈幼), 진궁(振窮), 애상(哀喪), 관질(寬疾), 구재(救災)의 순이었다.

7) 어전은 근정전(勤政殿)이나 사정전(思政殿)일 것이고, 궁중은 중궁전(中宮殿)일 것이다.

8) 『세종실록』 권10, 세종 2년 11월 5일 기사조에 보면, 양로연을 베풀었다는 기사가 나온다. 昌平縣令宋復言: 告者養老之目有四, 養三老五更, 一也. 子孫死於國事, 則養其父祖, 二也. 養致仕之老, 三也. 養庶人之老, 四也. 有虞氏以宴禮, 夏后氏以享禮, 殷人以食禮, 周人修而兼用之, 一歲之間, 凡七行之. 飮養陽氣則用春夏, 食養陰氣則用秋冬, 大合樂則必遂養老, 故春入學而合弊, 則行之, 春頒學而合聲, 則行之季春天子視學則行之, 此王道之不可不重也. 願令攸司, 立養老之禮, 悉令中外, 每歲春秋釋奠之後, 擇七十八十以上, 勿拘貴賤, 聚而饗之, 以廣聖上養老之恩. 且乞善言而施諸政治, 則人倫厚而風俗正; 天道順而陰陽和矣. 지두환, 『조선전기 의례연구』, 서울대학교 출판부, 1996, 145쪽에서도 같은 설명이 있다.

9) 이만규, 『조선교육사 I 』, 거름, 1988, 177~178쪽.

연과 쌀, 고기, 술 등의 하사품을 내렸다.[10]

이와 같이 양로례는 민간의 풍속을 순화시키는 데 있어서 아주 중요한 일이었으므로, 조정에서 뿐 아니라 성균관과 향교에서는 예속행정의 하나로서 필수적으로 시행한 일이 많았는데, 특히 지방에서는 각 지방관들이 향교를 중심으로 하여 향교 교정에서 정례적으로 시행하였다. 이는 조선시대가 성리학으로 무장한 효치(孝治) 시대인 것처럼 노인의 사회적 지위와 권위를 뒷받침하기 위해 양로례를 통해 노인공경을 정치의 최우선 과제로 인식하였다는 뜻이다.[11]

따라서 양로례는 위의 기록들로만 보면 중국 상고(上古) 시대 때부터 이미 있었던 것으로 보이지만, 이미 하은주(夏殷周) 삼대(三代) 이전 시대인 요순(堯舜) 시대에도 충분히 행하여졌을 것으로 추정된다. 그리고 우리나라에서도 조선 건국 초부터 행하여져 왔다는 것은 이미 고려시대 때에도 행하여져 온 것이 조선에 유래되었다고 보는 것이 맞을 것이고, 더욱이 신라[12]에서는 국학이, 고구려에서는 태학과 경당들이 건립되어 운영되었다는 것은 그 학교들이 유교적 가치관을 교육하는 곳이었기에, 이 양로례가 충분히 국가적 행사로서 궁중이나 마을뿐만이 아니라, 학교인 태학과 경당에서도 행하여졌을 것으로 생각된다.

최근에는 주로 편견에 사로잡혀 있는 강단(講壇) 사학자들의 뿌리 깊은 일제 식민사관을 탈피하기 위해, 우리나라의 고대시대에 대한 관심과 연구들이 기존의 역사적 지식에 대해 비판적인 일부 강단 사학자들과 재야 사학자들이 많아지면서, 『환단고기(桓檀古記)』, 『삼성기(三聖記)』, 『태백일사(太白逸史)』와 같은 책들이 결코 위서(僞書)가 아니라는 주장들이 많아졌다.[13] 그래서 효

10) 손인수, 『한국인의 효도문화』, 문음사, 1997, 575쪽 참고. 초청 연령 기준은 시대와 상황에 따라 융통성 있게 약간씩 증감이 있었다.

11) 손인수, 『한국인의 효도문화』, 문음사, 1997, 288쪽 참고. 농경사회에서 노인이 우대 받게 되었던 이유는 하늘과 자연의 이치인 장유유서를 비롯해 여러 가지들이 있겠으나, 사실은 농사에 대한 경험들과 음식문화를 가장 많이 알고 있고, 또 무엇이든 할 줄 아는 사람들은 젊은이들이 아니라 역시 노인들이었기 때문이다.

12) 김부식의 『삼국사기』에 보면 눌지왕 때 전국 각지의 무의탁 노인들을 불러 남당(군신합동회의소)에서 양로연을 베풀었다는 기록이 있다. 손인수, 『한국인의 효도문화』, 문음사, 1997, 251쪽 재인용.

를 중시했던 단군왕검의 고조선 시대에서도 양로례가 중국과 같이 있었을 것으로 보이고, 더욱이 단군왕검 이전인 환인천제(桓因天帝)의 환인오훈(桓因五訓)과 환웅천왕(桓雄天王)의 환웅육훈(桓雄六訓)으로 살펴보면 당시에도 효 문화가 성행하였다고 하니 충분히 양로례는 우리나라에서도 그 역사가 길고도 깊다고 할 수 있다.[14)]

2) 양로례의 절차

한편 가장 큰 국가차원의 양로례 절차는 『예기』에 나온 것처럼 다음과 같이 행하여졌을 것으로 보인다. 모든 준비가 다 되면, 왕은 삼로(三老)·오경(五更)[15)]·군로(羣老)[16)]의 자리를 순서대로 정하고, 친히 찬(饌)을 벌려 놓은

13) 성균관대 명예교수인 이기동 교수의 고백: (상략) 저를 충격에 빠뜨린 것은 『환단고기』에 담긴 우리 고유의 철학과 사상이었습니다. 고조선 시대의 심오하고 뛰어난 철학과 사상을 접하고는 전율을 느낄 만큼 충격을 받았습니다. (중략) 조선왕조 초기에 인심을 바로잡는다는 명목으로 정상에서 벗어난 책을 모두 수거하여 소각하라는 어명이 여러 차례 내려졌습니다. 민심을 어지럽히는 참서나 음양술서 등을 없앤다는 명분이었지만 실록에 언급된 책 제목만 봐도 『고조선비사』, 『대변설』, 『조대기』, 『표훈삼성밀기』 등 우리 고대의 기록과 관련이 있어 보이는 것이 많습니다. 그래서 신채호 선생도 특히 태종 때의 분서를 가리켜 고대의 진귀한 책을 태워버린 때가 있었다고 안타까워했던 것입니다. 그런 와중에 우리의 고대에 관한 기록은 역사에서 거의 지워졌고 일부 뜻있는 분들이 남긴 필사본으로만 남몰래 전해졌습니다. 필사본은 지켜오다가 보면 얼마가지 않아서 너덜너덜해지기 마련이고 지워져 없어진 것들도 많이 생깁니다. 필사되는 과정에서 없어진 것을 보충한 것도 있고 당시의 말로 바꾼것도 있습니다. 그런 과정을 거치면서 지켜져 오다가 조선 말기에 정리된 것이 『환단고기』입니다. 그렇기 때문에 「환단고기」에는 당시에는 없던 최근의 말들이 일부 들어있기도 합니다. 그런 것들을 찾아내어 위서라고 단정하는 것은 잘못입니다. (하략) 출처－www.gasengi.com/main/board.php?bo_table＝EastAsia&wr_id＝189996

14) 일부 학자들은 환(桓)을 한으로 읽기도 하며(예: 한국사사상문화학회장 김익수), 환인천제 시대의 나라 이름을 한국, 환웅천왕 시대의 나라 이름을 배달국 시대라고 한다. 그리고 오훈은 誠信不意, 敬勤不怠, 孝順不違, 廉衣不淫, 謙和不鬪, 육훈은 父母可敬也, 妻子可保也, 兄弟可愛也, 老長可陸也, 小弱可惠也, 庶衆可信也다. 김익수, 「우리 고유의 인사상과 효문화의 형성과 공자의 계승」, 『청소년과 효문화』 32집, 한국청소년효문화학회, 2018.12.

15) 주대(周代)에 늙어서 벼슬에서 물러난 신하를 임금이 부형(父兄)의 예(禮)로 대접하던 일로서 삼덕(三德)인 정직(正直), 강극(剛克), 유극(柔克)과 오사(五事)인 모(貌), 언(言), 시(視), 청(聽), 사(思)를 겸비한 늙은이란 뜻이다. 그 의미에 대해서는 여러 가지 해설이 있다. 삼로는 하늘과 땅과 사람의 일을 아는 사람이라는 해설과 삼신(三辰)을 본뜬 것이라는 해설이 있고, 오경은 오행(五行)이 바뀌어 갈음하는 것을 아는 사람이라는 해설, 오성(五星)을 본뜬 것이라는 해설도 있다. 경(更) 자는 노(老) 자의 뜻으로, 늙어서 일에 경험(更)이 있다는 뜻이다. 혹은 수(叟) 자의 잘못으로 보기도 한다.

곳에 가서 예주(醴酒)와 노인들을 대접할 진수(珍羞) 등을 살펴본다. 그렇게 하고 난 후에 음악이 시작되고 노인들이 들어온다. 노인들이 모두 들어와 서쪽 계단 아래의 위치에 나아가면, 왕은 물러간다. 그리고 예주를 잔질하여 노인들에게 권한다. 노인들이 왕으로부터 술잔을 받아 자리로 돌아오면, 악인(樂人)들이 당상에 올라가서 노래하며 풍악을 연주한다. 노래가 끝나면 선도(善道)를 이야기하며, 왕의 양로에 대한 예를 대성(大成)하게 한다. 그들이 하는 이야기는 모두 부자·군신·장유의 도리를 말한다. 노래는 문왕(文王)의 도덕을 칭송한 음곡을 모은 것이므로, 모두 덕의 극치이고 성대한 예이다. 그리하여, 임금과 신하의 위치와 귀천의 차등을 바로잡는 것이니, 이로써 상하의 의(義)가 행해지는 것이다. 유사(有司)가 음악의 연주를 마쳤다고 아뢰면, 왕이 여러 관원들에게 명하여 노유(老幼)를 접대하는 예를 거행하게 한다. 그리하여 왕의 은덕이 골고루 미치게 한다.[17]

참고로 손인수는 『한국인의 효도문화』 178쪽에서 향교의 양로례 절차를 다음과 같이 제시하였다. 1. 하루를 앞서서 향교 명륜당 마당에다 천막을 치고 집 자리를 두껍게 펴고 자리를 정비한다. 2. 동·서재 장의가 각각 자기가 맡은 노인들을 인도하여 나이순으로 정한 자리에 세운다. 3. 지방관(수령)이 정장으로 예리(禮吏)의 인도를 따라 들어와 손님에게 인사하면 손님이 답하여 인사한다. 4. 지방관이 먼저 자리에 앉으면 손님이 앉는다. 5. 잔칫상을 손님에게 내고 지방관이 일어나서 각 상을 돌아다니며 본다. 6. 지방관이 주는 술잔을 손님들이 받아 상 위에 놓고 손님이 주는 술잔을 지방관이 받아 마시면 손님들이 일제히 마신다. 이때 풍악을 울린다. 7. 음식이 끝난 뒤에 풍악을 울리면서 지방관이 잔칫상을 돌아다니며 본다. 8. 예리가 종이와 필묵을 노인에게 돌려 말을 청하면 손님은 격언을 써서 통치를 격려하고 다 쓴 뒤에 지방관에게 바친다. 9. 지방관이 먼저 손님에게 절하고 손님은 답하여 절하고 예가

16) 노인 무리들을 말함.

17) 『예기』 「문왕세자」편, "…始之養也適東序釋奠於先老遂設三老五更群老之席位焉…適饌省醴養老之珍具遂發咏焉退脩之以孝養也 設席位畢天子親至陳饌之處省視醴酒及養老珍羞之具省具畢出迎三老五更將入門遂作樂聲發其歌咏以延進之老更旣入卽西階下之位天子乃退而酌醴以獻之是脩行孝養之道也…"

끝났다고 알리면 풍악을 울리고 주인이 먼저 손님이 다음으로 모두 일어서서 맞아들일 때의 절차와 같은 절차로 헤어진다.

위의 절차들을 통해서 짐작해보면 성균관 양로례 절차는 문헌상 찾아보기가 매우 힘든데, 아마도 향교의 절차와 거의 비슷했거나 약간의 차이만 있었을 것으로 보인다.

3) 국가적 행사로서의 양로례

조선시대의 국가 지배이념인 유교(성리학)는 효를 모든 덕목의 근본이자, 모든 가르침의 출발점으로 여겨왔다. 또 유교의 근본정신인 인(仁)은 효가 그 바탕이 된다고 했다. 이러한 유교의 근본정신인 효는 특히 노인을 공경하는 경로사상으로도 잘 나타나는데, 제도적으로는 세종대왕 시절부터 있어왔던 양로연 의례가 그것이다.

양로연은 세종대왕이 집현전(集賢殿)을 설치하여 경연(經筵)을 전담하게 하면서, 스승을 공경하는 예절은 어떠해야 하는가를 표현하는 잔치로 임금이 모범을 보이는 잔치였다. 궁중에서 행해진 양로연과 같은 연회는 참석자를 남녀로 구분하여 남자의 외연(外宴)과 여자의 내연(內宴)으로 구별하여 행해졌다.

세종조를 거쳐 정비된 예악사상은 성종조의 『국조오례의(國朝五禮儀)』와 『악학궤범(樂學軌範)』으로 그 기틀을 확립하게 되었다. 성종조 연향(宴享)에서는 세종 때 금지된 여기(女妓)가 등장한다는 점이 특이하다. 영조조에 들어서서는 세종조 이후에 사용되지 않았던 아악(雅樂)[18]이 다시 부활하였다는 점에서 음악사적으로 주목할 만하다. 사용되는 아악은 휴안지악(休安之樂)[19] 한 곡

18) 중국에서 들여온 음악으로 향악·당악과 함께 궁중음악의 주류를 이루었다. 향악 · 당악은 우방악, 아악은 좌방악으로 구분하여 연주되었다. 조선 후기 이후 민속악에 대한 대칭개념인 정악을 가리키는 말로도 사용된다. 『한국민족문화대백과사전』 참고.

19) 세종 때 사용하였던 아악곡의 하나. 동지와 정조(正朝)의 회례악(會禮樂)으로, 또는 8월과 9월의 양로연(養老宴) 아악으로써 사용되었다. 연주되는 달에 따라서 그 주음(主音: 궁음(宮音)을 이름)을 달리하는 이 곡의 출처는 『의례경전통해시악(儀禮經傳通解詩樂)』의 남산유대(南山有臺) 제 1장이다. 음악은 4언 1구의 6구로 짜여 졌고, 총 음수(音數)는 24음에 불과하다. 『한국민족문화대백과사전』 참고.

이고 향악(鄕樂)[20]도 여민락만(與民樂慢)[21]과 여민락영(與民樂令)[22] 두 곡이 사용되었다.

더 부연하면 체안지악(體安之樂), 문명지곡(文明之曲), 관천정지악(觀天庭之樂), 무열지곡(武烈之曲), 수명명지악(受明命之樂), 황하청지악(黃河淸之樂), 서안지악(舒安之樂), 융안지악(隆安之樂) 등의 양로아악을 연주하여 흥을 돋우었다.[23] 구언(求言)하는 절차도 같이 있었는데, 『목민심서』에 "양로의 예에는 반

20) 일명 속악(俗樂)이라고도 한다. 삼국시대에 당악(唐樂)이 유입된 뒤 외래의 당악과 토착음악인 향악을 구분하기 위하여 이름지어졌다. 이후 중국과 계속되는 음악교류를 통하여 송나라의 사악(詞樂)이 들어와 기존의 당악에 수용되고, 의식음악인 아악(雅樂)이 수입된 뒤로 궁중음악의 갈래는 아악과 당악·향악으로 나누어져 전승되었는데, 삼국시대 이후 조선말까지의 향악용례 및 개념은 외래음악의 대칭어로서 한국 전래음악을 지칭하였다. 이와 같은 향·당의 구분은 악기의 명칭에도 영향을 미쳐 당비파에 대한 향비파, 당피리에 대한 향피리와 같은 이름을 탄생시켰으며, 정재(呈才)의 경우에도 중국 전래의 것은 당악정재라 하는 것에 비해, 한국전래의 것은 향악정재라 일컬어진다. 한편, 향악은 당악의 다른 명칭인 좌방악(左方樂)에 대해 우방악(右方樂)이라 불리기도 하는데, 이는 일본에서 당악은 좌방악으로, 삼국시대의 한반도 전래의 음악인 '고려악(高麗樂)'이 우방악으로 지칭되고 있는 점과 같다. 그러나 우리의 이와 같은 구분법은 조선시대에 들어 변화를 겪었다. 즉, 좌방의 자리는 고려시대에 수용된 아악이 차지하게 되고, 우방의 자리에 당악과 향악이 함께 합쳐진 것이다. 『한국민족문화대백과사전』 참고.

21) 『세종실록』 권140에 여민락의 악보가 실려 있고, 여민락은 백성과 더불어 즐긴다는 뜻이며, 현재의 여민락만이고 가장 오래된 여민락의 원형이다. 경록무강지곡(景籙無疆之曲)이라는 딴이름이 있으며, 줄여서 '만'(慢)이라고도 한다. 중국의 당악과 여민락 외에 영산회상(靈山會相)·보허자(步虛子) 등 우리나라 당악 계통의 음악에는 만과 영(令)이 있다. 중국에서의 만과 영의 차이는 가사 자수(字數)의 많고 적음으로 구별되나 음악적 차이는 알 수 없다. 다만 음악의 속도와 관계가 있는 것으로 추정되고 있다. 여민락만은 당피리가 중심되어 대금·당적·아쟁·해금·방향·편종·편경·좌고·장구가 쓰이는 관악합주이며, 임금의 거둥과 사신의 행차 등 행악(行樂)에 사용되었다. 음계는 황종의 음고가 C에 가까운 5음음계 평조(平調), 즉 황·태·중·임·남에 무역이 첨가되어 6음음계인 당악 계통의 음악이다. 용비어천가의 1·2·3·4·125장을 가사로 사용하는데 용비어천가의 2·3·4장은 둘로 나뉘고, 125장은 셋으로 나뉘어 모두 10장이었다. 『다음백과』 참고.

22) 여민락령을 말하며 태평춘지곡(太平春之曲)이라는 딴이름도 있다. 이 곡의 변주곡인 해령이 생긴 뒤로 해령의 본 곡(曲)이라는 의미에서 본령이라 불렀다. 여민락만과 같은 당악계 행악이었으며 음계와 악기편성도 같다. 〈속악원보 俗樂源譜〉에 전하는 방향(方響) 악보인 영보(令譜)와 같고 현재는 초장만이 전한다. 해령은 여민락영의 변주곡이며 서일화지곡(瑞日和之曲)이라고도 한다. 임금의 행차 등에 사용되었고 음계와 편성악기는 여민락만·여민락령과 같다. 여민락령은 32마루인데 해령은 이중 16마루까지를 변주한다. 해령은 당피리가 쉬는 동안에 대금·해금·당적 등이 그 가락을 받아 연주하는 연음형식(連音形式)이다. 연음은 악절과 악절 사이에 자유롭게 삽입이 가능해 연주하는 악사가 번갈아 가면서 쉴 수 있도록 해주는 것이다. 『다음백과』 참고.

23) 『세종실록』 권133, 양로의(養老儀).

드시 말을 구하는 절차가 있으니 백성의 괴로움과 질병을 물어서 이 예에 맞추도록 할 것이다."[24]라고 하였으니 양로연은 화민성속하는 교화적 의미를 강하게 가지고 있었다.

또 정약용의 목민심서 애민 6조 양로편에 보면, "수령은 1년에 한 번씩 가을이 된 뒤 춥기 전에 양로연을 베풀어야 한다. 남자 60세 이상인 노인들을 초청하여 80세 이상에는 밥, 떡, 국 이외에 반찬 네 접시를, 90세 이상에는 반찬 여섯 접시로 대접한다. 만약 100세 이상이 있으면 수령은 여덟 가지 반찬을 갖추어서 수석 아전을 보내 몸소 그 집에 가서 드리게 한다. 섣달그믐 이틀 전에 먹을 음식을 60세 이상의 노인인 기로(耆老)[25]에게 돌려준다. 남자 60세 이상에게 각기 쌀 한 말, 소고기 두 근을 예단(禮單)과 문안 편지를 갖추어 보낸다. 90세 이상에게는 특별한 진미 두 그릇을 더 보낸다. 생각해보면, 비록 큰 고을이라도 80세 이상은 수십 명에 지나지 않을 것이며, 90세 이상은 두어 사람에 지나지 않을 것이니, 쌀이라야 두어 섬, 고기도 60근을 넘지 않을 것인데 이것을 어찌 아끼겠는가. 기녀와 광대를 불러 노는 하룻밤의 유흥비에 만전(萬錢)도 가볍게 여기는 수령이 얼마든지 있지 않은가?"라고 하였다.[26]

한편 양로연은 본래 태생부터는 오랜 세월 동안 차별이 전혀 없었으나 숙종 때에 와서 반상(班常)을 구분해 행하여졌으며,[27] 이전부터 노인직(老人

24) 『목민심서』 권3, 애민 6조, 양로조. "養老之禮 必有乞言 詢瘼問疾 以當斯禮"

25) 기로소는 나이가 많은 고위 공직자가 들어가는 곳이었다. 원칙적으로 문과 출신 정2품 이상 전현직 관리 가운데 70세 이상만 들어갈 수 있었다. 기(耆)는 70세를, 노(老)는 80세를 뜻한다. 정원이 없었지만 조건을 충족하기가 어려워 500여 년 동안 기로소에 들어간 사람은 700여 명뿐이다. 왕은 60세가 되면 기로소에 들어갈 수 있었다. 조선은 법이 아니라 예로 나라를 다스리려고 하였다. 예에서 가장 중요시한 덕목은 효였다. 이를 위해 집안 어른만 아니라 사회에서도 어르신들을 공경하는 분위기를 만들기 위해 노력하였다. 일반 잔치에서는 참석자들이 왕에게 네 차례 큰 절을 하였다. 그런데 양로연에서는 두 번만 앉은 자세로 머리만 두 번 땅에 닿도록 숙였다. 지방은 수령이 주최했지만 때로는 왕이나 고위 관리가 가기도 하였다. 양로연을 열기 힘들면 음식이나 의자를 내려주었다. 기로소에 들어가면 논밭과 노비 등을 받았고, 해마다 봄가을에 왕이 베푸는 잔치에 초대받았다. 건강식품과 의복은 물론 의약품도 받았다. 생일과 과거급제 60주년, 결혼 60주년, 자손이 과거에 합격하면 축하연 비용도 지원받았다. 귀양을 가도 기로소에 들어간 것을 참작해 곧 풀려나기도 했다. 기로소가 6조 거리에 있던 것은 이런 국가정책을 상징적으로 보여주는 것이었다. 『한국민족문화대백과사전』 참고.

26) 정약용, 『목민심서』, 이민수 역, 범우사, 2000, 91~92쪽.

職)이라고 해서 일종의 명예 벼슬과 품계가 내려졌다. 이 노인직을 수직(壽職)이라고도 하며, 유교적 경로사상에 입각해 실시된 제도였다. 이 제도는 고려시대의 산직(散職)[28]체계, 즉 동정직(同正職)[29] · 첨설직(添設職)[30] · 검교직(檢校職)[31] 등이 조선시대에 들어와 차츰 소멸되고, 대신 새로운 산직체계를 수립해가는 과정에서 생겨난 것으로 보인다. 이 노인직은 세종대 이후부터 여러 차례 제수되었다.

노인직은 매년 초에 각 도 관찰사가 여러 읍의 호적에서 80세 이상 된 노인을 뽑아 이미 받은 노인직의 유무를 조사한 다음 이조에 보고해 제수하게 되어 있었다. 『경국대전』 이전(吏典) 노인직조에 의하면 80세 이상은 양천(良賤)을 막론하고 1계급을 제수하고, 원래 관계가 있는 사람은 1계급을 올리며, 당상관인 경우는 왕명에 따라 주었다. 이 노인직은 양인이나 천인에게는 면역 이외의 별다른 특전이 없었다.

---

27) 손인수, 『한국인의 효도문화』, 문음사, 1997, 576쪽. 박상환의 『조선시대 기로정책 연구』, 혜안, 2000, 60쪽에 보면 일반 서로(庶老)가 참석한 양로연 장소와 내용을 도표화 한 것이 있다.

28) 노인직은 양천(良賤)을 막론하고 80세 이상의 노인에게 제수된 무급산직이었다. 산관직은 과거 급제자로서 즉시 서용할 수 없는 사람에게 제수한 무급산직으로 세종조에 실시되었다. 이와 같이, 조선조의 산직은 고려와는 달리 대부분 무급이 원칙이었다. 이는 관직을 받으려는 사람들이 늘어나자 국가 경비를 들이지 않으면서 관직에 진출하려는 사대부들의 사환(仕宦) 욕구를 충족시키기 위해 시행된 것이다. 이성무, 『조선초기(朝鮮初期) 양반(兩班) 연구(研究)』, 일조각, 1981.

29) 문반 정6품 이하와 무반 정5품 이하, 남반(南班) · 이속(吏屬) · 향리(鄕吏) · 승관(僧官) 등에 설정되어 있었다. 같은 산직으로 문반 5품 이상, 무반 4품 이상에 두어진 검교직(檢校職)과 상하관계를 이루면서 하나의 산직체계를 구성하였다. 특히, 초입사직(初入仕職 : 처음 벼슬에 오를 때의 관직)으로 활용되어, 음서(蔭敍)를 통하여 입사한 사람과 과거 급제자의 초직(初職)으로 동정직에 제수되는 것이 상례였다. 그리고 일정한 기간 대기한 뒤 실직(實職)으로 진출하였다. 이들이 받는 실직은 주로 외직(外職)이거나 권무직(權務職)이었다. 직사(職事)가 없는 허직(虛職)이지만 관인과 동일하게 취급되었다. 경제적인 대우에 있어서는 녹봉(祿俸)은 없이 전시과에 포함되어 토지만을 지급받았다. 공을 세운 사람에게 제수하는 훈직(勳職)으로도 활용되었다. 관인들에게 가급(加給)되기도 하여 실직과 동정직을 함께 가지는 경우도 적지 않았다. 이때 실직과 동정직의 관계(官階)가 일치하지 않으면 실직 앞에 행(行) 또는 수(守)를 삽입하였으므로 문산계(文散階)와 마찬가지로 산질(散秩)을 표시하였다. 한편, 실직으로 진출하지 않은 상태에서 동정직만으로 승진하는 것도 가능하였다. 『한국민족문화대백과사전』 참고.

30) 군공(軍功)을 포상하기 위해 설치된 실직 없는 관직.

31) 조선시대의 훈관(勳官).

그러나 양반 관료들에게는 가자(加資)[32]에 의한 승음(承蔭)[33]과 예우 등에 많은 특전이 있기 때문에 매우 중시되었다. 이러한 규정은 『대전통편』에 더욱 구체화되어 있다. 종친 가운데 부수(副守)[34] 이상으로 80세가 된 자, 봉군(封君)[35]의 부친이나 시종신(侍從臣)[36]의 부친, 지방장관의 부친으로 70세 이상 된 자 등에게는 매년 초에 가자하도록 하였다. 또, 동반·서반의 관리로서 4품관 이상의 실직에 있던 자 가운데 80세 이상 된 사람도 연초에 가자하도록 하였다. 그리고 사족(士族)의 부녀자는 90세 이상, 일반 서민은 100세에 가자하도록 하는 등, 노인직의 제수 시기, 신분에 따른 대상 연령, 제수하는 산계(散階)[37] 등에 약간의 변화가 있었다.[38]

2. 성균관의 양로례 행사 사례

성균관에서 양로례를 행하는 것이 상례였지만 양로례를 행한 실제 기록은 성균관 관련 문헌들이 부족하여 찾아보기가 매우 힘든데 그나마 『실록』에 간혹 그 기록들이 보이고 있다. 여기서는 성종 때의 경우가 가장 분명하게 나타나고 있어서 이를 가지고 주요한 사례로 다루어 보고자 한다.

---

32) 품계를 올림.

33) 공신이나 당상관의 자손이 과거를 보지 않고 관리로 임명되는 일을 이르던 말.

34) 종친의 직은 처음 고려제도를 본받아 대군(大君)·원군(院君)·군(君)·원윤(元尹)·정윤(正尹)의 호를 사용하다가 태종·세종을 거쳐 『경국대전』에 성문화되기까지 수차례 개정되었다. 1443년 12월에 종친의 독립된 관계(官階)를 정하면서 관직도 개정하여 경(卿)·윤(尹)·정(正)·영(令)·감(監)·장(長)의 명칭을 사용하였다. 세조 때 『경국대전』을 거의 완성하면서 1466년 1월에 대대적으로 관제를 개혁했는데, 같은 해 3월의 기록을 보면 수(守)·부수의 명칭을 확인할 수 있다. 또 이듬해 9월의 기록에도 도정(都正)·부수의 명칭이 나온다. 따라서 세조 때 관제 변통 당시에 부수가 성립되어 종친부의 종4품직으로 고정된 것으로 보인다. 『한국민족문화대백과사전』 참고.

35) 왕자·공신에게 군을 봉하던 제도.

36) 홍문관의 옥당(玉堂), 사헌부·사간원의 대간, 예문관의 검열, 승정원의 주서(注書) 등을 일컬었으며, 조선 말기와 대한제국 때의 시종원에는 경 1인, 시종장·시종·시어(侍御)·봉시(奉侍) 등의 관직이 있었다. 『한국민족문화대백과사전』참고.

37) 이름만 있고 일정한 직무는 없는 산관의 품계를 이르던 말.

38) 『한국민족문화대백과사전』 참고. 『경국대전』권1, 이전(吏典) 노인직에도 비슷한 조항이 있으며, 『증보문헌비고』 권83, 예고 30 양로조에도 비슷한 내용이 나온다.

예조에서 학궁에 거둥하여 양로할 때에 행할 사건을 아뢰었다. 거기에 이르기를, "1. 《개원례(開元禮)》의 양로의(養老儀)에 문선왕에게 작헌(酌獻)하는 예가 없고 송사(宋史)에는 작헌례가 있는데, 이제 송사에 의하여 작헌할 것입니다.

1. 안거(安車)는, 《예기》의 주(註)에는, '말 한 필이 끄는 작은 수레인데 앉아 타는 것이다.'고 하였고, 《강목(綱目)》의 주에는, '부들 바퀴를 쓰는데 그 편안함을 취한 것이다.'고 하였으나, 예전 사람은 수레를 타기 때문에 안거(安車)를 썼지마는 지금 사람은 수레를 타지 않고 또 그 제도를 자세히 알지 못하니, 대신 초헌(軺軒)을 쓰고 부들[39]로 바퀴를 쌀 것입니다.

1. 악장(樂章)과 악명(樂名)은 예문관으로 하여금 예전 제도를 상고하여 찬정할 것입니다.

1. 의주(儀註)에, '사신을 보내어 삼로오경을 맞이한다.'고 하였으나, 모관(某官)[40]을 보내는 것을 말하지 않았는데, 이제 임시하여 근시(近侍)를 명하여 보내야 할 것입니다.

1. 의주에, '삼로오경을 두 사람이 부축한다.'고 하였으나, 어느 사람이 부축하는 것을 말하지 않았는데, 이제 삼로오경의 자제 중에 유식한 사람으로 하여금 부축하게 할 것입니다.

1. 의주에, '삼로오경이 지팡이를 짚고 들어온다.'고 하였으나, 지팡이 이름은 말하지 않았는데, 이제 구장(鳩杖)[41]을 쓰고 아울러 궤(几)[42]를 만들어야 할 것입니다."고 하였는데, 그대로 따랐다.[43]

위에서 말하고 있는 학궁은 성균관을 지칭하는 것이었고, 문선왕은 공자

---

39) 부들과에 속하는 다년생 초본식물.

40) 어떠한 벼슬.

41) 끝에 비둘기 모양이 새겨진 지팡이.

42) 대신이나 중신에게 왕이 하사하던 팔 받침의 하나.

43) 『성종실록』, 성종 9년 1월 25일 무자조, 禮曹啓幸學養老時應行事件: "一. 《開元禮》 養老儀, 無酌獻文宣王禮, 《宋史》 有酌獻禮, 今依《宋史》 酌獻. 一. 安車, 《禮記》 註: '一馬小車, 坐乘者也.' 《綱目》 註: '用蒲輪, 取其安也.' 然古人乘車, 故用安車, 今人不乘車, 且未詳其制, 代用軺軒, 以蒲裹輪. 一. 樂章及樂名, 令藝文館考古制撰定. 一. 儀註內: '遣使迎三老五更', 不言遣某官, 今宜臨時命遣近侍. 一. 儀註內: '三老五更二人夾扶', 不言某人夾扶, 今使三老五更子弟中有識者夾扶. 一. 儀註內: '三老五更杖入', 不言杖名, 今宜用鳩杖, 并造几." 從之

를 말하는 것이었다. 인용문 중에 나온 초헌은 종2품 이상의 벼슬아치가 타던 수레를 말하는데 명거(命車)·목마(木馬)·초거(軺車) 등 여러 명칭으로 불렸다. 매우 긴 줏대에 외바퀴가 밑으로 달려 있고, 앉는 데는 의자와 비슷하게 되었으며, 발을 얹어놓도록 고안되었고, 위는 꾸미지 않았다. 아마도 이런 수레를 준비해야 했던 이유는 높은 대신으로 있다가 70세 되어 정년퇴임한 후, 자기 집에 머물고 있는 고령의 사람들을 불러 모아야 하니까, 근시들을 보내 극진하게 모시는 필수 준비 사항과 물품들을 반드시 점검했던 것으로 생각된다.[44]

따라서 위 인용문 내용을 통해서 대략 살펴보면, 왕이 성균관에 가서 양로례를 행해야 되는 데 거기에 필요한 각종 준비사항, 즉 초청해야 할 대상자인 삼로오경에 대한 이야기들과 함께 그들을 모시기 위한 각종 채비들을 신하들과 논의하고 있었음을 파악할 수 있다.

> 비로소 양로례를 성균관에서 시행하였다.[45] 이보다 먼저 동지경연사 이파(李坡, 1434~1486)가 말하기를, "왕이 친히 밭을 갈고 왕후가 친히 양잠(養蠶)하는 것과 대사례는 무릇 오랜 옛날부터 성대한 일이었습니다. 왕이 모두 받들고 행하였으니 갖추지 않은바, 일은 오직 삼로오경을 높이 섬기는 일이었습니다. 방금 정인지(鄭麟趾, 1396~1478)·정창손(鄭昌孫, 1402~1487) 등은 모두 조모(朝暮)[46]한 사람입니다. 만일 늙음에 신하가 없으면 왕께서 비록 이 예를 행하고자 하나 어찌할 수 있겠습니까?" 이에 왕이 양로례를 수행할 때 성균관에 이르기를, "왕이 장막에 들어가면 지평 이세광(李世匡, ?~1504)·정언 성담년(成聃年, ?~?)이 아뢰어 말하기를, '김수온(金守溫, 1410~1481)은 진실로 공문(孔門)의 죄인이니 마땅히 이 예에 참여하지 못하므로, 청컨대 나가게 하옵소서.' 하므로 승정원에 물어본즉 승정원에서 대답하기를, '수온이 세조 때에

44) 현직에 있지만 70세가 안 되었는데도 초청된 경우도 많아 보인다. 왜냐하면 양성지의 경우는 지춘추관사로 1478년 이때 64세였다.

45) 민종현, 『태학지』, 1970, 357쪽 이하. 성균관 국역본(1994)은 362－363쪽. 그러나 인용하고 있는 『실록』의 정확한 날자와 비교해보면, 민종현이 많은 것을 생략하고 여러 날을 묶어 그냥 이날 시행한 것으로 기록한 것 같다.

46) 임종 시간이 촉박한 것을 말함.

글을 올려 스스로 출가해서 성불(成佛)을 원한다 하고서 산사로 도망갔다.' 하는 고로 대언(臺言)[47]이 이와 같으니 명하여 수온은 예에 참여하게 말라."고 하였다. 왕이 면복(冕服)을 갖추어 문묘에 작헌(酌獻)하고 명륜당에서 물러나니, 윤유(酳侑)[48]의 예를 행하실 때 시신(侍臣)과 학자가 무릇 2,800여 명이었다. 왕이 드디어 여러 노신(老臣)들에게 착한 가르침을 구하고, 모든 신하는 각각 간하고 싶었어도 말하지 못했던 것을 말하니, 이에 왕이 말하기를, "안으로는 여색에 빠지면서 밖으로는 짐승같이 행동하고, 단술을 즐겨 마시고, 높고 큰 집과 조각한 담장은 이것을 네 가지의 그릇된 일로 생각하므로 내가 스스로 깨우치는 바이다. 이제 모든 노신들이 말한 바가 모두 수신·치국에 긴요한 말이니, 내 마땅히 마음에 남기어 잊지 아니하고 잃지 않도록 하겠다."고 하였다. 이때 양성지(梁誠之, 1415~1482)가 소매 속에서 글을 꺼내 올리어 말하기를, "신은 입이 둔하고 말을 더듬어 능히 말로 아뢰기가 어려워 글로써 올리고자 청하나이다."라고 하거늘 왕이 살펴보고 말하기를, "진실로 국가를 다스림에 약돌이 될 만하니, 내 이것을 마땅히 자리의 좌우에 두고서 때때로 보고 살피겠다."고 하였다.[49]

위 인용문(성종 9년=1478년) 내용을 통해서 살펴보면, 초청 대상자로 삼로오경을 정하는데 적격자와 부적격자 문제가 논란이 되었음을 알 수 있다.

---

47) 사헌부와 사간원의 말.

48) 왕을 모시고 반주를 권하는 것.

49) 『성종실록』, 성종 9년 2월 19일 임자조. 壬子/大風. 御經筵. 講訖, 司諫慶俊啓曰: "昌原非獨殺人, 亦有不敬之罪, 殺人輕, 而不敬重, 從重科罪, 有何不可, 至今未決乎?" 上曰: "昌原豈無罪乎? 予固知拒命之罪匪輕, 昌原終必蒙大罪. 但昌原每云曖昧, 實非曖昧之事, 而其自言如是. 予思之獄辭無窮, 且古邑之出處時未的知, 予心未決. 思欲親問辨別曲直, 使昌原知無曖昧之狀. 然宰臣皆不欲親問, 孫舜孝則以爲: '庶獄庶愼, 文王罔敢知于玆.' 予非不知 '元首叢脞, 股肱墮哉!' 之義. 予豈小事必親之哉? 昌原之事非輕, 辨之無一毫未盡, 而後可無後言." 掌令朴叔達啓曰: "今以鄭麟趾爲三老, 麟趾起自寒微, 專以殖貨致富. 古云: '爲富不仁'. 麟趾豈無緣致富乎? 三老將以爲王師, 如此人其可爲耶? 成均館儒生聞以麟趾爲三老, 群議藉藉, 欲上疏論之." 上曰: "予豈知之?" 顧問左右. 昌孫曰: "無他管利, 只以殖貨致富耳. 然今之宰相, 誰無長利乎?" 領事金國光曰: "臣亦聞多畜積而已, 不義之事, 未之聞也." 知事姜希孟曰: "子貢聖門高弟, 未免貨殖. 且人棄我取, 人取我棄, 亦古人生財之道也, 今麟趾貨殖何傷?" 上曰: "只以家富謂之貨殖, 無乃不可乎? 河東勳舊大臣, 難以一事容易議之, 予當徐問左右."

일단 적격자로 천거되었다 할지라도 곧 죽을 것 같이 병이 엄청 깊거나 너무 노쇠하여 몸을 움직이기가 어려운 경우도 있어서 부득이 모시지 못하게 되거나, 또 비록 사문난적은 아닐지라도 약간 흠이 있는 경우, 즉 인용문에 나타난 김수온과 같이 불교에 귀의하였던 경우는 반대가 있어서 대상에서 제외되었다.

이때 양로례를 동지경연사 이파는 양잠례와 대사례처럼 성대하게 시행해야 한다는 주장과 아울러 정인지(83세)와 정창손(77세)은 초청 대상이 되었으나 전달되어온 소식으로 보면 임종을 앞두고 있어서 오기 어렵겠다는 것, 그리고 지평 이세광과 정언 성담년이 김수온(67세)은 행사 직전에 불가에 귀의했으므로 급히 제외시켜야 된다는 말에 성종이 이를 허락하였고, 노신들이라고 표현했으니 여러 명이 초청되었다는 것을 알 수 있으며, 구언 절차에서는 양성지가 입이 둔해 미리 준비해왔다는 글을 읽었으며, 왕이 이를 듣고 긴요한 말이므로 약돌로 삼겠다고 하였다. 이 성균관 양로례 행사에 운집한 사람들이 2,800여 명이라고 하였으니 정말 성대한 양로례였다는 것을 충분히 짐작하고도 남는다.

> 승정원에 전교하기를, "찬성(贊成) 홍응(洪應, 1428~1492)이 경연에서 아뢰기를, '배로(拜老)는 장차 좋은 말을 듣고자 함이니, 만일 좋은 말을 들으려면 산림처사에게 물어야 아직 듣지 못하던 것을 들을 것입니다. 정인지 등으로 말하면 다 나라의 정사를 참여하여 들으니, 무릇 아뢸 바가 있으면 비록 물음 받지 않더라도 반드시 말할 것입니다. 어찌 말하라고 하기를 기다린 후에 말하겠습니까?'하였다. 찬성의 이 말은 거행하기를 바라지 않아서 말한 것 같다. 내가 생각하기에는 황발노신(黃髮老臣)의 말을 학궁에서 들으면 반드시 보통과는 다를 것이므로, 배로의 예(禮)를 거행해서 그 지극한 말 듣기를 바라는 것이다. 그러나 반박하는 의논이 이와 같으니, 그만두는 것이 어떠한가?"하니, 승지들이 합사(合辭)하여 아뢰기를, "이와 같은 훌륭한 일을 행하지 않을 수 없습니다. 또 이제 모든 일이 이미 갖추어져 있으니, 중지함은 마땅치 않습니다."하였다. 이경동(李瓊仝, 1438~1494)이 말하기를, "신이 생각하기에는, 정인지는 학문이 크고 넓어서 이단에 의혹되지 않고 여러 조정의 원로로써 항상 강직하다고 자부하는데, 이 같은 사람은 세상에서 많이 얻기가 어렵습니다. 설사 재산을 불리

었다 하더라도, 자공(子貢)은 공자 문하의 높은 제자이지만 오히려 또한 면하지 못하였는데, 하물며 그 나머지 사람이겠습니까? 옛사람은 한 가지 좋은 말만 들으면 다 스승으로 여겼으니, 정인지가 만일 배로하는 날에 한 가지 좋은 말을 하면 진실로 족히 스승이라고 할 만한데, 어찌 재산 불린 것을 그 사이에 논합니까? 전하께서 만일 정인지를 삼로로 삼고자 하신다면 성심(聖心)에서 결단하소서."하였다. 【사신이 논평하기를, "배로는 제왕의 훌륭한 일인데, 홍응이 그만두기를 바란 것은 무엇 때문인가? 배로하고 좋은 말을 구함은 비록 아름다운 일이기는 하나, 만일 그 실제가 없으면 이는 다만 이름만을 좋아하는 것일 뿐이다. 금일 배로해 좋은 말을 듣고 명일 은사(隱士)를 찾아 좋은 말을 들어서 힘써 실행하는 것을 귀하게 여긴다면 어찌 좋지 않겠는가?"하였다.】[50)]

위 인용문에서 보면 양로례를 배로하고 표현하였고, 경연 자리에서 찬성 홍응이 좋은 말 듣기를 바란다면 산림처사 중에서 고르는 것이 좋겠으며, 재산을 불린 정인지를 아무래도 부적격자라고 말하며 배로를 중지하였으면 좋겠다는 속마음을 내비쳤는데, 승지 이경동이 공자의 뛰어난 제자인 자공의 경우를 들어 재산이 많은 게 흠이 되는 것은 아니라는 주장을 펼치며 정인지를 두둔하였다. 물론 앞에서 살펴본 바와 같이 정인지는 건강문제로 삼로에서 결국 제외되었다.

경연에 나아갔다. 강하기를 마치자, 장령 박숙달(朴叔達)이 아뢰기를, "정인지가 재산을 불린 것은 온 나라가 다 압니다. 그러므로 신이 전날에 삼로에 마

50) 『성종실록』, 성종 9년 2월 21일 갑인조. 傳于承政院曰: "贊成洪應於經筵啓曰: '拜老, 將欲聞善言, 若聞善言, 則當於山林處士就問, 益聞所未聞耳. 若麟趾等皆預聞國政, 凡有所聞, 雖不承問, 必言之矣. 豈待乞言而後言之乎?' 贊成此言, 似不欲行之而言也. 予意黃髮老臣之言, 聞之於學宮, 必異於尋常, 故欲行拜老之禮, 冀聞至論耳. 然駁議如是, 停之何如?" 承旨等合辭啓曰: "如此盛事, 不可不行. 且今諸事已備, 不宜中止." 李瓊仝曰: "臣意麟趾學問宏博, 不惑異端, 累朝元老, 常以剛直自許, 如此之人, 世難多得. 設使殖貨, 子貢聖門高弟, 猶且不免, 況其餘乎? 古之人聞一善言, 則皆以爲師, 麟趾若拜老之日發一善言, 則固足以爲師, 何論殖貨於其間哉? 殿下若欲以麟趾爲三老, 則是斷自聖心." 【史臣曰: "拜老, 帝王盛事, 而應欲止之, 何哉? 若曰拜老乞言雖爲美事, 如其無實, 是特慕名耳. 今日拜老聞善言, 明日訪隱士聞善言, 要以力行爲貴, 則豈不善乎?"】

> 땅치 않다고 아뢰었는데, 정인지는 스스로 자신을 헤아리지 않고 도리어 대간(臺諫)을 허물하여 상서까지 하였으니, 이것이 그가 더욱 삼로에 합당치 않은 이유입니다."하니, 임금이 말하기를, "정인지는 다만 자기 일을 변명하고자 할 뿐이었다. 어찌 대간을 허물하였겠는가? 또 널리 재상에게 물으니, 다 말하기를, '비록 재산을 불렸다는 이름은 있으나, 그 사실을 잘 알 수 없다.'고 하니, 정인지가 오로지 재산 불리기를 일삼았다고 할 수 없다."하였다. 박숙달이 말하기를, "무릇 의리와 이익은 본래 양립하지 못하는 것이니, 의리를 좋아하면 이익이 되지 않고 이익을 좋아하면 의리가 되지 않는데, 이제 정인지가 이미 재산을 불렸다고 한다면 의리에 있어서는 어떻겠습니까? 신은 배로를 정지하시기 바랍니다."하니, 임금이 좌우를 돌아보고 묻기를, "어떠한가?"하였다. 지사 강희맹(姜希孟, 1424~1483), "뭇사람의 마음에 미안하게 여기니, 배로하실 것이 없습니다." 하니, 임금이 말하기를, "배로는 본래 급하게 할 일이 아니니, 아직 정지하고 다만 알성양로(謁聖養老)[51]를 하고자 하는데, 어떠한가?"하므로, 대답하기를, "매우 다행합니다."하였다.[52]

위에서 또 살펴보면 사헌부 장령 박숙달도 앞의 찬성 홍응처럼 재산을 불린 정인지의 배로를 반대하고 있다. 그러나 성종은 정인지가 스스로 재산을 불린 과정에 대해 죄가 없다고 소명한 것을 통해 과연 범법 행위가 있었는지 분명치 않다고 하며 선뜻 중지 결정을 못하였다. 좌우 신하들에게 재차 확인을 하니 지사 강희맹은 다수 의견들이 원하므로 정지를 요청하니 성종은 일단 후퇴하며 알성 양로를 하겠다고 하였다. 배로와 알성 양로는 그 형식이나 절차에 있어서 약간의 차이가 있는 것으로 보인다.[53]

---

51) 임금이 성균관 문묘의 공자 신위에 참배하고 거기에서 양로례를 행하는 것. 양로례는 연로한 학문과 덕행이 있는 사람을 택해서 초대하여 주식(酒食)을 향응하고 공경하는 예(禮)를 행하는 것을 말함.

52) 『성종실록』, 성종 9년 2월 23일 병진조. 丙辰/御經筵. 講訖, 掌令朴叔達啓曰: "鄭麟趾殖貨, 通國皆知. 故臣於前日啓云, 不宜三老. 麟趾不自量己, 反咎臺諫, 以至上書, 此其所以尤不當拜也." 上曰: "麟趾只欲發明己事耳, 何咎臺諫乎? 且博問宰相, 皆曰: '雖有殖貨之名, 未詳其實.' 不可謂麟趾專事殖貨也." 叔達曰: "凡義與利, 固不兩立, 嗜義則不爲利, 嗜利則不爲義. 今麟趾旣云殖貨, 則如義何? 臣願停拜老." 上顧問左右曰: "何如?" 知事姜希孟啓曰: "衆心未安, 不須拜老." 上曰: "拜老固非急急事也, 今姑停之. 但欲謁聖養老, 何如?" 對曰: "幸甚."

즉 성종 9년 1월 27일 경인조에 보면 하동 부원군 정인지를 삼로로 삼았고, 영의정 정창손(鄭昌孫, 1402~1487)을 오경으로 삼았는데 왕이 삼로오경에게 절하고 스승으로 삼으면 배로(拜老), 그렇지 않으면 양로례인 것으로 보인다. 또한 그 내용을 통해 살펴보면 배로는 적어도 정승을 역임한 사람이 선정되었던 것으로 판단된다.

> 이 앞서 양로연 날에 유생도 공궤하도록 명하였었는데, 이때에 이르러 예조에서 아뢰기를, "유생이 매우 많아서 만약 다 공궤한다면 반드시 번거롭고 어지러울 것이니, 청컨대 골라 뽑아들여 궤향(饋餉－음식대접)하게 하소서."하니, 전교하기를, "유생이 비록 많은들 무엇이 해롭겠는가? 성균관의 유생뿐만 아니라 사학의 유생들도 마땅히 궤향하라."하였다.[54]

한편 위 인용문을 통해서 살펴보면 문묘석전을 비롯하여 양로연이든지 배로든지 왕이 성균관에 거둥하여 큰 행사를 치를 때에는, 성균관 유생들도

---

53) 『성종실록』, 성종 9년 1월 27일 경인조. 禮曹上臨雍拜老儀注, 御座向南, 三老在西, 無降迎之禮. 命改御座在東, 三老在西, 下階迎升, 仍傳曰: "古者君親割肉, 今則肉令司饔院割之, 爵予當親執, 禮曹其以此改撰." 又傳曰: "疇能爲三老五更?" 禮曹啓: "以河東府院君 鄭麟趾爲三老, 領議政鄭昌孫爲五更." 傳曰: "三老, 五更, 吾已定矣, 拜老後待遇之禮, 其召曾經政丞等及盧思愼, 李克培, 姜希孟, 洪應, 徐居正, 藝文館員等議之." 韓明澮, 沈澮, 尹士昕, 金國光, 李克培, 徐居正, 任元濬, 李承召, 金永濡, 李孟賢議: "漢 明帝以李躬爲三老, 桓榮爲五更, 賜爵祿養終厥身. 況古制必以致仕者爲老更, 有師而不臣之義, 今宜以府院君優禮尊養, 國有大事, 遣人就聞, 或時賜見, 待遇異於他臣何如?" 思愼, 洪應, 希孟議: "在學宮, 行尊師之禮, 在朝廷, 君臣之分自如, 不可以一時之禮廢君臣大義. 至於世子齒讓於國學, 則用長幼之序, 亦學宮一時之禮, 豈終齒於士庶之子弟乎? 儻有賜見之時, 亦以學宮之禮待之乎? 於朝廷存君臣之分, 於學舍隆尊師之禮, 不相妨害." 副提學俞鎭, 直提學崔淑精, 副應教蔡壽, 校理李佑甫·安琛, 副校理金訢, 副修撰尹喜孫·許琛·趙文叔議: "養老乞言之禮, 歷代雖不同, 大抵擇年德高一世者致敬焉, 實尊師重道之意也. 今之議者或云: '殿下南面, 三老在東,' 或云: '殿下坐東有床, 三老坐西無床而行揖禮', 如是則有違古者臨雍之拜老之意. 臣等以謂殿下若難其人重其事, 不行則已矣, 若屈尊忘勢, 擧此盛典, 則必用賓師之禮, 三老至階, 殿下處東, 三老處西, 殿下再拜, 三老答拜, 皆坐床席. 禮畢後不任以職, 邦有大事, 使人就問, 祿養終身何如?" 從明澮等議. 傳曰: "相對再拜後, 分東西坐交椅何如? 且平時接見時, 下床迎送何如?" 明澮等曰: "特使出入升殿不拜, 就坐不伏, 則待遇旣異於他臣, 何必下床迎送乎? 且古者皆席坐而無坐交椅之禮, 揖拜無異等, 雖揖亦通。" 俞鎭曰: "古云: '拜老揖禮未便.'" 傳曰: "予當拜矣."

54) 『성종실록』, 성종 9년 3월 5일 정묘조. 先是養老宴日命饋儒生, 至是禮曹啓曰: "儒生甚多, 若盡饋之, 則必煩擾, 請抄入饋餉." 傳曰: "儒生雖多何妨? 非但成均館儒生, 四學儒生亦宜饋之."

여러 역할을 맡아 수고를 많이 하게 되어 있었다. 그래서 항상 잔치음식을 준비하게 되는데 예조에서는 너무 많은 사람들로 인해 어지러울 것이니 선별적으로 주자고 요청하였다. 이 말에 성종은 좋은 행사이니 오히려 성균관 유생뿐만이 아니라 사학유생들에게까지 음식을 베풀라고 명하는 것을 볼 수 있다.

3. 효행 교육 행사로서의 성균관 양로례

유교의 '효'와 '예'는 동전의 양면과 같은 것으로 생각된다. 왕도 부모가 있을 것이며, 신하나 모든 백성들도 부모가 있기에, 효도는 백행지본(百行之本)으로서 필수적인 인간의 도리라고 할 수 있다. 왕이 시행하는 양로례는 비록 자신의 신하이었지만, 연로하고 덕행이 높은 신하를 중론을 통하여 선택해서, 궁궐 또는 성균관에서 연회를 베풀고 예를 다하는 것은, 정사(政事)에 도움이 되는 말을 듣는 것뿐만이 아니라, 신하들과 유생들 그리고 모든 주변 백성들에 이르기까지 다함께 장수를 축하하며, 경로사상을 높이는 본보기 행사인 것이다.

이러한 왕의 시범적인 양로행사가 있었기 때문에, 지방수령들이 왕을 대신해 지역사회에서 연로하고 덕행이 높으며, 현자(賢者)와 능자(能者)로 알려진 지역인사들을 선택하여 그들을 초빙해 향교유생들과 지역주민들을 모아놓고 연회를 베풀며, 경로의 예와 효친의 사상을 진흥시킬 수 있는 것이었다. 따라서 오늘날에도 중앙관청에서든 지방관청에서든, 또는 각급 교육기관에서라도 일정 연령 이상의 노인들을 모시는 행사가 있다면, 아동 및 청소년들의 인성 및 예절교육에 큰 도움이 되지 않을까 싶다.[55)]

사실 양로례는 정치적 의미도 포함하고 있다. 특히 조선시대는 양로례를 통하여 사람들에게 효제존장(孝悌尊長)의 예교 관념을 배양시켜왔다. 노인을 모시는 예를 학교에서 행하는 것은 효제를 밝히는 예의의 장소였기 때문이다. 학교는 윤리강령, 즉 도덕교육을 진행하는 곳이다. 따라서 양로례는 상하존비의 예의를 밝히는 것이었다. 국가가 설립한 정규학교에서 이렇게 특수한 교육

55) 장재천, 『조선조 성균관 교육과 유생문화』, 아세아문화사, 2000, 138쪽.

방식이 있을 뿐 아니라 향리 사회의 민간 예속 관제 중에도 예의 존비관념을 항상 선전하였다.

『예기』「향음주의(鄕飮酒儀)」편에도 보면 다음과 같이 양로 제도의 정치적 함의를 매우 명확히 말하고 있다.

> 마을의 음주의 예를 보면 60세 된 자는 앉고, 50세 된 자는 서서 심부름을 한다. 그렇게 해서 손윗사람을 모시는 것을 밝히는 것이다. 60세는 음식이 세 접시, 70세는 네 접시, 80세는 다섯 접시, 90세는 여섯 접시로 대접하며, 그렇게 해서 노인 모시는 것을 밝힌다. 백성들이 노인을 존중하고 봉양할 줄 알면 그 다음에는 집에 들어가서 효제를 다할 수 있다. 백성들이 집에서 효제를 다하고 나와서 노인을 존중하고 봉양하면, 그 후에 가르침이 이루어지고 가르침이 이루어지면 그 후에 나라가 평안해지는 것이다.[56)]

조금 다른 시각으로 해석해 보면, 예교에서 노인을 봉양하고 존경하는 것은 이미 민간 풍속 중의 인도 목적에서 벗어나 일종의 순수한 정치적 필요에 의해 제공되었다. 즉 노인의 봉양은 종법 윤리교육을 진행시키는 수단으로 발전되었다. 양로 제도는 형식적으로는 종법 윤리교육의 수단으로, 다른 면에서는 현실적인 정치관계 중 늙었다는 것이 권위의 한 상징도 되었다.[57)]

그러나 성균관에서의 양로례는 다음과 같은 의의를 가진다. 조선시대 최고 고등교육기관인 성균관에서 행하는 양로례는 전국 각지의 향교에서 행하는 양로례의 전범(典範)이 되어왔다. 성균관의 양로례는 고관을 지냈든 학자였든 간에 가급적 치사(致仕)한 대신들 아니면 훌륭하다고 평이 난 학자들이 주로 삼로오경으로 선택되어왔을 것이다. 그 숫자의 증감이나 기준은 시대가 흘러감에 따라 약간씩 변화도 있어왔다. 하지만 양로를 하는 그 근본정신만큼

56) 『예기』「향음주의」편, "鄕飮酒之禮 六十者坐 五十者立侍以聽政役 所以明尊長也 六十者三豆 七十者四豆 八十者五豆 九十者六豆 所以明養老也 民知尊長養老 而后乃能入孝弟 民人孝弟 出尊長養老 而后成教 成教而后國可安也 君子之所謂孝者 非家至而日見之也 合諸鄕射教之鄕飮酒之禮 而孝弟之行立矣."

57) 유숙 저, 홍희 역, 『예의 정신－예악문화와 정치』, 동문선, 1994, 321쪽

은 일정불변이었다고 본다. 장유유서를 가르치고 배우는 학교, 장차 관직에 나아갈 예비관료로서 인격을 연마하는 학교, 최고 고등교육을 받는 학교인 성균관에서 실천적 효행 행사인 양로례를 통해 유생들이 직접 참여하여 보고 듣고 배우는 자리로서 교육적 감화가 매우 컸을 것으로 보인다. 인생 말년에 삼로오경이 된다는 것은 개인의 영광이고 가문의 영광이었다. 그럼으로 유생들은 모두 자신이 나중에 그런 사람이 되기를 당연히 꿈꾸었을 것이다.

4. 맺으며

오늘날 정보화 사회에서 4차 산업혁명시대로 접어든 만큼 경로사상의 후퇴와 함께 고령화와 노인문제는 더욱 심각해지고 있으며 물질만능시대가 되어 지위와 돈 없는 노인들은 오갈 데도 없어졌다. 1982년 '노인헌장'이 제정되고 1991년에는 '국제 노인의 날'이 만들어졌으며, 유엔이 1999년을 '노인의 해'로 정하였다.[58]

이제 이러한 움직임을 보고만 있을 것이 아니라 교육적인 실천 행사로서 꾸준히 이어나가기를 바라고 있어서 이 글을 다음과 같이 결말을 맺으려고 한다. 과거의 역사로만 성균관 양로례를 볼 것이 아니다. 지금부터라도 이 양로례 행사를 지역단체에서 그냥 노인들에게 잔치를 베풀어주는 행사로 그칠 것이 아니라, 전국 각급 모든 학교에서 양로례를 현대화하고 교육적 효과를 높이기 위해 필수적으로 매년 10월 2일에 거국적으로 시행할 것을 바라마지 않는다.

58) 노인헌장은 세계 최초이며, 전문과 실천사항 5개항으로 이루어져 있다. 노인의 날은 10월 1일 국군의 날을 피해 10월 2일이며, 대한노인회가 주관한다.

제 2 부

성균관 유생들의 싸움

제 1 장

덕방암 승려들과의 패싸움

1. 글머리

조선시대의 성균관은 명실상부한 조선왕조의 최고 고등교육기관이었다. 그러나 이런 성균관도 우리의 기대와는 달리 항상 상식적인 수준을 벗어나는 경우가 많았다. 적어도 성현들을 숭상하는 곳이며 예비관료들을 양성하는 곳으로서의 이미지는 어디 가버리고, 또 대부분의 유생들이 아이들도 아니었고 지금으로 보면 최소한 청년들이었는데도 싸움이 잦았다는 사실이 적잖이 우리를 당황케 한다. 성균관은 대부분 성인들이 생활하는 곳인데 어떻게 그런 사건들이 발생할 수 있었는지 이해되지 않는 경우도 많았다고 생각된다. 다만 승려들과 싸움을 하게 되는 그런 행위들이 숭유억불 정책에 따라 성리학 이념을 확고히 실천하기 위해 성균관을 적극적으로 수호하려고 한다거나, 청년으로서 정의감에 투철한 유생들의 사기가 충천해서 앞뒤 분별없이 벌이고 나선 후, 사태의 수습을 위해 자기합리화 내지는 정당화시키기 위해 옹호하거나 지지하는 세력들을 끌어 모으는 행위들이 많았다는 것이며, 국왕도 신하들도 그리고 성균관 교관들과 유생들도 서로 간에 입장 차이가 있어서 쉽게 해결하기가 어려웠다는 점이다.

외부인들과 성균관 유생들 간의 특별난 싸움 사례들은 이상하게도 다른 문헌들에서는 좀처럼 찾아보기가 어렵고, 주로 『조선왕조실록』에서 몇 가지 싸움 사례들을 찾아낼 수가 있다. 정종 때 1건, 세종 때 2건, 단종 때 1건, 중종 때 1건, 명종 때 1건 등 모두 6건을 볼 수 있다. 이 중에서 비교적 상세히 기록되어 있어서 그나마 연구 가치가 있는 것은 세종 때와 명종 때의 것이다.

필자는 우선 세종 24년 7월 21일의 삼각산 덕방암 패싸움 사건을 중심으로 살펴보고자 한다.

세종과 신하들은 덕방암 사건에 대한 이해관계가 다르고 사건에 대한 이해의 정도도 달라서 결국 여러 달에 걸쳐 논란을 벌였기 때문에 유생들이 승려들과 벌인 사건을 누구든 쉽게 해결하지 못했다는 것을 알 수 있었다. 따라서 필자는 삼각산(북한산) 덕방암 사건을 둘러싸고 어떤 논란들이 계속되었는지, 그 전후사정과 종합적인 상황을 파악하여 성균관 유생들을 세종과 신하들이 어떤 시각으로 바라보았는지, 세종은 왜 쉽게 유생들 편을 들지 않았는지 등을 세심히 살펴보고자 하는 것이다.

2. 세종 24년 삼각산 덕방암 사건

우선 사건이 일어날 만한 징후들이 앞서서 나타나고 있는데 그것은 다음의 세종 17년 기록을 통해서 짐작해 볼 수 있다. 그 이유는 성균관 유생들이 대부분 젊어서 공부보다는 떼를 지어 돌아다니며 놀기를 좋아하다보니, 절에 가서 소란도 피우고 중들과 싸우는 사건을 종종 일으켰기 때문에 국왕이 성균관 최고책임자에게 단속 좀 하라고 당부하는 내용을 읽을 수 있기 때문이다. 아마도 불교 배척 분위기도 있고, 그동안 몇 차례 정도의 작은 사건들이 있었던 모양인데 어떤 일들인지 자세히 기록되지는 않았다. 다만 유생들에게 사찰출입금지령이 내려졌다는 것은 내용을 통해 알 수 있다. 그런 유생들에 대한 단속의 효과인지는 몰라도 그 후 7년 동안은 그럭저럭 잠잠했던 것으로 보인다.

> 예조에 전지하기를, "서울의 성균관·오부학당과 지방향교의 생도들이 대개 모두 나이가 젊고 기운이 괄괄하여, 광망(狂妄)한 행동을 좋아하여 학문을 폐지하고 떼를 지어 자주 절에 올라가서 중들을 침해하되, 마음대로 행동하여 꺼림이 없어, 배우는 사람의 마음을 삼가하고 행실을 단속하는 뜻에 어긋남이 있으니, 금후로는 서울과 지방의 관원으로 하여금 금지하게 하라. 또 학문을 폐지하고 떼로 노는 것은 오로지 사장(師長-대사성)이 고찰을 엄격히 하지 아니한

까닭이니, 지금부터는 사장된 사람이 엄격히 그들을 검찰하게 하라."하였다.[1])

그러나 결국 세종 24년에 가서는 4개월 이상이나 논란을 거듭하게 되는 삼각산 덕방암 패싸움 사건이 터지고 말았다. 즉 성균관과 동부 및 남부학당 유생 26명이 회합하여 7월 한참 더운 여름철이다 보니 삼각산 계곡 덕방암 근처로 야유회를 빙자하고 갔었는데, 평소 유생들에게 유감이 있었던 듯, 이를 탐지한 덕방암 중과 이웃 절에 있었던 중들이 합세해 초입에 미리 매복하고 있다가 북을 치며 유생 무리들을 습격하였다. 갑작스러운 습격에 당황한 유생 다수가 혼비백산 달아났으나 미처 피하지 못한 두어 명은 크게 다치고, 권절(權節)[2])이라는 용감무쌍한 유생은 끝까지 용감무쌍하게 돌을 던지며 싸워 물리쳤다고 하였다. 그런데 아마도 그 후에 전열을 정비하여 곧바로 다시 떼거리로 뭉쳐서 덕방암을 찾아가 난장판을 치며 잡물을 빼앗고 기물을 부수는 등 승려들에게 대판 복수를 하고 숨어버렸던 것으로 보인다.

그런데 형조에서는 덕방암 승려들의 고소장을 접수하고 유생들이 산사유람금지령을 어겼을 뿐 아니라, 중들을 때리고 잡물을 빼앗았다는 이유로 일부 잡아들였고, 세종은 엄히 처벌해야 된다고 하며 의금부로 이첩시키니 자진해서 나머지 유생들이 의금부로 찾아가 하옥되었다. 그런데 사람들은 형조판서 유계문(柳季聞)이 유생들 편을 전혀 안 들어주고 일을 이렇게 처리한 이유가 자기 아들이 덕방암 중에게서 배우고 있기 때문이라며 유계문을 그르다고 하였다는 것이다.

처음에 성균관과 동·남부의 학생 26인이 유희(遊戱)를 위하여 삼각산 덕방암(德方庵)에 갔더니, 그 암자의 중이 이웃 절의 여러 중들을 불러 길옆에 숨겨 두고 동구에서 북을 치니 엎드려 숨어 있는 자들이 한꺼번에 뛰어나오므로 유

1) 『세종실록』, 세종 17년 10월 29일 정묘조. 傳旨禮曹: 京中成均五部學堂´ 外方鄕校生徒等, 率皆年少氣銳, 喜爲狂妄之行, 廢學成群, 頻數上寺, 侵擾僧徒, 恣行無忌, 有違學者操心飭行之意, 今後令京外官禁. 且廢學群遊, 專是師長考察不嚴之致, 自今爲師長者, 嚴加檢察.

2) 권절(1422~1492), 조선전기 통정대부, 위장 등을 역임한 문신. 한국학중앙연구회, 『한국민족문화대백과사전』, 한국정신문화연구원, 1991.

> 생들이 의관을 버리고 흩어져 달아나고, 습격을 당한 자가 두어 사람 되었다. 그 중에 권절(權節)이라는 자가 있었는데 굳세고 용감하기가 남보다 뛰어났다. 돌을 던져 습격을 물리치니 여러 유생들이 힘입어 위험을 모면할 수 있었다. 그 중의 무리가 형조에 고소하니, 형조에서 아뢰기를, "모든 유생이 산사에 유람하는 것을 금지하는 법이 이미 섰는데, 이제 유생들이 떼를 지어 절에 가서 중들을 때리어 상처를 입히고 그들의 잡물을 빼앗았으니 학생의 지취(志趣)[3]에 어그러짐이 있습니다. 일이 발각되자 모두가 도망가서 숨어버렸으니 더욱 옳지 않습니다. 청하건대, 엄중히 뒤좇아 체포해 공신의 후손과 유음자(有蔭者)를 가리지 말고 죄다 신체를 구속하여 추핵(推劾)[4]하도록 하옵소서."라고 하니, 의금부에 내려 주라고 명령하였다. 유생들이 의금부에 내려 주었다는 소문을 듣고 모두 스스로 옥에 나아갔다. 그때에 유계문(柳季聞)[5]이 형조판서로 있었는데, 그의 아들[6]이 덕방암(德方庵)의 중에게 배우고 있었다. 계문이 이 때문에 분을 품은 것이다. 사림이 그를 그르다고 하였다.[7]

이어서 살펴보면 며칠 후 세종은 의금부 도사(종5품) 박회를 불러 유생들이 승도들과 싸우게 된 이유를 자세히 듣고서, 승도들도 잘못하였다고 했지만 결국 유생들을 더 크게 벌을 주며 제대로 교육시키지 못하고 단속하지 못한 성균관 교관들까지 국문한다는 것을 알 수 있다. 그러나 점점 시간이 지나갈수록 사람들은 세종이 불교를 적극적으로 배척하지 않아서 은근히 승도들보다는 자꾸 유생들을 벌준다고 생각하였으며, 세종의 그런 점 때문에 유생들이

3) 의지와 취향을 말함.

4) 추궁하여 죄를 조사함.

5) 조선전기 형조참판, 경주부윤, 형조판서 등을 역임한 문신. 한국학중앙연구회, 『한국민족문화대백과사전』, 한국정신문화연구원, 1991.

6) 유권(柳睠)을 말함. 한국학중앙연구회, 『민족문화대백과사전』, 한국정신문화연구원, 1991.

7) 『세종실록』, 세종 24년 7월 21일 기묘조. 初, 成均館及東南部學生二十六人因遊戲往三角山 德方庵, 庵僧請隣寺諸僧, 伏於路傍, 乃於洞口鳴鼓, 伏者俱發, 儒生棄衣冠散走, 被擊者數人. 有權節者强勇過人, 以石擲却之, 諸儒賴以得免. 其僧徒訴於刑曹, 刑曹啓: "凡儒生遊覽山寺之禁已立, 而今儒生等群至寺社, 歐傷僧人, 奪其雜物, 有違學生志趣, 及事發, 竝皆逃匿, 尤爲不可. 請嚴加追捕, 勿論功臣之後及有蔭, 悉禁身推劾." 命下義禁府. 儒生聞下義禁府, 皆自詣獄. 時柳季聞爲刑曹判書, 其子學于德方庵僧, 季聞以此懷憤, 士林非之.

반항심에서 절간을 난장판으로 만들고 승려들을 때렸다고 생각하는 경향들이 엿보이기 시작한다.

> 의금부 도사 박회(朴回)를 불러, 유생들이 승도와 싸우게 된 원인을 묻고, 이어 전지하기를, "나도 또한 승도들이 잘못했다는 것을 들었다. 그러나 그렇다고 해 홀로 유생들에게만 치우칠 수는 없다. 마땅히 허심탄회하게 추문해야 할 것이다. 선비는 진취 도상의 사람이니 마땅히 국법을 받들어 지켜야 할 것인데, 이제 드디어 법을 어기고 산중의 절에서 놀며 불경을 빼앗고 불탁(佛卓)을 파괴하면서 여러 날 동안을 횡행했으며, 교관은 이것을 고찰하지 못했으니, 나도 교관도 아울러 국문하고자 한다. 그것을 제조(提調)[8]에게 의논해 보고하라."하였다.[9]

또 그날 우헌납(사간원 정5품) 윤사윤[10]은 유생들이 승려들을 구타한 것은 국법을 잘 몰라 저지른 일이고, 그 전에 중들이 먼저 큰 폭력을 유생들에게 행사했다고 하며 유생들을 두둔하는 말로 세종에게 간언하였다. 그리고 불교문제로 유생들이 국왕을 비방하는 것은 들어보지 못했고, 또 이미 여러 날 구금했으니 이제는 일단 풀어주고 자세히 조사하는 것이 좋겠다고 아뢰었으나, 세종은 유생들이 불교문제로 자신을 비방하는 것 때문에 기분 나쁜 감정이 있어서 벌을 주는 게 아니고, 유생들을 사랑하지만 성현의 도를 배우는 자들로서 사찰 출입 금령도 무시하고 광망하기 짝이 없는 행동들을 했기 때문이라며 보석 청원을 들어주지 아니 하였다.

> 우헌납 윤사윤(尹士昀)이 (중략) 또 아뢰기를, "유생들이 중의 무리를 구타

8) 사건처리를 총괄한 임시 겸직 이름.

9) 『세종실록』, 세종 24년 7월 28일 병술조. 召義禁府都事朴回, 問儒生與僧徒相鬪根由, 仍傳曰: "余亦聞僧徒之爲非, 然不可以此而獨偏儒生也, 當虛心推問可也. 儒者, 進就之士, 當承守國家之法, 今乃違法, 遊戲山寺, 奪佛經毁佛卓, 累日橫行, 而教官不能考察, 予欲并鞫教官, 其議諸提調以聞."

10) 윤사윤(1409~1461), 조선전기 형조참의, 대사헌, 공조판서 등을 역임한 문신. 한국학중앙연구회, 『한국민족문화대백과사전』, 한국정신문화연구원, 1991.

한 것은 실로 미친 아이들로서 국법을 알지 못했기 때문입니다. 지금 옥에 구속되어 열흘을 지났으니, 비록 보석하고 신문(訊問)하더라도 실정을 알 수 있을 것입니다."고 하니, 임금이 말하기를, "유생의 무리는 본래 당연히 공순한 태도로 자신을 길러야 할 것인데, 지금 국법을 지키지 않고 떼 지어 산에 놀러 다니면서 망령된 행동을 감히 제멋대로 하였다. 유생은 성인의 도를 배우는 자들인데, 성인의 도가 어찌 미치고 망령된 행동을 일삼는 것이겠느냐. 전번에 유생들이, 내가 산에 유람 다니는 것을 금한 법을 기롱해 말하기를, '전하께서는 선비를 사랑함인지 중들을 사랑함인지 알지 못하겠다.'고 했다. 이 비방하는 말로 보아 유생들의 광망한 행동은 그 유래가 오랜 것이다. 너희들은 무엇을 듣고서 이런 말을 하는가. 나는 유생이나 승도나 죄 있는 자를 옥에 내려 주어 추문하게 할 뿐이다. 그 사이에 내가 무슨 특별한 뜻이 있겠느냐."했다. 사윤(士昀)이 다시 아뢰기를, "신 등은 일찍이 유생들의 비방하는 말은 듣지 못했으며, 또 유생들에게 죄가 없다고 하는 것은 아닙니다. 다만 유생들이 광망하고 국법을 알지 못해 그런 것일 뿐입니다. 중의 무리가 떼 지어 북치고 떠들면서 구타를 감행해 그 난폭함이 더할 수 없이 심했습니다. 그러므로 감히 유생의 보석을 청하는 것입니다."고 하니, 임금이 말하기를, "나는 너희들이 비방하는 말을 알고 있으면서 이 말을 하는 것이라고 하는 것은 아니다. 유생들이 산에 놀러 다니면서 폐단을 일으키는 것은 이미 일찍이 금지했는데, 이제 유생들이 금령을 위반함이 이에 이르렀으니, 그들의 광망한 죄는 너희들이 마땅히 처벌하기를 청해야 할 것이다. 그런데 또 보석하라고 청하는 것이 옳으냐." (중략) 사윤이 또 아뢰기를, "신 등이 유생들의 광망한 행동을 옳다고 하는 것은 아닙니다. 다만 선비와 중이 서로 싸워서 오래도록 옥에 갇혀 있으니, 그것이 역사의 기록에 오점을 끼침이 있을까 염려스러워 그럴 뿐입니다."고 하였다.[11]

11) 『세종실록』, 세종 24년 7월 28일 병술조. 右獻納尹士昀啓: (중략) 士昀又啓曰: "儒生歐僧徒, 實是狂童不識邦憲所致. 今繫獄經旬, 雖保放劾問, 亦可得情." 上曰: "儒生之徒, 固當恭順自牧, 今儒生不循邦憲, 群聚遊山, 敢肆狂妄. 儒生, 學聖人之道者也. 聖人之道, 豈以狂妄爲事乎? 曩者儒生譏我禁遊寺之法曰: '不知殿下愛其儒乎? 愛其僧乎?' 是誹謗之說也. 儒生之狂妄, 其來久矣, 爾等有何所聞而有此說耶? 予於儒生與僧徒, 有罪者下獄推問而已, 予何有意於其間哉?" 士昀更啓曰: "臣等曾不聞儒生誹謗之說. 且不以儒生爲無罪, 但儒生狂狷, 不知國家條章而然耳. 僧徒成群鼓噪, 恣行鬪歐, 其暴莫甚. 以此敢請保放儒生." 上曰: "予不以爾等

의금부 도사 박회가 제조[12]의 말을 들어 교관들도 직무를 성실히 하지 못하고 유람 나가는 일부 유생들을 알지도 못했으니 마땅히 추문하여야 한다고 세종에게 아뢰었다.

> 의금부 도사 박회(朴回)가 제조(提調)의 말을 가지고 아뢰기를, "교관의 직무가 교훈을 맡고 있는데, 이제 유생들로 하여금 이에 이르게 했으니, 또 마땅히 추문하여야 되겠습니다."고 하였다.[13]

세종은 역시 자기주장을 계속 굽히지 않고 있다. 다음 인용문을 보면 우헌납 윤사윤을 불러 말하기를 유생들이 미친 것이나 다름없고, 또 이를 사전에 막지 못한 교관들도 죄가 있다고 하였다.

> 우헌납 윤사윤을 불러 말하기를, "내가 들으니, 중의 무리가 종을 쳐서 무리를 모아 가지고 몽둥이로 유생을 때려 쫓았다고 한다. 이것을 가지고 말하면 중들의 죄가 진실로 큰 것이나, 나는 그 실상을 알지 못한다. 유생 20여 인이 떼지어 절에 가서 함부로 광망한 행동을 했으니 유생의 뜻도 또한 매우 타락했다. 속담에 송아지가 멍에를 꺾으면 반드시 좋은 소가 된다고 한 것은 무사에게 비유한 말이다. 그러나 유생이라면 공순한 것을 도리로 하고 성인의 학문에 잠심(潛心)할 뿐이다. 학업을 폐하고 한가롭게 놀러 다니며 불경을 훔쳐내고 기물을 파괴했으니, 어찌 도를 배우는 선비가 할 짓이겠는가. 국가가 교관을 설치한 것은 한갓 장구나 가르치기 위한 것은 아니다. 유생들의 광망함을 교관이 살피지 아니했으매, 교관도 또한 죄가 없다고 할 수 없으니 그리 알라."하였다.[14]

爲知誹謗之說而有此說也. 儒生遊山作弊, 已曾禁約, 今儒生違禁至此, 其狂妄之罪, 爾等宜當請治, 又從而請保放可乎?" (중략) 士昀又啓曰: "臣等非以儒生狂妄爲是, 但儒與僧相鬪而久繫于獄, 恐其有累史策而已."

12) 이때의 제조는 의정부의 영의정 황희가 책임을 졌다.(1431년~1449년까지 영의정이었음). 한국학중앙연구회, 『한국민족문화대백과사전』, 한국정신문화연구원, 1991 참고.

13) 『세종실록』, 세종 24년 7월 29일 정해조. 丁亥/義禁府都事朴回將提調之言啓曰: "敎官職掌敎訓, 今使儒生至此, 亦宜推問."

14) 『세종실록』, 세종 24년 7월 29일 정해조. 召右獻納尹士昀謂曰: "予聞僧徒撞鍾聚黨, 持杖

유생들의 석방이 좀처럼 이루어지지 아니 하자 성균관 생원 박충문을 대표로 하는 90인의 강력한 연명상소가 이어졌는데 이때도 세종은 들어주지 아니 하였다. 결국 성균관 교관들과 4부학당의 학관들은 8월 10일에 의금부에 하옥되었다는 것을 다음 인용문 내용을 통해 알 수 있으며, 상소문은 불교를 사특한 것으로 보고 유교를 바른 것으로 표현하고 있는 것이 주된 내용이다. 조선 건국이념과 선왕들의 불교 배척 행적까지 들먹이고 있고 유생들이 목숨을 건 상소라고 강력히 주장하고 있다. 불교의 사특한 무리가 바른 도를 배우는 유생들을 산사유람금령만을 믿고 한없이 모욕했으며, 덕방암 승려들이 세종의 불교 애호를 등에 업고 거짓 주장까지 하고 있다고 승려들을 몹시 배척하는 분위기다. 또 유생들의 상소 내용은 성균관이 풍속교화와 예악의 근원이기 때문에 유생들의 사소한 잘못은 용서해야 한다고 하며, 교관과 학관들까지 하옥시킨 것은 스승을 높여야 하는 도리에 어긋난다는 것이다. 이단배척이 제대로 이루어지지 아니 하면 유교의 도는 쇠할 것이라면서 세종에게 숭유억불 정책적인 판단을 계속 요청하고 있으나 아직까지는 요지부동이다.

> 성균생원 박충문(朴沖文) 등 90인이 상소하기를, "엎드려 듣자오니, 금년 8월 초 10일에 교관과 학관들이 유생들의 사고 때문에 연인(延引)되어 의금부에 수금되었다고 하니, 신 등은 속으로 감회가 절박해 참람되고 지나침을 기휘하지 아니하고 삼가 죽음을 무릅쓰고 아뢰나이다. 간절히 이르노니, 사(邪)와 정(正)은 양립할 수 없고, 향기 나는 풀과 악취 나는 풀은 서로 조화될 수 없는 것입니다. 그런 까닭에 우리의 도가 밝아지면 이단은 희미하게 되고, 이단이 흥왕하면 우리의 도는 쇠미하게 되는 게 예나 지금이나 변하지 않는 이치입니다. 이에 우리 태조께서는 천운에 순응해 나라를 여시어 사도를 높이 숭상하고 먼저 이단을 배척했으며, 태종은 이를 잘 이어 조술하고 더욱 문교를 높였습니다. 또 우리 전하에 이르러서는 돈독히 도학의 바름을 믿고 옳은 것 같으면서 그른

逐儒. 以此言之, 僧人之罪, 固大矣, 然予未知其實也. 儒生二十餘人成群到寺, 恣行狂妄, 儒生之志, 亦掃地矣. 諺曰: '童牛折轅, 必成良牛.' 此喩武士也. 若儒生, 以恭順爲道, 潛心聖學而已. 廢業閑遊, 竊取佛經, 破僧器皿, 豈學道之士所可爲乎? 國家設敎官, 非徒爲敎訓句章而已, 儒生之狂妄若此, 而敎官不之察, 敎官亦不爲無罪, 其知之."

것을 통찰하시어, 그 사사로이 중이 되는 것을 금하고 그들의 노비를 몰수함으로써, 선성의 도를 익히게 하고 사설의 해독을 물리치시니, 신 등은 사도가 날로 상승하는 것을 얼마나 다행으로 여기었는지 모릅니다. 전일에 학도 수십 인이 광망함을 이기지 못해 산사에 놀러 갔을 때에, 저 중의 무리들이 금령을 빙자하고 자기들의 힘이 강한 것을 믿어, 동구까지 쫓아와서 구타까지 해 모욕을 주고, 또 거짓으로 망령된 고소를 제기했습니다. 전하께서 우선 그 정상을 심문하기 위해 담당 관원에게 넘겨서 처리하심이 매우 타당합니다. 그러나 유생과 중이 동등한 위치에서 같이 송사한다는 것은, 비록 미친 아이들이 자초한 일이기는 하나 사도를 위해 생각할 때는 진실로 유감이 있습니다. 더욱이 그 사고가 사장에게 연급해 수금된 채 추국을 당하게 되니 신 등의 심정은 답답합니다. 그러므로 장차 비록 죄를 입을지라도 감히 호소하는 것입니다. 대체로 성균관은 풍속교화의 근원이고 예악의 갈피입니다. 이 직책을 맡은 자는 비록 사소한 과실이 있을지라도 특히 용사(容赦)하는 것은 중하게 대우하기 때문입니다. (중략) 거관유생들이 죄다 자리를 비우고 놀러 나갔다면, 이것은 진실로 제어하지 않은 책임이 스승에게 돌아갈 수 있겠지만, 오직 그 중의 한두 명의 미친 아이가 학당의 생도들과 함께 가서 장난한 것을 스승이 어떻게 알 수 있겠습니까. 신 등은 거듭 생각해 보아도 그 죄를 알지 못해 더욱 유감스럽습니다. 엎드려 바라옵건대, 전하께서는 신들의 도를 넓히려고 하는 마음을 어여삐 여기시고, 스승을 존경하는 성심을 살피시어 특별한 윤음을 내려 스승을 수금 중에서 풀려 나오게 하십시오. 그리하여 사가 정을 어지럽게 하지 못하게 해 신 등이 의지해 돌아갈 곳이 있게 하십시오."했으나, 윤허하지 아니했다.15)

15) 『세종실록』, 세종 24년 8월 12일 기해조. 成均生員朴冲文等九十人上疏曰:伏聞今八月初十日, 敎官與學官以儒生之故, 延繫義禁府, 臣等內切感懷, 不以僭躐爲諱, 而謹昧死以聞. 竊謂邪正不兩立, 薰蕕不相容, 故吾道明則異端微, 異端興則吾道衰, 古今之常理也. 肆我太祖應運開國, 尊崇斯道, 首斥異端, 太宗善繼善述, 益隆文敎, 及我主上殿下, 篤信道學之正, 洞察似是之非, 禁其私度, 收其臧獲, 以閑先聖之道, 以闢邪說之害. 臣等何幸斯道之日昇, 乃者學徒數十輩不勝狂妄, 遊諸山寺, 惟彼僧徒擬諸遊山之禁, 恃其衆力之强, 追及洞口, 旣加毆打之辱, 又有誣妄之訴. 我殿下姑訊其情, 付諸有司, 使問其故, 處之甚得其宜矣. 然儒生與僧, 同訟公庭, 是雖狂童之自取, 爲斯道計, 誠有所憾. 況以其故延及師長, 仍囚推鞫? 臣等鬱悒之情, 將(雖)〔誰〕 控告? 大抵成均, 風化之源, 禮樂之區, 任是職者, 雖有小過, 特赦之, 待以重也. (중략) 居館諸生席卷慢遊, 是誠不制御, 責有所歸. 唯其一二狂童, 與學堂之生偕行作亂, 彼惡知之? 臣等反覆籌之, 不知其罪, 尤加憾焉. 伏望主上殿下憐臣等弘道之心, 察臣等尊師之

또 좌정언(사간원 정6품) 여효온이 한두 명의 미친 애들이 저지른 일을 가지고 성균관 고위 당국자[16]를 모두 의금부에서 구금한 것은 옳지 못한 처사라고 하니, 세종은 이제는 시간도 많이 지났고 계속 고집하는 게 어려웠던지 여효온의 말이 옳다고 하며 의정부의 조사가 다 끝나가고 있으니 조금만 기다리라고 하였다.

> 좌정언 여효온(余孝溫)이 아뢰기를, (중략) "성균관은 풍화의 근원이며, 기재하는 유생들을 장이나 차장이 당연히 단속해야 할 바는 아닙니다. 지금 한두 기재생의 광망 때문에 모두 의금부에 수금되는 것은, 신 등은 온당하지 않다고 생각합니다."하니, 임금이 말하기를, "너희들의 말이 옳다. 지금 의정부의 추핵(推劾)[17]이 곧 끝나게 되었으니 잠깐만 기다리라."하였다.[18]

세종은 대신들 앞에서 직접 말하기가 미안했던지 승지들에게 말하기를, 불교에 대한 애정 때문에 승도들을 덜 벌주고 유생들과 교관들을 더 많이 벌준 것은 아니라고 하며, 범죄의 시비를 가린 것이고, 불교 배척은 심성 수양을 통해서 해야지 승도들을 구타하는 덕방암 사건 식으로 해서는 안 된다고 하였다. 교관과 학관들을 벌준 것도 그들에게서 유생들에 대한 단속의지가 전혀 없었던 것으로 판단하였기 때문이라고 하였다.

> 정사를 보았다. 임금이 승지 등에게 이르기를, "이 앞서 유생들이 산속의 절에서 떼 지어 놀다가 중을 구타했으므로, 내가 의금부에 가두어 추핵(推劾)하게 했더니, 유생들이 모두 나를 가리켜 불교를 숭상한다고 하나, 내가 어찌 불

誠, 特降綸綍之音, 俾出縲絏之中, 使邪不得以亂正, 紫不得以間朱, 則臣等得有依歸.不允.

16) 이때의 성균관 대사성은 금유(琴柔)였다. 성균관대학교 교사편찬위원회, 『성균관대학교 육백년사(인)』, 성균관대학교 출판부, 1998, 284쪽.

17) 추궁하여 죄의 실상을 조사하는 일.

18) 『세종실록』, 세종 24년 8월 12일 기해조. 左正言余孝溫啓: "臣等以詹事院之設, 再瀆宸聰, 未蒙俞允, 深切怏怏, 庶賜明斷." 上曰: "予更無言." 孝溫又啓曰: "成均, 風化之源, 而寄齋, 非長貳所當檢擧也. 今一二寄齋狂妄之故, 竝囚義禁府, 臣等以謂未便." 上曰: "爾等之言是矣. 今義禁府推劾垂訖, 姑待之."

교를 숭상해 유생들을 억울하게 죄주겠는가. 임금은 사람의 범죄한 것을 들으면 마땅히 시비를 분변해야 되고, 유생의 도리는 마땅히 심성을 수양해 사설(邪說)을 물리쳐야 되는데, 어찌 중을 구타하는 일로써 이단을 물리친다고 하겠는가. 교관도 또한 능히 가르쳐서 엄하게 금지시키지 못했으므로, 나는 전연 의사가 없었다고 여기니, 그대들이 이 뜻을 가지고 대신에게 효유(曉諭)[19]하라."하였다.[20]

결국 유생들과 교관들을 모두 보석으로 석방하였다. 4개월 넘게 걸린 일이 되었고, 4개월 정도를 유생들과 교관 및 학관들이 옥에 있었던 것으로 시시비비를 가리는 일보다는 유생들의 본분이 무엇이냐 하는 일로 논란을 계속하였고, 실상은 세종의 개인적인 불교 애착 문제로 고집을 부리다보니 생각보다 오랜 시간을 끌게 되었던 것으로 보인다.

의금부에 전지(傳旨)[21]하여 유생과 교관을 모두 보석하여 추국[22]하게 하였다.[23]

구금 중에도 계속 조사를 받아 사건 후 한 달 뒤에 주모자 유생 5인은 곤장 60대, 승려 2인은 곤장 80대를 맞았다고 한다.[24] 결국 모두 보석으로 풀려나고 사건은 일단락되었다.

---

19) 잘 알아듣도록 타이르는 일.

20) 『세종실록』, 세종 24년 11월 30일 병술조. 丙戌/視事. 上謂承旨等曰: "前此儒生群遊山寺, 歐打僧人, 予繫義禁府推劾, 儒生皆指予爲崇佛, 予豈崇佛而枉罪儒生哉? 國君聞人犯罪, 則當辨是非. 儒生之道, 當存心養性, 以闢邪說, 豈以歐打僧人爲闢異端哉? 敎官亦不能敎誨, 痛行禁止, 予謂殊無意謂. 爾等將是意, 曉諭大臣."

21) 상과 벌에 관한 임금의 뜻을 해당 관청이나 관리에게 전하여 알리는 일을 이르던 말.

22) 의금부에서 임금의 특명에 의하여 중죄인을 신문하던 일.

23) 『세종실록』, 세종 24년 11월 30일 병술조. 傳旨義禁府:儒生敎官, 竝皆保放推鞫.

24) http://www.facebook.com/historyminstrel.

3. 맺으며

위에서 살펴본 바와 같이 조선은 개국초기부터 숭유억불 정책을 강하게 추진하다 보니 이단을 물리친다는 핑계 아래 사찰에 대한 파괴와 배척운동이 빈번하게 발생하였다. 그러나 세종은 둘째 형님인 효령대군이 독실한 불교 숭배자인데다가 개인적으로는 몸도 아프고 여러 가지로 신앙적인 측면에서 즉위 초기와는 달리 불교에 대해 점점 더 호의적인 생각을 가지게 되었다.

그러다 보니 성현의 도를 배우고 열심히 수양과 면학에 힘써도 시원찮은데 떼를 지어 놀러 다니며, 이단 배척 미명 아래 광패한 짓을 일삼는 유생들이 좋아 보일 리가 없었다. 더구나 사찰을 고의적으로 파괴하고 훼손하는 일이 잦아 유생들에게 산사유람 사찰출입 금지령을 내렸건만 이를 어긴 것도 괘씸한데, 비록 먼저는 아니지만 승려들에게 집단으로 폭력까지 일삼고 불경을 훔치며 잡물을 빼앗는 강도 같은 짓들을 저질렀으니 마땅히 엄벌에 처해야 한다는 생각을 가질 수밖에 없었다. 그래서 의금부에서 다스리도록 하고 4개월 동안이나 구속시켰던 것이다.

사건 발생 후 온갖 신하들이 나서서 번갈아 간해도 성균관 선배로서 후배들을 챙기는 정도로만 받아들이거나, 유생들의 잘못을 철저히 인정하지 않으려 하는 정도로만 받아들인 것 같다. 세종이 보기에는 피의자들이 반성하는 모습도 별로 보이지 않고, 더구나 성균관 대사성 그리고 성균관 교관이나 학당의 학관들도 무슨 수로 유생들의 학교 밖 활동을 일일이 좇아다니며 단속을 하겠느냐 하는 안이한 태도와 항변하는 모습을 보고 속으로 더 화가 났던 것으로 보인다.

그럼으로 많은 간언과 상소에도 불구하고 빨리 석방시켜주지 않았던 세종의 이러한 고집은 신하들에게는 불교 애호적으로 비추어질 수밖에 없었고, 그러면서 반대로 유학의 도가 점점 쇠해질까 염려와 근심이 되었으며, 신하들은 어떻게 해서든 신권정치시대임을 입증하고 유생들과 교관들을 구원해 성균관의 위상을 제고하기 위해 노력했다고 여겨진다.

제 2 장

외부 관리들과의 싸움

1. 글머리

조선시대의 태학[1]은 명실상부한 조선왕조 최고의 고등교육기관이었다. 그러나 이런 태학도 정치적인 영향으로 시대에 따라 부침을 거듭하지 아니할 수 없었으며, 또 정상적으로 학교가 운영되기 위한 갖가지 정책과 노력들이 뒷받침되어야 했다. 따라서 조정에서 하지 않으면 태학생들이 나서서 태학의 권위와 이에 걸맞은 위상을 정립하게 위해 투쟁해야만 했다. 그렇다보니 태학을 경시하는 외부세력들과 충돌하는 경우도 잦았으며, 우리의 기대와는 달리 태학 유생들의 태도나 태학 관원들의 수준도 일반상식을 벗어나는 경우도 흔했다.

적어도 성리학을 국교로 삼은 조선이라는 국가가 공자를 비롯한 유교성현들을 모시고 숭상하는 곳으로서의 상징적인 태학의 이미지와 전국 각지의 수재들을 모아 예비관료들로 양성하는 곳으로서의 교육적 이미지는 어디로 사라졌는지 의구심이 많이 들기도 한다. 또 대부분의 성균관 유생들이 아이들도 아니었고 대부분 청장년들이었는데도 외부인과 간혹 싸움이 있었다는 사실들은 우리를 매우 당황케 한다.

태학은 일단 기본적으로 성리학을 깊이 공부하고 군자를 이상형으로 삼아 덕을 연마하는 교육기관이다. 그리고 현실적으로는 예비관료 및 예비학자들이 장래를 준비하기 위해 기숙사에서 살며 학습생활을 하는 곳인데 어떻게

1) 성균관은 많은 별칭들을 가지고 있었는데 태학, 국학, 벽옹, 반궁, 근궁, 국자학, 학궁, 반당, 반학, 반중, 태학관, 문묘, 성묘, 공묘, 묘궁, 반상, 현관 등 20여 가지가 넘었다. 여기서는 가급적 태학이라고 하였다.

그런 교육적이지 못한 폭력적 사건들이 발생할 수 있었는지 이해되지 않는 경우도 많다. 그래서 태학의 유생들이 외부관리들과 싸운 이유를 통해 태학의 위상정립이나 태학을 수호하려는 의지여부를 파악하고자 하는 것이다.

이 글에서는 학생들이 학교규범을 어기고 탈선과 비행을 저지르는 반학교문화(反學校文化 : anti－school culture)[2]에 속하기는 하나 다소 예외적인 것으로 여겨지는 색다른 일로서 태학 유생들이 외부관리들과 왜 싸우게 되었는지를 고찰해보고자 한다. 물론 태학의 유생들이 외부인들과 싸우는 일도 사실 태학의 규범에는 한참 어긋나는 것이다. 좌우간 태학의 유생들이 절차를 통해서 차분히 처리하기보다는 자기들이 그 자리에서 물리적으로 해결하는 것이 자주 문제가 되었다. 그래서 국왕들도 태학 유생들이 그런 식으로 문제를 해결하는 것이 교육을 받고 있는 학생들답지 않았기에 유생들을 하옥시키는 일들이 생겼던 것이다.

그러나 어찌 보면 성인군자가 아닌 이상 비도덕적이거나 불의한 상황에서 청년 유생들이 당연히 혈기를 참을 수 없었을 것이다. 그래서 분기를 참지 못하고 외부관리들과 벌인 폭력적 사건들을 통해 유생들이 왜 그런 행동까지 하게 되었는지 알아보게 되었다. 이를 위해 여기서 다루고자 하는 싸움의 사례들은 『조선왕조실록』에서 정종 때 1건, 세종 때 1건, 단종 때 1건 등 모두 3건이다.

2. 정종, 세종, 단종 때

우선 태조 때는 사건들이 없었는지 『태조실록』에서 전혀 나타나지 않다가 정종 때 가서야 비로소 『정종실록』에서 다음과 같은 기록이 나타나고 있다.

> 삼군도사(三軍都事) 현맹인(玄孟仁)[3]이 국학생원을 구타하였다. 현맹인이

2) 학교문화는 일반적으로 학교규범에 동조하는 친학교문화(pro－school culture)와 동조하지 않는 탈선과 비행 등의 반학교문화(anti－school culture)로 나누어진다.

3) 생몰미상, 1383년 성균 진사시 합격, 1400년 삼군도사, 1402년 장령, 경기좌도안렴사. 1405년 장령, 1408년 지사간원사. 1409년 사헌부집의, 1412년 우사간대부, 사간, 1413년

장차 강무당(講武堂)[4]에서 둑(纛)[5]에 제사지내려 하니, 무공(武工)들이 명륜당에서 자고자 하였다. 생원들이 말하기를, "무공이 거처하는 곳이 아니다."하여 내쫓으려 하니, 무공이 입을 삐쭉거리며 서로 힐난하며 생원을 주먹으로 때리기까지 하였다. 생원들이 현맹인에게 갖추 고하니, 현맹인이 말하기를, "무공은 제사에 없을 수 없는 사람이다."하고, 도리어 생원 송은(宋殷)을 갓을 벗겨서 땅에 집어 던지고, 무공을 사주해 송은을 결박하여 때리고 질질 끌었다. (예문춘추관학사 동지경연사)겸대사성 이첨(李詹)[6]과 대사성 조용(趙庸)[7] 등이 앉아서 보기만 하고 부끄럽게 여기지 않았다. 삼관(三館)[8]의 여러 유생이 그 본말을 갖추어 헌사(憲司)에 고하니, 대사헌 정구(鄭矩)[9]가 역시 현맹인을 탄핵하려 하지 않았다. 박사 금유(琴柔)[10]가 조용의 집에 가서 고하니, 조용이 손을 잡고 말했다. "조용은 조준(趙浚)[11]이 천거한 사람이고, 족하(足下)도 또한 그 문생입니다. 지금 조준이 견책을 당하고, 또 세자가 삼군을 맡았는데, 현맹인은

우사간대부, 사간원좌사간. 1414년 전라도수군도만호, 1424년 판안동대도호부사.

4) 강무당은 군사훈련장에 있는 건물이며 고려시대에 성균관 영역에 있기도 하였다. 조선시대에도 성균관 영역 내에서 간혹 무과를 보기도 했다.

5) 둑은 군령기, 대장기를 말함.

6) 1345~1405, 1375년 우헌납, 이인임·지윤을 탄핵하다 10년 유배, 1388년 내부부령·예문응교를 거쳐 우상시, 1391년 좌대언, 지신사에 올라 감사를 맡았으나, 장류된 김진양 사건에 연루되어 결성(홍성) 유배, 1398년 이조전서, 동지중추원학사, 1400년 첨서삼군부사로 전위사, 1402년 지의정부사로 하륜과 함께 등극사의 부사로서 명나라에 다녀옴. 고명과 인장을 고쳐 주도록 주청한 공로로 정헌대부, 지의정부사, 1403년 예문관대제학.

7) ?~1424, 전교주부·삼사도사, 계림부판관, 1390년 전농시승, 지평, 1392년 사예, 성균좨주, 1398년 간의대부, 우간의, 1401년 경연시강관, 1402년 대사성, 좌사간, 1403년 검교한성윤 겸 성균대사성, 1406년 우부빈객, 1409년 검교판한성부사·우빈객, 1414년 예문관대제학, 1415년 예조판서, 1417년 예문관대제학, 1418년 우군도총제, 예문관대제학·세자좌빈객·행성균대사성, 1421년 검교의정부찬성, 1422년 판우군도총제부사.

8) 조선시대 학술·문필 기관인 성균관·승문원·교서관의 총칭.

9) 1350~1418, 전교시부령, 1392년 한성부우윤, 1397년 좌간의대부, 정종 때 도승지·대사헌, 태종 때 예문관학사, 중군총제·참지의정부사·공조판서·호조판서·판한성부사·계림부윤·개성부유후. 1417년 의정부참찬, 성절사로 홍무연간에 만든 각궁 구입, 그 뒤 의정부찬성이 되었으나 풍질로 사직.

10) 생몰미상, 대사간, 대사성, 1419년 참의로서 강릉부사에 임명, 순리(循吏) 칭송, 김종직, 조위의 학문에 영향.

11) 1346~1405, 조준은 고려말 개혁파 신진사대부의 대표적인 인물로서 조선왕조의 개창과 문물제도의 정비에 핵심적인 역할을 함.

그 요좌(僚佐)[12]가 되니, 대항할 수는 없습니다."[13]

즉 삼군[14]의 책임간부로 보이는 도사 현맹인(玄孟仁)이 명륜당에서 자려 한 자기 부하들을 책망하지 않고 오히려 올바른 항의를 제기한 생원 송은(宋殷)의 갓을 벗겨 땅에 던지고 때리며 결박해 질질 끌고 다닌 일은 태학과 태학의 유생 입장에서는 아주 치욕적인 사건이다.

자세한 내용인즉슨 명륜당에서 자려고 한 현맹인의 부하들을 생원 송은이 명륜당은 무인들이 자는 곳이 아니라며 내쫓으려고 하다가 그들과 싸우게 된 사건이다. 송은이 실상 올바른 일을 했는데 도리어 모욕을 당한 것이다. 그런데 그것을 모두 지켜보았던 겸대사성 이첨, 대사성 조용 등이 말리지도 않고 아무 말로도 송은을 거들어주지를 않았다. 답답해서 몇몇 유생들이 이 문제를 사헌부에 고했으나 대사헌 정구조차 도와주지를 않았다. 교관인 박사 금유가 대사성 조용에게 집까지 찾아가 유생들을 위한 탄원을 청했어도 조용은 별다른 움직임을 보이지 않았다는 것이다.

당시 세자(이방원)가 삼군 총책임자였고 또 조준(趙浚)과 조용이 집안관계였고 등등 당대 세력가들을 현맹인이 등에 업고 있어서 모두들 말을 못하고 눈감아버렸다는 것이다. 권세가들 때문에 아무 말도 못하는 태학 책임자들과 범법사건을 처리해야 할 사헌부 책임자들까지 눈감은 것을 보고 태학유생들은 모두가 답답하고 분노가 치밀며 억울하기가 짝이 없었을 것이다. 아마도 한양으로 옮긴 태학의 초창기여서 그러했을 것이며 태조 이성계가 무인 출신이어서 그런지 아직 무인들이 문인들보다는 좀 더 입김이 세었던 분위기 탓으로도 보인다. 게다가 실세인 이방원이 삼군 총책임자였으니 누구든 함부로

12) 핵심 참모를 말함.

13) 『정종실록』, 정종 2년 9월 19일 경진조. 三軍都事玄孟仁, 歐國學生員. 孟仁將祭纛於講武堂, 武工等欲宿明倫堂, 生員等以爲: "非武工所處", 欲黜之. 武工反唇相詰, 至以拳歐生員. 生員等具告於孟仁, 孟仁以爲: "武工於祭, 不可闕者." 反以生員宋殷, 脫冠投地, 嗾武工結縛, 歐而曳之. 兼大司成李詹´ 大司成趙庸等, 坐視不愧. 三館諸儒, 具其本末, 告諸憲司, 大司憲鄭矩, 亦不欲劾孟仁. 博士琴柔詣庸家告之, 庸執手曰: "庸, 趙浚之所擧, 足下亦其門生也. 今浚被譴, 且世子掌三軍, 而孟仁爲其僚佐, 不可抗也."

14) 삼군은 중앙군을 중·좌·우군으로 편성한 상설적인 군사기구.

말하기가 어려웠을 것이다. 그럼으로 아직까지는 태학의 유생들이 올바른 일을 하다가 모욕을 당했을지라도 적극적으로 나서는 이들이 없었고, 또 제대로 해결이 안 되었던 이유는 태학의 위상과 위세가 격상되지 못하고 시간상 충분히 제자리를 잡지 못했던 것으로 여겨진다.

다음 사건 이야기는 세종 25년 3월 3일에 발생한 사건인데, 태학에서 시험을 볼 때는 여러 기관의 관계자들이 모여들어 장막을 치고 시험을 준비하고 진행하고 감독하고 결과를 처리하게 되어 있었다. 그런데 이날 시험이 파한 뒤에 빨리 철수하지 않고 최덕강을 비롯한 의정부 소속 전리들이 문묘 앞에 쳐놓은 장막에서 다모로 하여금 노래를 부르게 하고 술을 마시고 있었으니 이를 그냥 지켜만 보고 가만 놔둘 유생들이 아니었다. 당연히 분개한 유생들이 모여들게 되었고, 유효명을 비롯한 몇몇 유생들이 장막을 향해 모래와 자갈을 던지니 한 전리가 장막에서 튀어나와 유생의 머리털을 붙잡고 시비하니 싸움이 크게 번져 결국 이쪽저쪽 모두 부상자가 여럿 나오고 말았다.

이튿날 전리들이 오히려 먼저 도당(도평의사사)에 고소하니 도당은 사헌부에 이첩하였고, 감찰기관인 사헌부는 유생들을 폭력행위로 잡아들여 문초하였다. 며칠 후 전리 하나가 거짓으로 죽은 체 하니 사헌부는 놀라서 유생들을 중죄인으로 다스리기 위해 중옥(2층 감옥)에 가두었다. 그때 안평대군[15]은 이 소식을 듣고 말하기를, 임금도 문묘에서는 모든 행동거지를 조심하는데 한낱 아전무리가 방자하게 군것을 유생들이 혼내준 것은 잘 한 일이라며 오히려 사헌부의 처사가 잘못된 것임을 상감에게 고하겠다고 하니, 예조참판 허후도 온양 행궁에 있었던 세종에게 급히 이 일을 고하였다. 세종은 사법기관인 의금부에서 조사하게 하고 최덕강을 비롯한 전리 2인은 곤장 80대를, 나머지 전리들도 경중에 따라 차등 있게 하고, 유효명을 비롯한 유생 4인은 태형 30

15) 1418~1453, 1430년 성균관 입학, 1438년 왕자들과 함께 야인토벌, 고명대신 황보인·김종서 문신들과 제휴, 수양대군 측과 맞서 인사행정의 하나인 황표정사에 관여하는 등 조정의 배후 실력자로 등장. 1452년 단종이 즉위하자 수양대군은 사은사로 명나라에 다녀온 뒤 황표정사 폐지. 안평대군은 회복에 힘썼으나 1453년 계유정난으로 황보인·김종서 등이 살해된 뒤 강화도로 귀양 갔다가 교동으로 옮겨져 사사.

대로 다스리게 하였다는 것이다.

의정부와 육조가 성균관에 모여 유생들의 학과시험을 치렀는데, 파한 뒤에 정부의 전리(典吏 – 하급사령)인 최덕강(崔德江) 등이 문묘 앞 장막에서 다모(茶母)로 하여금 노래를 부르게 하고 술을 마시는지라, 유생 유효명(柳孝明) 등이 모래와 자갈을 던지니 장막 안에서 한 전리가 튀어나와 유생의 머리털을 잡고 서로 싸우매, 여러 전리가 다 나와서 서로 치니 전리와 유생으로 부상한 자가 여럿이었는데, 그 이튿날에 전리들이 도당(都堂 – 의정부)에 고소하므로, 도당은 곧 사헌부에 이첩해 탄핵하게 하니 사헌부가 유생을 잡아 가두고 문초했다. 며칠 되어 전리 한 사람이 거짓 죽은 체 한지라, 사헌부가 더욱 놀라서 유생을 중옥(重獄)[16]에 가두니 견식 있는 사람은 그를 한탄했는데, 그때 안평대군 이용(李瑢)이 서울을 지키고 있으면서 이 말을 듣고 말하기를, "문묘 앞에서는 임금도 의장을 거두고 들어가는데, 이제 아전의 무리가 다모로 하여금 노래를 부르게 하고 잔치해 마시되 조심하고 꺼리는 바가 없으니, 유생이 그런 아전을 때린 것이 무엇이 불가함이 있으며, 하물며 아전이 한 사람도 죽은 자가 없음에랴. 옛 사람이 이르기를, '허물을 보고 어진 것을 안다.'했는데, 사헌부가 그를 욕보임이 어찌 이리 심하냐. 내 장차 상감께 전해 아뢰겠노라."하고, 예조참판 허후(許詡)[17]도 역시 이 일로써 행궁에 급히 보고하매, 임금이 "의금부에 내려 문초해 아뢰라."하니, 덕강 등 2인은 곤장 80대에 처하고 나머지도 죄에 저촉되는 대로 차등 있게 처벌했으되, 유생 4인은 태형 30으로 속죄하게 했다.[18]

---

16) 2층으로 지어진 감옥을 말함.

17) 1452년 9월 수양대군이 고명사은사로 명나라에 가려고 하자, 임금의 나이가 어리고 대군의 역할이 막중하다는 이유를 들어 만류. 1453년 수양대군이 계유정난을 일으켜 황보인·김종서 등 대신들을 역모죄로 죽였지만, 그는 전일 수양대군에게 진언했던 일로 죽음을 면함. 불만을 품었던 그는 황보인·김종서 등의 무죄를 적극 주장. 훗날 좌찬성에 제수되었으나 끝까지 고사하다 거제도에 안치된 뒤 교살.

18) 『세종실록』, 세종 25년 3월 3일 무오조. 議政府六曹會成均館, 課試諸生. 旣罷, 政府典吏崔德江等於文廟門前帳幕, 令茶母唱歌飮酒. 儒生柳孝明等以沙礫投之, 帷內一吏突出, 執儒生頭髮相鬪, 衆吏悉出, 相毆之, 吏與儒生傷者數人. 翌日, 吏等訴于都堂, 都堂卽移牒憲府劾之, 憲府繫儒生鞫之. 數日, 吏有一人佯死者, 憲府益駭, 繫儒生于重獄, 識者恨之. 時安平大君 瑢留都聞之曰: "文廟之前, 人君亦輟儀仗以入, 今吏輩令茶母唱歌宴飮, 無所畏忌, 儒生雖毆其吏, 何不可之有? 況吏無一人殞命者乎? 古人云: '觀過知仁.' 憲府何辱之甚歟? 予將轉聞于上."

결국 이 사건은 유생들이 문묘수호를 위해 올바른 행동을 했다 할지라도 폭력행위로 번져 쌍방과실이 되었으니 전리들보다는 형벌이 감해졌으나 완전히 무죄로 방면되지는 못하였던 것이다. 유생들이 차분하게 다른 좋은 방법을 통해서 전리들을 내쫓았다면 형벌보다는 오히려 칭찬을 들었을 법도 하였다.

다음 사건은 원래 단종 2년 2월 문묘 망제[19] 때에 일어난 일인데, 몇몇 아전들이 명륜당 서쪽 부속실인 서익실(西翼室)[20]에 방만하게 누워 있는 것을 보고 6인의 생원이 여기가 어딘데 감히 떠들며 누워있느냐며 두건과 의대(衣帶)를 빼앗았다. 태학 내에 있다가 이 소식을 들은 사헌부 소속 감찰(정6품)이 사람을 보내 뺏은 물건들을 돌려줄 것을 요구했으나 유생들이 듣지 않자 서류양식을 갖추어 본부인 사헌부에 고하니 사헌부는 의정부에 보고하였다. 의정부에서는 논의 끝에 유생들을 추국(推鞫), 즉 중죄인으로 신문(訊問)[21]해야 한다고 임금에게 아뢰니 임금은 의금부에서 담당하게 하였다는 것이다.

> 이보다 앞서 2월에 문선왕 망제 때에 제감감찰 수종서리 김자경(金自敬)이 봉상재랑·성균관서리와 더불어 명륜당 서익실에 누워 있는 것을, 생원 김승경(金升卿)·김춘경(金春卿)·유종준(柳宗濬)·손비장(孫比長)·이숙감(李叔瑊)·이광영(李光英) 등이 보고 무례하다고 해 두건과 의대를 빼앗았다. 감찰이 사람을 보내 도로 줄 것을 청했으나, 듣지 않았다. 감찰이 본부에 고하고 사연을 갖춰 아뢰니, 의정부에 내려서 의논하게 했다. 이때에 이르러 정부에서 의논해 추국할 것을 아뢰니, 곧 의금부에 내렸다.[22]

禮曹參判許詡亦以此事馳聞行宮, 下義禁府推鞫以啓。杖德江等二人八十, 其餘亦抵罪有差; 儒生四人, 贖笞三十.

19) 음력 보름날 지내는 제사.

20) 명륜당 동서양쪽에 방이 붙어있는데 교육기자재와 교관들의 사무실 겸 수업준비실이었다. 세종 때부터 동서양재를 비롯해 모두 난방이 가능하였다.

21) 구두로 조사하는 일을 말함.

22) 『단종실록』, 단종 2년 3월 11일 임술조. 先是, 二月文宣王望祭, 祭監監察隨從書吏金自敬與奉常齋郎, 成均館書吏, 偃臥明倫堂西翼室. 生員金升卿, 金春卿, 柳宗濬, 孫比長, 李叔瑊, 李光英等見之, 以爲無禮, 奪頭巾, 衣帶. 監察使人請還給, 不聽, 監察告本府, 具辭以啓, 下政府議之. 至是, 政府議啓推鞫, 卽下義禁府.

그래서 태학 유생인 생원 황구 등이 다음과 같이 상언[23]하였다. 유생들이 하옥된 것은 너무 지나치며 모두의 사기를 꺾는 일이고 오히려 아전들이 자기들보다 신분이 더 높은 상전들도 당하에서 열심히 일하며 재숙하고 있는데 어찌 감히 당상에서 떠들고 웃으며 놀고 있었으니 명분과 신분질서 기강을 무너뜨린 자들이라는 것이다. 그래서 분노가 치밀어 갓을 뺏고 야단친 것인데 절차를 밟지 않고 급하게 서두른 유생들만 죄와 허물을 뒤집어썼으니 심히 억울하다는 것이었다. 그런데 단종은 이 상언을 상소라고 생각하고 국가 중대사에서나 상소를 해야 되는데 벗을 구하기 위해 상소한다고 말하며 달갑지 않게 생각하는 것 같았으나 상언의 내용이 충분히 일리가 있다고 판단하였는지 일단 유생들을 용서한다고 하였다.

> 성균 생원 황구(黃耈) 등이 상언하기를, "신 등이 가만히 생각하건대, 건곤(乾坤)은 널리 창조해 만물의 삶을 이루게 하고, 부모의 지극한 정은 어리석은 자식의 허물을 빨리 잊어버립니다. 그러므로 군색하고 급박할 때에는 반드시 하늘과 부모를 부르니, 이것은 그 인자함을 바라기 때문입니다. 공손히 생각하건대, 주상 전하께서는 형벌을 삼가시어 무릇 죄와 허물이 있어도 정상이 가긍(可矜)하면 반드시 너그럽게 용서해 자신(自新)의 길을 열어 주시니, 그 부모에 이 백성이라는 뜻이 지극합니다. 지금 생원 김승경 등 6인이 2월 문묘의 망제 때에 감찰의 배리(陪吏)[24]의 갓을 빼앗은 일로 인해 옥에 갇혀 있는데 신 등은 차마 입을 다물고 가만히 있을 수가 없습니다. 엎드려 생각건대, 전하께서는 좀 굽어 살피소서. 무릇 서리란 것은 천한 무리이므로 당하에서 분주한 것이 곧 그 직책입니다. 그때에 감찰은 여러 집사와 더불어 당하에서 재숙(齋宿)하고 있는데, 이들 아전은 도리어 당상에서 본관의 아전과 더불어 비스듬히 앉거나 눕거나 하고, 옷을 벗고 떠들며 웃기를 거의 기탄없이 했으니, 이것은 위아래가

23) 상언이 상소(上疏)와 다른 점은, 상소는 대개 관원과 유생·사림이 국왕에게 올리는 문서 양식이나, 상언은 관원으로서가 아니라 사인(私人)으로서 올리는 것이며, 상소에는 이두(吏讀)를 쓰지 않으나 상언에는 이두를 쓴다. 그리고 유생들의 상소는 관리들의 상소와 달리 특별히 유소라고 부른다.

24) 시중을 드는 아전을 말함.

차례를 잃고, 갓과 신이 위치를 바꾸어 명분과 기강이 이에서 모두 무너졌으므로, 신 등이 보고 분이 치밀어 마침내 그 갓을 빼앗았습니다. 그 간(間)에 너무 서둘러서 조치를 잘못해 헌장(憲章)을 저촉한 것은 대개 광포하고 어리석은 서생이 법률을 배우지 못한 소치이지 애초부터 능멸해 그런 것은 아닙니다. 하물며, 그때에 김승경 등 6인뿐만 아니라 성균관 제생이 모두 분하고 미워하는 마음이 있었는데, 김승경 등만 그 허물을 뒤집어썼으니, 신 등은 매우 민망합니다. 엎드려 바라건대, 전하께서는 건곤 같은 도량을 여시고 부모 같은 은혜를 내리시어, 특별히 명해 거듭 다스리게 하시어 죄와 허물을 면하게 하소서."하니, 전지하기를, "무릇 상소는 반드시 국가의 대사에만 하는 것인데, 너희들은 벗을 구하고자 꾀하니 심히 불가하다. 마땅히 추문해야 옳을 것이나 우선 용서한다."하였다.[25)]

이 사건은 비록 벼슬이 아직 없는 학생 신분인 유생들일지라도 잠재적으로는 과거를 거쳐 높은 벼슬까지 올라갈 수 있는 계층이었기 때문에 아전 정도의 관리들에게는 태학의 유생들이 큰소리를 칠 수 있었던 것으로 보인다. 그러나 유생들의 폭력적 행동이 태학의 규범에는 어긋났기에 하옥되는 사태까지 벌어진 사건으로 보인다.

물론 당상과 당하의 공간적 구별도 엄격하여 당상에서 일하는 사람과 당하에서 일하는 사람이 구분되어 있었는데, 아전들이 그런 구분을 경홀히 여기고 당상에 있는 명륜당 서쪽의 부속실을 너무 쉬운 공간으로 생각했다는 것은 잘못이었다. 그런데 태학의 유생들도 태학의 교관들에게 보고를 하든지 아

25) 『단종실록』, 단종 2년 3월 14일 을축조. 乙丑/成均生員黃耉等上言曰: 臣等竊謂, 乾坤洪造, 曲遂庶物之生; 父母至情, 旋棄癡兒之過. 是故窘迫必呼天與父母, 而望其仁之也. 恭惟, 主上殿下愼刑謹罰, 凡有罪過, 情若可矜, 必寬宥之, 以開自新之路, 其父母斯民之意, 至矣. 今生員金升卿等六人, 於二月文廟望祭, 以奪監察陪吏之冠逮獄, 臣等不忍緘默. 伏惟殿下少垂察焉. 夫書吏賤徒, 在堂下奔走, 乃其職也. 其時監察與諸執事齋宿堂下, 而此吏反於堂上, 廼與本館吏偃然坐臥, 脫衣喧笑, 略無忌憚. 是則上下失序, 冠屨易位, 名分紀綱一毁於此. 臣等目覩憤憤, 遂奪其冠. 其間急遽失措, 誤觸憲章者, 蓋狂戇書生, 不學法律所致, 初非凌蔑而然也. 況其時, 非特升卿等六人而已, 擧館諸生皆有憤疾之心, 而升卿等獨蒙其辜, 臣等竊有悶焉. 伏望, 殿下廓乾坤之量, 垂父母之恩, 特命申理, 俾免罪愆. 傳曰: "凡上疏, 必國家大事。若等謀欲救友, 甚不可. 當推問, 姑赦之."

성균관 유생들의 복장

출처: 2010년 8월 30일부터 11월 2일까지 방영된 KBS 2TV 드라마
〈성균관 스캔들〉 타이틀

전들의 상전에게 알리든지 해서 처리하는 절차를 따랐어야 되는데, 곧바로 그들을 곤욕스럽게 한 것이 문제가 되어 도리어 옥에 갇혔던 것은 법도를 지키지 못하고, 또 덕행에 있어서 모범을 전혀 보여주지 못하였기에 이 유생들을 단종이 못마땅하게 생각했던 것으로 짐작된다.

3. 맺으며

태학의 유생들이 외부인들과 싸움을 하게 되는 경우는 사실 개인적인 이유도 충분히 있을 수 있다. 신분이 학생이지만 일단 양반이기에 조선시대와 같은 신분사회에서는 서족보다 우월하고 아전보다 이미 기본 신분이 우위인 것이다. 따라서 모욕을 당하거나 구타를 당하거나 고소를 당하게 되는 그런 사건들이 있게 되면 당연히 개인의 일을 넘어 태학 유생 전체의 일이 되었고, 태학의 일이 되는 것이었으며 때로는 신분질서를 바로잡기 위한 조정의 일이 되기도 하였다.

한편으로 보면 성리학 이념을 확고히 실천하기 위해 태학을 적극적으로 수호하려고 한다거나, 청년으로서 정의감에 투철한 유생들이, 또 선비로서의 사기가 충천해서 앞뒤 분별없이 일을 벌이고 나서는 경우도 많았다. 일이 벌어지면 사태의 수습을 위해 자기합리화와 정당화를 위해 옹호하거나 지지하는 세력들을 끌어 모으는 행위들도 많았다.

정종 때의 사건은 태학 인근에 있었던 무인들의 훈련장인 강무당에서 대장기 제사를 지내기 위해 준비하던 무인들이 명륜당에서 잠을 자려했기 때문에 벌어진 일이었다. 명륜당은 잠자는 곳이 아니라며 이를 못하게 하려던 유생들이 태학 관원들의 도움도 받지 못하고 도리어 곤욕을 크게 치른 것은 삼군도사 현맹인 뒤에 삼군의 총책임자인 권력실세 이방원이 있었기 때문이었다.

세종 때의 사건은 시험 후 곧바로 철수하지 않고 문묘(대성전) 근처에 임시로 설치한 천막 안에서 의정부 전리 최덕강 등이 술을 마시며 다모로 하여금 노래를 부르게 한 일로 몇몇 유생들과 싸운 사건이었다. 그래서 전리 2명은 곤장 80대, 다른 전리들은 차등 있게, 그리고 유효명을 비롯한 유생 4명은 쌍방폭력 때문에 태형 30대씩이나 맞은 일이었다. 곤장 80대를 맞은 전리들은 사실 거의 죽음에 이르렀지 않았을까 싶다.

단종 때의 사건은 문선왕 망제 때 3명의 서리들이 명륜당 서익실에서 드러누워 떠들며 놀다가 이 모습을 결코 허용할 수 없다고 생각한 생원 김승경 등 6인이 그들의 갓을 뺏으며 싸운 일이었다. 이것도 태학 유생들이 절차를 따르지 않고 폭력적인 행동을 보였기에 하옥까지 당한 일이었다.

그래서 우리는 이 3가지 사례만을 보더라도 태학 유생들이 자신들과 동료들 그리고 태학을 수호하기 위해 애썼다는 것을 알 수 있고, 조선초기에는 다소 무신들이 힘이 있을 때여서 그런지 태학 관계자들조차 유생들이 곤욕을 당해도 못 본 척하는 상황이었지만 유생들은 나름 최선을 다해 싸웠다는 것이다. 그 후 시간이 흘러갈수록 태학의 지위는 유생들과 이를 옹호하는 자들에 의해 높아져갔고, 위기 때마다 신분질서와 성리학적 지배이념의 수호를 위해 국왕을 설득했다는 것이다.

이를 통해 우리가 파악할 수 있는 것은 예나 지금이나 학원은 신성한 곳으로 여겨졌다는 것이며, 그 안에서 생활하는 사람들을 밖의 사람들이 권세가이거나 관리일지라도 함부로 무시하거나 경시하는 일들은 용납되지 아니 하였다는 것이다. 이를 어긴 경우에는 태학 유생들이 벌인 사건들을 통해서도 알 수 있듯이 반드시 저항에 부딪히게 마련이었다. 그럼으로 우리는 현재의 대학생들도 정치참여를 하며 권력가에게 비판적인 행동들을 보이는 것처럼, 또한 외부세력들과 싸우는 일을 가끔 목도하게 되는 것처럼, 조선시대 태학의 유생들도 태학을 위해 또는 자신들을 위해 불의에 저항하기도 하고, 또 불의한 세력들과 싸우며 성리학적 이념과 신분질서를 수호하기 위해 힘썼다는 것이다.

제 3 장

포졸들과의 싸움

1. 글머리

학교로서의 성균관은 지금도 학교가 일종의 사회문화적인 성역이듯이 관계자 외에는 막 출입할 수 있는 곳이 아니었다. 더구나 공자를 비롯한 유교 성현들을 모신 곳이기에 포졸이든 나졸이든 무기를 소지한 물리력이 행사될 수 있는 곳이 아니었다. 물론 연산군과 같은 폭정 때는 예외였지만. 일례로 오늘날 미션계 학교의 경우 교내에 예배를 드리는 교회가 있는데 경찰이나 군인들이 허가도 없이 범인 잡겠다고 막 들어가는 곳이 아닌 것처럼 성균관에도 관내에 공자를 비롯한 성현들에게 제사를 드리는 국가적인 사당이 있었던 것이다. 따라서 성균관 전체, 나아가 노비들이 거주하는 반촌까지를 포함해서 신성한 구역이었기 때문에, 긴급히 체포해야 할 중대한 범죄문제의 경우에만 특별히 국왕의 허가를 받아 예외적으로 포졸들의 출입이 가능하였다.

일반적으로 오늘날의 근현대 학교에서 내부적으로 일어나는 일들은 사실 그리 특별한 것들이 있기 어렵다. 그런데 전통시대의 학교인 성균관에서는 근현대적인 학교에서와는 달리 이런 예상을 뛰어넘는 별난 사건들이 종종 일어났다. 그래서 본고는 많은 사건들 중에서 명종 1년(1546년) 6월 20일에 일어난 특이한 사건을 다루게 되었다. 즉 성균관에서 도둑 잡는 포도청 군졸[1)]들과 일부 유생들이 싸운 일로 관인들을 포함해 모두 16명이 중죄인을 다루는 의금부에 하옥된 사건이었다. 관인은 성균관 급식 중 쇠고기 공급을 위해 특별히 국가가 허락한 소 잡는 일과 푸줏간을 운영하는 성균관 소속으로 반촌에

1) 포도청(포청)의 포도군사를 포졸 또는 군졸이라고 말한다.

거주하는 성균관 노비들이었다. 푸줏간은 현방, 다림방이라고도 하였으며, 그 관인들은 반인이라고도 하였는데 이 일을 하면서 세금인 속전도 내고 전국 소고기 시장을 장악하기도 하였다.[2)]

그래서 관인들이 군졸들과 싸웠을 때 유생들은 성균관 식구들인 관인들 편이 될 수밖에 없었으며, 구금되었을 때 성균관 관리들과 간관들은 군졸들의 상관과 또 그 뒤의 권세가들과 논박하지 않을 수가 없었다. 그리하여 여러 가지 문헌들을 살펴 본 결과 여타 문헌들에서는 같은 기록을 찾아보기가 어려워, 『명종실록』을 중심으로 사건이 일어난 자초지종과 그 일을 둘러싸고 어떤 시비논박들이 오갔는지, 그리고 왜 그렇게 시비를 가리는 게 쉽지 않았는지를 살펴보게 되었다.

2. 명종 때의 사건 자초지종

먼저 이 사건이 일어나기 전의 당시 사회분위기를 언급하는 것이 논지를 전개하는 데 도움이 될 것 같다. 즉 명종 1년(1546년) 1월에 정토사(淨土寺)[3)]의 어느 중이 발고해, 내관으로 하여금 그 절에서 공부하던 많은 유생들을 조사케 하였다. 이유는 공부하는 유생들이 온돌난방을 위해 주변 나무를 베어 때다보니 세조의 딸인 의숙(懿淑)공주의 혼령을 모신 정토사에서는 무질서하고 어수선해져서 제사를 제대로 지낼 수가 없게 되었다. 따라서 이런 저런 이유로 유생들의 비판을 받고 있던 윤원형[4)]의 누님이며 명종의 모후인 문정왕후는 명종의 수렴청정을 하고 있었는데 의숙공주 제사를 복원시킨다는 구실로 정토사에서 공부하고 있는 유생들을 모두 정거시켰다. 정거(停擧)는 과거응시

2) 장재천, 「조선후기 성균관의 반촌과 반촌인」, 『향토 서울』 77호, 서울특별시사편찬위원회, 2011.

3) 정토사는 신라 경덕왕 6년(747년)에 진표율사가 창건, 세조의 딸인 의숙공주를 모신 곳으로 서대문 백련산 기슭에 있는 지금의 백련사를 말한다. 한국학중앙연구회, 『민족문화대백과사전』, 한국정신문화연구원, 1991.

4) 1503~1565, 문정왕후의 동생. 명종 원년에 문정왕후가 수렴청정할 때, 을사사화를 일으켜 윤임 등을 죽이고 많은 인사를 몰아냈다. 뒤에 문정왕후가 죽자 실각하여 관직을 빼앗기고 귀양 가서 죽었다. 한국역대인물종합정보시스템(people.aks.ac.kr), 한국학중앙연구원.

를 정지시키는 것으로 입신양명을 해야 하는 유생들에게는 큰 벌이었다.[5] 이 사건은 모든 유생들에게 소문이 퍼져 큰 불만거리가 되었다.

그런 분위기가 계속되는 중에 6월 20일에 와서는 포도군사가 성균관에 들어가 관인들을 구타해서 그곳 유생들이 군사를 구금한 사건이 일어났다. 본래 성균관은 포도군사들이 들어갈 수 없는 곳이었다. 그럼에도 포도대장 지세방은 문정왕후에게 왜곡된 거짓 보고를 하였다. 그는 윤원형과 한패인 이기(李芑)[6]의 가신이기도 했다. 그러자 명종의 수렴청정자인 문정왕후는 유생들을 금부에 하옥시키라고 명해 큰 충격을 안겨주었으며, 신하들이 아무리 변명해도 소용이 없었다. 사실 문정왕후는 불교중흥정책을 표방했기에 이를 비판하는 사림들을 무척 싫어했다. 또 중종의 비로서 조광조 사건의 기묘사화(1519년)를 경험했으니 더더욱 유생들을 싫어할 수밖에 없었다. 그래서 이 사건은 지난 1월 정토사 사건과 더불어 유생들의 수난시대를 예고한 것이었다.

다음에 인용하는 실록의 내용을 통해 일단 이 사건의 자초지종을 살펴보기로 하자.

> 포도대장 지세방(池世芳)[7]이 아뢰기를, "요즈음 들으니 장단(長湍)의 도적 잔당이 성중(城中)으로 들어왔다기에 특별히 군인을 잠복시켰습니다. 지난밤 성균관 뒤편에 잠복했던 군사가 쇠가죽을 가져가는 자를 생포했는데 관인(館

---

5) 『명종실록』, 명종 1년 1월 6일 갑자조. 이하 지면 관계상 원문 생략.

6) 1476~1552, 장인인 군수 김진(金震)이 장리(贓吏)였기 때문에 종사관·종성부사·경원부사·의주목사로 전전. 병판에 임명하려 했으나, 이판 유관(柳灌)이 장리 사위로서 서경을 받을 수 없다며 반대. 유관은 나중에 보복을 당함. 국왕의 신임과 이언적의 주장으로 형판, 병판. 인종이 즉위해 대윤일파가 득세하자, 윤임(尹任)이 탄핵해 판중추부사로 강등. 명종이 즉위해 문정왕후가 수렴첨정을 하자, 윤원형과 손잡고 을사사화를 일으켜 윤임·유관 제거. 1547년 윤원형·윤인경과 양재역벽서사건를 일으켜 윤원형을 탄핵한 송인수, 윤임 집안과 혼인관계에 있던 이약수를 사사, 이언적 등 사림파 20여 명을 유배. 병판을 겸해 조정대권 장악. 1549년 영의정. 받은 훈록은 선조 초 삭탈. 한국역대인물종합정보시스템(people.aks.ac.kr), 한국학중앙연구원.

7) 생몰 미상, 1534년 무과인 관혁(貫革)시험에 급제했고, 이듬해 의정부와 병조가 무신으로 배양할 인물 7인의 하나로 선출됨. 1544년 충청도수사를 할 때 중국인을 상해했다고 추고를 받음. 명종이 즉위하자 상진·이준경 등과 함께 원종공신에 가자. 이듬해 함경남도병사로 지방민을 동원해 옥을 캐 조정 상신(영의정, 좌의정, 우의정)에게 뇌물을 제공한 것이 탄로나 파면. 한국역대인물종합정보시스템(people.aks.ac.kr), 한국학중앙연구원.

人)[8]이 떼 지어 겁을 주고 구타하면서 쇠가죽을 빼앗고 군인을 결박해 관하(管下)에 잡아두었으니 몹시 놀랍고 괴이한 일이라 감히 아뢰니다."하니, 전교하기를, "국법이 해이한 것이 오늘날의 폐단이다. 도적 잡는 군인을 구타하고 결박하기까지 했으니 즉시 의금부에 하옥하고 추문(推問)해 치죄하라."했다.[9]

위 인용문 내용을 보면 지세방의 지시에 따라 도적을 잡기 위해 성균관 뒤편에 잠복해 있던 군사가 쇠가죽 도둑을 생포했는데 반촌에서 소를 잡으며 성균관에 소고기 공급과 전국 판매유통을 담당하는 관인들이 본래 자기들 것이기에 군사를 겁박하고 구타하며 쇠가죽을 뺏고 군사를 반촌에 결박해두었다는 이야기이다. 그래서 지세방은 12세에 즉위한 명종이 13세라 수렴청정(8년간)하는 모후인 문정왕후(중종의 비)에게 달려가 일방적으로 고해바치니 이를 그대로 믿은 명종과 문정왕후는 관인들을 의금부에 하옥시키게 하고 수사해 벌을 주라고 했다는 것이다. 일단 여기까지만 보면 왜 성균관 유생들이 이 일과 관련해 어떤 식으로 하옥이 되는지 잘 알 수 없다.

그래서 다음 인용문 내용을 추가로 살펴보면 의금부의 수사를 통해 어느 정도는 파악할 수 있다. 즉 국왕이 성균관에 친림할 때 사용하는 일종의 주차장인 하련대(下輦臺)에 앉아 있던 생원 1인과 유학 3인이 반수 근처에서 싸우는 소리가 들리니까, 사람(성균관 노비)을 시켜 다 붙들어오게 했는데 이때 3인의 군사들이 난폭하게 굴며 유생 1인의 두건을 찢었기에 유생들이 관인을 시켜 군졸 1인을 결박했다는 것이었다. 그래서 명종은 유생들이 자기들의 수하인 성균관 관인을 두둔하며 군졸들을 때리는 과정에서 군졸들에게 두건도 찢겼을 것이라고 보았다. 따라서 유생들의 몸가짐이 해이한데다가 법도를 지키지 않고 폭력을 일삼았기에 유생들을 용서할 수 없고, 또 그들의 명에 따른 성균관 하인들도 모두 신문하라고 한 것이었다.

정원에 전교했다. "어제 성균관 관인이 잠복해 있던 군사를 결박한 일에 대

8) 반촌의 소 잡는 일을 하는 반인. 유교사전편찬위원회, 『유교대사전』, 박영사, 2007.
9) 『명종실록』, 명종 1년 6월 20일 을사조.

해 금부 공사(公事)에 '생원 1인, 유학 3인이 하련대(下輦臺)에 앉아 있었는데 무리지어 시끄럽게 다투는 자들이 있어서 유생이 사람을 시켜 잡아오게 했다. 그런데 군사 3인이 갑자기 유생들이 앉아 있는 곳으로 뛰어 들어와 옥신각신하다가 그의 두건을 찢었다. 그래서 결박했다.'고 했다. 전부터 금란군(禁亂軍)은 성균관에 들어갈 수 없다는 말이 있다. 이는 필시 유생이 관인이 쇠가죽 때문에 붙잡히는 것을 보고 하인을 데리고 군사를 구타하다가 두건을 찢기는 봉변을 당했을 것이다. 유생이 만일 법대로 몸가짐을 했으면 봉변당할 리가 있겠는가? 금부가 다만 군사가 유생을 욕보인 것으로 공사를 만든 것은 옳지 않다. 유생과 명령에 따랐던 하인들을 자세히 추문하라."[10]

그런데 다음 인용문 내용을 살펴보면 의금부 판사 허자가 아뢰기를, 국왕이 자세히 묻지도 않고 너무 지세방의 보고를 그대로 믿어서 문제이고, 또한 의금부 나장이 경솔하게 성균관에 들어가 유생들을 잡아 온 것도 큰 문제인데 이를 대수롭지 않게 생각하는 것도 문제요, 유생들의 작은 허물들은 조종조부터 항상 사기를 위해 용서해주는 것인데 그렇지 않음이 문제라는 것이었다. 명종은 계속 지세방의 모함을 전혀 불신하지 않고 오히려 유생들을 불신하며 군사 결박한 일을 용인할 수 없다고 하였다.

판의금부사 허자(許磁)[11] 등이 아뢰기를, "어제 성균관에서 관인이 잠복한 군사를 구타한 일은 신들이 관노를 추문하니 '생원 1인과 유학 3인이 하련대에 앉아 있다가 싸우는 소리를 듣고 사람을 시켜 잡아오라고 했는데 군사가 갑자기 뛰어들어 유생의 두건을 찢었다.'고 하니, 신들은 아뢰지 않을 수 없었습니

10) 『명종실록』, 명종 1년 6월 21일 병오조.

11) 1496~1551, 명종이 즉위하자 호판. 대사헌이 되어 윤원형·이기 등과 함께 소윤으로 대윤 윤임 제거에 가담, 위사공신 1등으로 양천군에 봉해짐. 좌참찬 겸 동지경연사를 거쳐 우찬성. 좌찬성에 올랐으나 이기 등 강경파와 대립하면서 미움을 받아 판중추부사로 좌천, 1549년 이판. 이듬해 대윤 일파의 신원을 주장하다가 유배된 민제인의 동생 제영을 당진현감으로 임명한 일로 이기의 심복인 이무강 등의 탄핵을 받아 홍원에 유배되어 죽음. 홍문관에서 무죄를 상주하자 명종이 관작을 복구시키고 영의정에 추증. 한국역대인물종합정보시스템(people.aks.ac.kr), 한국학중앙연구원.

다. 상께서 유생들 사건은 그 시말을 자세히 묻지 아니해 근거가 없는 일인 듯 하다 하시니 신들은 황공해 대죄합니다. 다만 금부나장이 유생을 체포한 것은 인정상 미안한 일이므로 신들이 감히 경솔히 하지 않는 것입니다. 대학 유생은 조종조부터 뜻만 크고 강직하다고 취급해 과오가 있더라도 모두 용서해 주었고, 유생도 이것을 믿고 곧은 기절(氣節)을 길렀습니다. 요즈음 유생을 대하는 게 이 같지 아니한 듯싶습니다."하니, 답하기를, "유생이 만약 법을 지키고 편안히 앉아 있었으면 반드시 이 같은 일은 없었을 것이다. 만일 국가가 그릇되게 귀신을 섬기고 부처를 숭상하는 일들을 저지른 것이라면 유생이 팔을 걷어부치고 두들겨 패고 몰아내더라도 국가는 도리어 수치스럽게 여겨 아무 말도 못했을 것이다. 그러나 이것은 도적을 잡으려는 군사를 유생이 결박했으니 몹시 놀라운 일이다. 이것을 용인하면 무엇을 용인하지 못하겠는가? 문죄하지 아니할 수 없으므로 추문하라고 한 것이다."하였다.[12]

그래서 또 성균관 대사성인 구수담이 사건 이튿날 출근 후 유생들의 보고를 통해 알게 된 사건의 전모를 아뢰었으나 명종은 제대로 듣지를 않았다. 사건의 실체는 밤 9시경 반수 근처에서 소고기와 쇠가죽 도둑을 잡은 군사들과 원 주인인 관인들이 얽혀서 싸우게 되었으며, 유생들이 합세해 관인으로 하여금 성역에서 함부로 큰 소리 치는 군사를 때리게 했고, 이 과정에서 한 어린 유생의 두건도 찢겼다. 이에 유생들은 군졸들이 감히 신성한 곳에서 난동을 부린다고 생각해 그중 1인을 밤새 결박해 두었다는 것이다. 유생과 관인들에게 집단폭력을 당했다는 보고를 받은 금부나장이 군사들을 보내 유생들과 관인들을 체포하였다. 성균관 대사성 구수담은 유생들이 군사를 직접 때린 일은 없고, 군사들도 성역 출입이 불가하다는 것을 잘 몰랐으니 추국을 더 이상 할 필요가 없다고 하였다.

성균관 대사성 구수담(具壽聃)[13]이 아뢰기를, "어제 소신이 사진(仕進)[14]하

---

12) 『명종실록』, 명종 1년 6월 21일 병오조.

13) 1500~1550, 조광조의 조카사위이며 제자. 1533년 경연에서 이준경과 더불어 기묘사화 때

니 동서재 유생이 와서 고하기를 '어젯밤 2경[15]에 반수 가에서 큰소리로 부르짖는 자가 있기에 물어보니 승전을 받들어 적간(摘奸)[16]하는 것이라고 했다. 믿기지 아니해 다시 물으니, 관노의 집에서 금육(禁肉)[17]을 찾아내고 이내 맞붙어 싸우는 것이었다. 그래서 유생들이 사람을 시켜 뺨을 때렸는데 그가 군사였다. 군사가 즉시 부장에게 금육을 가지고 간 관인이 도리어 떼를 지어 나를 때렸다고 보고하니, 부장이 군사를 보내 유생을 붙들고 두건을 찢었다. 그러자 생원들은 반수 안에서 난동을 부리는 것이라 생각해 군사 1명을 인가에 구류했다.'고 했습니다. 신은 그 말을 듣고 '외방군사가 어떻게 반수에 들어가는 것이 죄가 됨을 알겠는가.'하고 이관할 필요가 없다 싶어 즉시 풀어주라고 하고 물어보니 구타하지 않았다고 했습니다. 지금 유생을 추국하라고 명하셨는데 신이 이미 시말을 알고 있으니 감히 아뢰지 않을 수 없습니다."하니, 전교하기를, "경의 생각은 추국을 중지시키려는 것이나 금부당상이 이미 청했는데도 윤허하지 않았다. 국법에 크게 관계되는 일이니 추국하지 않을 수 없다. 그러나 그 정상을 알면 더러는 광동(狂童)으로 용서받을 자도 있을 것이다." 구수담이 다시 아뢰었으나 윤허하지 않았다.[18]

그런데 사건은 점점 유생들에게 불리하게 돌아가 처음에 4명이었으나 12명이 추가되어 무려 16명이나 하옥되고 말았다. 사관들이 덧붙여 기록한 말[19]을 보면 특별한 죄도 없는 성균관 유생들이 연행되는 과정에서도 목에

화를 입은 유림의 등용을 주장했다가 파직, 나세찬의 옥사에 관련되어 용천 유배. 1537년 김안로가 윤임 등에 의해 제거되자 다시 소환되어 강릉부사. 1534년 대사간이 되어 경연에서 윤임의 대윤과 윤원형의 소윤이 당파를 형성해 대립함을 지적. 1546년에 윤원형의 미움을 받아 파직. 다시 대사간·대사성을 거쳐 대사헌. 1548년 권신 이기(李芑)를 탄핵하다 갑산 유배. 을사사화 때 영의정 유관을 변호했다 해 양사의 탄핵을 받고 1550년 사사. 한국역대인물종합정보시스템(people.aks.ac.kr), 한국학중앙연구원.

14) 출근하는 일.

15) 9~11시를 말함.

16) 수사하는 일.

17) 쇠고기를 말함.

18) 『명종실록』, 명종 1년 6월 21일 병오조.

19) 『명종실록』, 명종 1년 6월 21일 병오조. 나졸들이 성균관으로 뛰어 들어와 장영 등에게 항쇄(項鎖－목에 채우는 쇠사슬)를 채우고 갖가지로 곤욕을 주니 관노들은 벌벌 떨며 넋

쇠사슬이 채워진 채 끌려가는 등 아주 참담한 모욕을 당했으며, 결국 이 일은 권세를 등에 업은 포도대장 지세방의 거짓 보고에 명종이 혹신하면서 잘못되기 시작했고, 바른 소리하는 사림과 유생들에 대한 반감을 가지고 있던 문정왕후와 그의 측근들로 인해 전부터 이곳저곳에서 억울한 일들이 계속 생겼으며, 성균관이 부당한 권력으로 인해 치욕적인 참화를 겪게 되고 말았다는 것이었다.

> 금부나장을 성균관으로 보내 생원 이장영(李長榮)[20] 등 4인과 유학 강준(姜濬) 등 12인을 붙잡아 금부에 하옥시키라고 명했다.[21]

이 나가 도망가 숨었다. 관노들이 베 30끝(端－다발)을 나졸에게 바치니 항쇄를 풀고 사이 길로 먼저 금부에 이르도록 했다. 장영 등이 옥문에 이르자 발이 모두 부르텄다. 그중에는 나이 겨우 13세 된 유학도 끼어 있었는데 이는 군졸에게 갓을 찢긴 자다. 가두고 국문하려 하자 계속 통곡하니 추관(推官－의금부 심문관)이 측은하게 여겼다. 상이 무부의 말을 혹신해 유생을 노륙(努戮－남편이나 아버지의 죄 때문에 아내나 아들까지 함께 사형에 처하는 것을 이르던 말)하고 성묘를 소요스럽게까지 했으니 통곡할 일이다. 무부가 모질고 사나운 마음을 함부로 부려 관하(管下)의 분함을 호소했으니 믿는 바가 있어서 몹시 거리낌이 없는 짓이다. 저 유생이 무슨 죄가 있기에 이런 횡액을 당하는가. 사림에게 쌓였던 분노를 이번을 계기로 큰 치욕을 준 것이니 어찌 한심하지 않은가. 정유년 이후 대소윤(大小尹)의 설이 어지럽게 그치지 않았으나 일시의 지명인사가 모두 소윤에 붙지 않고 직언해 공박했다. 지금 엄하게 살육해 사림이 거의 죽었으나 위언(危言－바른말)을 하는 자가 많았다. 이런 까닭으로 자전(慈殿－문정왕후)은 유생을 미워했는데, 이기(李芑) 등이 사주해 마음속의 분노를 그때그때 폭발시켰다. 지세방은 이기의 가신으로 그 뜻에 영합해 임금을 속여 위언 초에 이런 참덕(慙德－왕의 잘못)이 있게 했으니 통탄할 일이다. 지난번 정토사 중의 소청에 의해 내관을 보내 유생을 적간한 것이 이미 신정의 큰 누가 되었다. 지금 무식한 무관의 과중한 아룀으로 인해 16명이나 되는 많은 유생들을 쇠사슬로 묶어 양떼를 몰듯 큰 길로 끌어내 대죄를 지은 사람과 다름없이 옥에 가두었으며, 심지어 임금을 업수이 여겼다는 분부까지 있었으니, 사기가 꺾이고 군덕(君德)이 크게 훼손되었다. 환교문(圜橋門－문묘 출입문)의 성대함을 보기도 전에 나졸이 성사(聖祠－대성전)의 뜰에서 소란을 피웠으니 탄식을 금할 수 없다. 대윤과 소윤은 중종의 친인척을 가리키는 용어. 중종의 2번째 부인 장경왕후 윤씨가 죽고 3번째 왕비가 된 것은 같은 파평윤씨 출신의 문정왕후. 이로써 서열상으로 전임 왕비였던 장경왕후의 일족인 윤임, 윤여필 등을 대윤, 후임 왕비인 문정왕후의 일족인 윤지임, 윤원형, 윤원로 등을 소윤이라 칭함.

20) 1521~1589, 1546년 성균관유생으로 있으면서 성균관 주변에서 관노(館奴)와 소란을 벌이는 군졸을 구타했다가 동료유생과 함께 국법을 집행하는 군졸을 구타했다 해 하옥. 이 일은 사기를 억누르는 일이라 해 파문. 1558년 식년문과 을과급제, 함양군수를 거쳐 선공감정으로 있으면서 1586년 중시문과 장원급제. 1587년 대사간에 오르고, 1588년에 양양부사. 한국역대인물종합정보시스템(people.aks.ac.kr), 한국학중앙연구원.

21) 『명종실록』, 명종 1년 6월 21일 병오조.

3. 시비 논박

너무 부당하게 어린 유생들까지 하옥된 이 사건에 대해 유생들에게 관용을 베풀어야 한다는 상소 및 청원과 함께 명종을 비롯한 문정왕후 간의 시비 논박이 이어졌는데, 다음의 인용문 내용은 승정원에서 아뢴 것으로 명종이 사실을 정확히 모르고 한쪽의 거짓 보고를 듣고 내린 이번 처사에 대해 전에 없던 놀라움을 금할 수 없으며 국법을 무시한 것이 아니니 관용을 베풀어야 한다는 주장이다. 그러나 명종은 앞 다투어 유생들 편을 들어주는 것에 대해 도리어 온당하지 못하다고 하며 군신 상하 간의 명분을 앞세워 계속 강경한 자세를 취하고 있다.

> 정원이 아뢰기를, "관유(館儒)[22]의 일은 지금 다시 들으니, 쇠가죽을 빼앗을 때는 유생은 참으로 몰랐고 시끄럽게 싸우는 소리만 듣고 군사 1인을 붙잡아다 두어 차례 뺨을 때린 것뿐인데 군사가 맞은 것을 분하게 여겨 반수 위에 나와 앉은 유생을 보고, 이는 나를 때린 동류라고 생각해 욕을 보인 것이라고 합니다. 어제 많은 유생을 붙잡아 금부에 구속했으니, 이는 예전에 없던 일로 물정이 몹시 놀라고 있습니다. 조종조에서는 유생을 대함에 있어 항상 관용을 베풀었고 유생도 학궁을 존숭해야 하는 곳이라고 여겼습니다. 연소한 유생이 사체(事體)를 모른 것이 어찌 국법을 무시한 것입니까. 지근한 자리에 있는 신들이 물정을 들은 것이 이와 같으니 감히 아뢰지 않을 수 없습니다."하니, 답하기를, "유생의 할 도리는 마땅히 예의를 다스려 군신과 상하의 분별을 밝혀야 하는 것인데 군사를 결박해 밤이 새도록 풀어주지 않았으니 이는 임금을 업수이 여기고 국법을 무시한 것이다. 스스로 생각하기를 '조정이 알고 국가가 알고 있으니 나에게 어떻게 하겠는가.' 하면 그 뜻이 심하지 않은가. 내가 추국하라는 것은 꼭 유생을 죄주고자 하는 것이 아니라 그 명분을 알게 하려는 것뿐이다. 위에서 변정(辨正)할 틈도 없이 아래에서 오로지 유생만을 위해 다투어 아뢰니, 나는 매우 온당하지 못하다고 생각한다."하였다.[23]

---

22) 성균관 유생을 말함.

즉, 유생들은 밤에 신성한 곳에서 큰 소리를 지르며 싸우는 군졸을 두고 볼 수 없어서 관인들로 하여금 두어 차례 뺨을 때리게 한 것뿐인데, 하련대에 앉아있던 유생들이 달려온 군사들 3인에게 모욕을 당하고 유관(갓)까지 벗김을 당해 유생과 관인들이 군사 1인을 결박해둔 것이었다. 그런데 명종은 유생들이 무례하게 명을 받드는 군사를 난타하고 밤새 결박해둔 것이 왕법 즉 국법을 어긴 것이라고 하니 양측이 평행선을 달릴 수밖에 없었다. 의금부에서 조사한 내용을 토대로 명종이 다시 승정원에 하달하는 다음 인용문의 내용을 통해 명종의 생각을 알 수가 있고, 또 이 사건에 연루된 성균관 관인들은 불쌍하게도 유생들보다 훨씬 형문을 심하게 받고 있다는 것을 잘 알 수 있다.

> 금부의 공사(公事)를 정원에 내리면서 이르기를, "관노(館奴)를 형문하는 것은 아뢴 대로 하라. 유생들은 추국하지 말고 방면할 때 특별히 전교를 보이도록 하라."하였다. 비망기의 내용은, "국가가 학교를 설립하고 유도(儒道)를 중히 여기는 것은 후일 조정에서 임금을 섬기고 백성에게 혜택이 가도록 하기 위함이다. 임금을 무시하고 군신의 분별을 모르면 학교를 설립한 뜻이 어디에 있으며 이 같은 사람을 또 어떻게 쓰겠는가. 국가를 유지하는 것은 명분뿐인데 군신과 상하의 명분이 없으면 국가가 어떻게 유지되겠는가? 『예기』에 '궁문(宮門) 앞에서 말에서 내리고 노마(路馬)에 구부려 경의를 표한다.'했으니, 공경을 널리 하는 까닭이요, 『춘추』에 '제후를 억눌러 주실(周室)을 높이고 왕인(王人)이 미미하더라도 제후의 위에 놓았다.'고 한 것은 모두 군신과 상하의 명분을 엄히 한 것이다. 이번에 포도청 사람들은 패(牌)를 받아가지고 군령에 의해 복병했으니 이는 봉명인(奉命人)이다. 예의를 숭상하는 유생이 그들을 결박하고 난타까지 했으니 어찌 놀랍지 아니한가. 이는 대개 요즈음 사풍이 투미(偷靡)하고 상하의 명분이 엄하지 않은 소치이니 어찌 치우치게 너희들만을 책망하겠는가. 지금 그대로 놓아주는 것은 후일에 예의를 지키고 잘못을 고쳐 스스로 새로워지기를 바라는 것이다. 지금 이후로 만약 나의 말을 잊고 다시 이 같은 일을 범하면 마땅히 왕법을 보일 것이니 그리 알라."하였다.[24]

23) 『명종실록』, 명종 1년 6월 22일 정미조.

그래도 또 사헌부가 나서서 부당한 하옥이라고 주장하니 명종은 마음이 바뀌었는지 이미 관용을 베풀었다고 대답하였다.

헌부가 성균관 생원을 부당하게 하옥했다는 뜻으로 논계하니, 상이 이미 관용을 베풀어 석방했다고 답했다.[25]

그러나 이를 모르고 있는 성균관 생원 성수의 상소 내용은 구구절절이 유생들을 옹호하는 것이었다. 군졸들이 밤에 신성한 곳에서 관인들을 결박하고 쓰러뜨렸고, 유생들은 이유를 알고자 했는데 군졸들이 오히려 난폭하게 굴며 유생들을 폭행하고 유관을 뺏고 찢으며 밟아댔기에 그 소행을 날이 새면 형부에 고하기 위해 붙잡아두었다는 것이었다. 그런데 사실과 다르게 유생들이 쇠가죽을 뺏기 위해 떼 지어 돌멩이로 군졸들을 때렸다고 보고해 금란군이 들어올 수 없는 성역에서 유생들이 노예처럼 줄줄이 엮이어 체포되어가는 끔찍한 사변이 일어났다는 것이었다. 이에 명종은 관인들이 유생들을 믿고 명을 받드는 군졸들을 때리고 결박했으니 이처럼 참담한 국법질서문란이 어디에 있느냐며 체포구금의 당위성을 주장하였다. 그리고 신분의 상하분별이 분명해야 하고 유생들도 예법을 지키지 않고 국왕을 업신여겼기에 마땅한 벌을 준 것이라고 하며, 이제는 자비를 베풀어 석방하였다고 하였다.

성균관 생원 성수(成修) 등이 상소를 올리기를, "천문(天門)을 높이 여셨으니 회포를 아뢰지 아니할 수 없고, 사변이 이에 이르렀으니 정적(情迹)을 밝히지 않을 수 없습니다. 신들은 하늘을 이고 땅을 밟고 있으니 어찌 감히 우리 임금을 속이겠습니까. 지난날 어두워질 무렵에 포도군졸이 갑자기 성균관 안으로 뛰어 들어와 관인을 결박하고 소리치며 들이받아 쓰러뜨렸습니다. 신들은 처음에 무슨 일인지 알지 못하고 망령된 생각으로 성묘의 곁은 싸움하는 곳이 아니고 반수의 안은 쫓고 쫓기는 절박한 장소가 아니다." 해, 사람을 시켜 붙잡게

24) 『명종실록』, 명종 1년 6월 22일 정미조.
25) 『명종실록』, 명종 1년 6월 22일 정미조.

하고 그 이유를 물으려 했습니다. 그런데 의외로 더욱 난폭한 짓을 하고 싸우면서 하련대까지 이르러 갑자기 유관을 빼앗아 찢고 밟는 등 극심하게 능욕했습니다. 신들은 심한 분통을 이기지 못해 군졸 1명을 붙잡아 놓고 날이 밝기를 기다려 그의 소행을 꾸짖고 형부에 고하고자 했으니, 신들의 뜻은 감히 국법을 무시한 게 아닙니다. 대장인 자가 간졸의 호소만 듣고 시비의 실상은 캐보지 않은 채 유생이 떼를 지어 쇠가죽을 빼앗으려고 돌맹이로 장졸을 때렸다.'고 무고해, 위로는 임금을 놀라게 해 마침내는 나졸이 관문(館門)에 이르고 생도가 도망하는 일까지 생겼으니 성묘에 계신 혼령도 놀라서 불안해하시지 않으셨겠습니까? 아! 신들은 비록 변변치 못하나 유의(儒衣)를 입고 유관을 쓰고서 오래도록 성상의 덕화 속에 함육되었는데 어찌 감히 하인을 비호하려고 이런 비루하고 경망스런 일을 하겠습니까. 신들은 듣건대 반수를 설치한 것은 옛날에도 그 전례가 있었으니 관람하는 자를 절제해 감히 들어가지 못하게 하려던 것입니다. 우리 왕조에서 조종께서 성균관을 창설한 이래로 금란군이 감히 가까이하지 못하고 포도군사가 들어가지 못하게 한 것은 유생이 하인을 비호하게 하기 위함이 아니라 선성을 존경해 감히 그 사당에 가까이하지 못하게 한 것입니다.(하략)26)

연이어 또 올린 다음 상소문 내용을 보면, 포도대장 지세방이 사건에 대한 정확한 사실 확인도 없이 유생들을 모함했다는 것을 알 수 있다. 의금부로 사건이 넘겨지기 전 국왕의 명을 받지 않은 채 자기들이 성묘침입한 일을 은폐하기 위해 사건의 장소를 반촌 윗동네인 흥덕동이라고 했고, 사림을 모함한다는 죄를 피하기 위해 관인들을 성균관 근처 다른 동네 사람들인 것처럼 말했다. 결국 분풀이를 위해 성균관 유생들이 쇠가죽을 뺏으려고 돌멩이로 군졸들을 난타했다는 식으로 문정왕후에게 거짓된 보고를 한 것이었다. 그래서 명종과 문정왕후에게 한낱 무식한 무부인 지세방에게 속지 말 것을 상소하며, 속아서 부당한 명을 내려 억울하기가 짝이 없는 하옥을 유생들이 당하고 있다는 것과 이를 통해 성균관이 너무나 참담한 처지에 있다는 것을 온 백성들

26) 『명종실록』, 명종 1년 6월 22일 정미조.

이 다 안다는 것이었다.

(상략) 저 부장이란 자는 하찮은 소리(小吏)이니 참으로 수죄(數罪)할 것이 못되나 그 대장인 자는 성조의 고관으로 임금께 계달하는 모든 일은 마땅히 그 종적을 캐묻고 그 실정을 자세히 알아서 정상과 종적이 일치한 연후에 해야 합니다. 지금은 그렇지 아니해 스스로 군졸을 금즙(禁戢)[27]시키지 못해 사림에게 죄를 얻고 자기의 분을 풀려고 했으므로 전혀 실상이 없는 일을 계달해 사림을 크게 모함했으니 신들이 말씀드리겠습니다. 성묘를 범했다는 책망을 면하려고 장소를 흥덕동이라 했고, 사림을 모함한 죄를 면하려고 관 근처 사람이라고 했으며, 사림에게 분풀이를 하려고 쇠가죽을 빼앗으려 했다 하고 장졸(將卒)을 난타했다고 했으니, 스스로 꾀한 것은 지혜로우나 임금의 총명을 가리고 사림을 모한한 죄는 참으로 용서할 수 없습니다. 신들은 한 사람을 벌주어 백 사람을 장려하는 것은 왕자의 정치이니 중전(重典)[28]에 의거해 임금을 속이고 사림을 모함한 죄를 명시한 후에야 일국의 민심이 통쾌해 하고 사림의 사기가 진작될 것이라 생각합니다. 예부터 군자와 소인은 서로 대립이 되었는데 부정한 자가 바른 자를 이긴 경우가 많았습니다. 바라건대 전하는 살피소서. 그리고 신들이 포도군졸을 구류한 죄는 피할 수 없습니다. 선성을 존숭하려다 국법을 범했으니 죄 또한 큽니다. 비록 용서받지 못한다 해도 후회는 없습니다. 그러나 부목(負木－땔감노비)은 유생을 위해 심부름했을 뿐이니, 죄가 있고 없는 것은 참으로 신들에게 달렸습니다. 성조(聖朝)의 죄 없는 백성을 신들의 광간한 탓으로 해 형벌을 주고 도류(徒流)[29]까지 하는 것은 참으로 성상의 밝은 덕에 누가 되는 것이니 신들이 차마 보고만 있을 수는 없습니다. 전하께서 그 죄를 바로잡으려 하신다면 당연히 죄를 범한 자를 죄줄 것이요 무죄한 자를 죄줄 수는 없습니다. 그러므로 신들이 일제히 궐하에 모여 죄받기를 청합니다. 신들이 매우 섭섭하게 여기는 점은 전하께서 일개 무사를 믿고 수백 유생을 의심하시어

27) 어떤 사람을 물리치거나 어떤 일을 하지 못하도록 금함.
28) 엄격한 법률이나 의식으로 사형 같은 형벌을 말함.
29) 백수처럼 할 일없이 흘러 다니는 인간.

일개 무부의 말이 행해지고 수백 유생의 말은 윤허를 얻지 못한다는 것이니 신들은 강개하고 억울해 말씀드릴 바를 모르겠습니다. 바라건대 전하는 공경과 의논하시고 대간과 시종에게 하문하시고 여항 백성에게 물으시어 한 사람이라도 무사의 말이 옳고 유사(儒士)의 말이 그르다고 말하는 자가 있으면 임금을 기망한 죄로 신들을 바로잡으소서. 아, 법은 상전(常典)이 없어서 때에 따라 더하기도 덜기도 할 수 있으나 사기는 한번 꺾이면 다시 진작시킬 방법이 없습니다. 전하는 부디 그 경중을 저울질해 살펴 처리하소서. 신들은 지극히 격절하고 두려움을 이기지 못했습니다."했으나 윤허하지 않았다.[30]

명종이 성수의 상소를 보고서도 별다른 반응이 없자 사간원의 총수인 대사간 권응정까지 나서서 약식 상소를 통해 성균관 유생들이 부당하게 하옥된 것이라고 했으나 명종은 군왕의 존엄함을 내세우며 별로 달라지지를 않았다.

대사간 권응정(權應挺)[31] 등이 차자(箚子－약식상소)를 올려 성균관 유생이 부당하게 하옥되었다는 뜻을 의논드리니, 답하기를, "유생은 성묘의 중함만 알고 군상의 존엄함은 몰라도 되는가?"하였다.[32]

듣고 있던 문정왕후는 다음 인용문 내용처럼 유생들이 잘못하였다고 오히려 신하들을 설득하고 있다. 즉 자기들은 공자의 교훈대로 명분을 바로 세우려고 하는 데 간언이나 상소들의 주장은 그게 아니어서 모두 병폐라는 것이다. 명을 받드는 군졸들을 하찮은 관인들이 약탈하고 때리는가 하면 유생들이 관노의 말만 듣고 한패가 되어 관노로 하여금 군졸을 결박까지 시켰으니

30) 『명종실록』, 명종 1년 6월 23일 무신조.

31) 1498~1564, 1547년 우윤으로 재직 중, 여자임금이 정권을 잡고 이기(李芑) 등이 권력을 농단하니 나라가 망할 것을 서서 기다리는 격이라는 내용의 양재역벽서사건이 일어났다. 이기 등에 의해 봉성군 이완 · 송인수 · 이약해 · 이언적 · 노수신 · 유희춘 · 백인걸 등과 함께 사건의 배후로 지목되어 강진 유배, 다시 단천·문의 등지로 이배. 1553년에 유배에서 풀려나 고향에 갔다가 1557년에 다시 경주부윤, 그 뒤 안동부사를 거쳐 동지중추부사. 한국역대인물종합정보시스템(people.aks.ac.kr), 한국학중앙연구원.

32) 『명종실록』, 명종 1년 6월 23일 무신조.

국법을 무시하고 어긴 것은 오히려 유생들이라는 것이다.

> 자전이 아뢰기를, "경의 말이 바로 지금의 병폐에 적중한다. 옛날에 위(衛)나라 임금이 공자에게 국정을 의뢰하려 할 때 공자께서 먼저 명분부터 바루어야 한다 했는데, 오늘날에는 명분이 없어졌다. 무릇 위에서 내리는 명을 안으로 조정에서부터 밖으로 수령들에 이르기까지 전혀 봉행하지 않기 때문에 간사한 관리가 술책을 부리므로 민생의 곤궁함이 지금보다 더 심한 적이 없게 되었다. 요사이 성균관 유생의 사건에 대해 조정이 함께 논쟁하고 있지만, 명분이 어찌해 이처럼 밝지 못하단 말인가? 아무리 군졸이라 하더라도 명을 받들고 나랏일을 위임받은 신분인데, 관노가 국법을 무시하고 유생들을 빙자해 약탈하기에까지 이르렀으니, 이미 잘못된 소행이었다. 하물며 사리를 알 만한 유생이 망령되이 관노의 말을 듣고 군국(君國)의 법을 무시해 그 군졸을 밤부터 낮까지 결박해 놓았음에랴. 국가에서 선비를 양성하는 것은, 어버이에게 효도하고 임금에게 충성해 그 명분을 알도록 하기 위함이요, 한갓 글이나 읽어 녹리(祿利－녹봉)나 구하라는 데 있지 않다. 이번 유생의 사건은 다 명분을 알지 못하고 국법을 두려워하지 않은 데서 기인된 것이다. 때문에 그 법을 바루고자 했던 것인데 도리어 대장의 입계(入啓)[33]를 그르다 하니, 이는 사건을 숨겨 조정에 알리지 않으려 한 것이다. 시비가 이처럼 전도되었으니 어찌 한심스럽지 않은가.(하략)[34]

그러나 사관들이 덧붙인 내용을 보면 모든 잘못된 일들이 모두 문정왕후의 동생 윤원형(尹元衡)에서부터 비롯되었다고 하고 있다.[35]

---

33) 임금에게 상주(上奏)하는 글월을 올리거나 또는 직접 아뢰는 일을 말함.
34) 『명종실록』, 명종 1년 8월 4일 무자조.
35) 『명종실록』, 명종 1년 8월 5일 기축조.

4. 맺으며

위에서 살펴본 바와 같이 명종은 12세에 즉위(1545년)하면서부터 모후인 문정왕후가 수렴청정을 했기 때문에 사실상 정치적으로 아는 게 없었고 주관도 없었다. 그러다보니 권세가들에 휘둘려 어떤 사건이든지 제대로 된 판별이 불가능하였다. 실상 이 사건에 대해서도 문정왕후가 모든 것을 좌지우지하는 상태였다. 따라서 명종의 명령이라고 해도 실상은 문정왕후의 명령인 것이었다.

이 사건은 포도대장 지세방이 권력을 등에 업고 제멋대로 거짓되고 왜곡된 보고를 통해 성균관 유생들이 참화를 입기 시작한 것이었으며, 지세방을 두둔하고 철저히 믿고 있는 명종과 문정왕후로 인해 거의 일방적으로 성균관 유생들이 곤욕스럽기 짝이 없는 참람한 일을 겪은 것이었다.

성리학이 치도이념이었고 성균관에서는 이 유도(儒道)를 수호해야 하는 전초기지였는데 문정왕후가 불교중흥책을 펴니 사림들과 유생들은 비판할 수밖에 없었고, 기묘사화 이후 사림들의 사기가 꺾였었지만 그래도 불교에 대한 배척은 안할 수가 없었던 것이다.

결국 유교 애호가들과 불교 애호가들의 대결구도였다고 할 수 있으며, 사림들과 권세가들의 대결구도도 되었고, 유생들과 국왕과의 대결구도, 즉 신권과 왕권의 대결도 되었던 것이다. 신성한 성역을 수호하려는 세력과 때에 따라 이를 인정하지 않으려는 세력과의 싸움도 되었고, 한편으로는 정치와 종교의 대립이기도 하였다.

여하간 연산군 때에 성균관이 외형적인 참화를 많이 입었지만 명종 때에 이렇게 전례 없이 16명이나 하옥되고 심문을 받았던 사건은 그 후로는 발생되지 않았다.

제 4 장

유생들의 성범죄

1. 글머리

그동안 우리나라에서도 성범죄는 숱하게 발생하여 언제나 잘 해결되지 않는 사회문제 중의 하나가 되어 왔다. 하지만 2018년에 들어서면서부터는 본격적으로 모든 국민의 주요 관심사가 되었다. 그것은 지난 1월 29일 JTBC 8시 뉴스 룸에 서지현 검사[1])가 출연하여 10여 년 전 자신이 당한 성추행 사건의 폭로로 본격화되었다. 그래서 성범죄(성추행, 성희롱, 성폭력)에 대한 광범위한 미투(Me too)[2]) 운동과 이를 지지하는 위드유(With you)[3]) 운동으로 페미니즘(Feminism)[4]) 운동에 새롭게 관심을 갖게 된다든지, 또 다른 펜스 룰(Pence rule)[5])과 같은 문제들이 발생하고 있다. 그리하여 양성평등은커녕 또

1) 1973년 8월 13일 광주광역시 출생. 1992년 목포여고, 1996년 이화여대 법학과 졸업. 2001년 제43회 사법시험 합격, 2004년 사법연수원 33기 수료. 인천지검, 서울북부지검, 수원지검 여주지청 거쳐 현재 창원지검 통영지청 검사. 2018년 1월 29일 검찰청 전용 웹사이트인 이프로스(e-pros)에 "나는 소망합니다."라는 제목으로 2010년 서울 북부지검 근무 때 당시 법무부 검찰국장이었던 안태근에게 "장례식장에서 성추행을 당했다."라는 글을 작성한 사실이 언론보도를 통해 알려지면서 한국판 미투 운동을 불러일으킨 주인공.

2) 성폭력 생존자들이 SNS를 통해 자신의 피해 경험을 잇달아 고발한 현상. 사회에 만연한 성폭력의 심각성을 알리고 생존자 간 연대를 위해 진행됐다. 2006년 미국의 사회운동가 Tarana Burke(타라나 버크)가 제안했고, 2017년 10월 폭로된 영화감독 Harvey Weinstein(하비 와인스타인)의 성폭력 사건을 계기로 빠르게 확산, 특히 직장 등에서 비일비재하게 일어나는 권력형 성폭력에 주목하는 계기가 되었다.

3) 미투를 외치는 피해자들을 지지한다는 뜻으로 '당신과 함께 하겠다.'는 의미를 나타내며 SNS상에 해시 태그(hash tag, 문구 앞에 #를 붙임)를 달거나 이 문구가 적힌 손 사진을 올리는 방법으로 캠페인에 동참하는 것을 의미함.

4) 여성이 불평등하게 억압받고 있다고 생각하여 여성의 사회, 정치, 법률상의 지위와 역할의 신장을 주장하는 주의.

다른 여성차별적인 일들이 벌어지는 등 예기치 않은 부작용들도 만만치 않게 발생하는 어렵고도 복잡한 상황이 되어가고 있다.

이렇게 급격히 촉발된 성범죄 이슈가 현재는 정치, 경제, 사회, 문화, 교육, 군사, 체육, 예술, 종교 등 거의 모든 분야에서 예외 없이 피해자들의 폭로가 이어지고 있고, 이에 미투(Me too) 운동과 이를 지지하는 위드 유(With you) 운동도 활발하게 진행되어 가고 있다. 이미 선진국에서는 양성 평등을 지향하고 있었고 우리나라에서도 뒤늦게 따라가기 시작했지만 아직도 멀었다는 느낌이 든다.

이 21세기는 교통·통신의 발달로 사회적 이슈(issue)가 국제사회로 확산되어 그 어느 나라도 빠지지 않고 성범죄 뉴스들이 넘쳐나고 있는 형편이 되어버렸다. 심지어 동성 간의 성폭력 문제도 이제는 낯설지 않은 상황이다. 이외에도 세상에 전혀 알려지지 않고 뉴스에 나오지 않는 것들은 또한 얼마나 많이 있겠는가? 그야말로 빙산의 일각일 것이다. 정말로 참담한 현실이어서 듣기 거북한 이러한 세상의 소식을 아예 접하려 하지 않고, 그래서 TV뉴스조차도 보지 않고 살려는 사람들이 상당히 많이 생겨났다.

그렇다면 조선시대에는 과연 신분사회라고 하는 특수성이 있었다 할지라도 오늘날의 성폭력[6]과 같은 사건들이 전혀 없었을까? 『조선왕조실록』에 보면 고관대작들을 비롯하여 숱하게 일반인들의 성범죄 관련 기록들이 등장하

---

5) 처음 제안한 사람은 미국 남침례회 빌리 그레이엄(Billy Graham) 목사다. 그는 1948년 미국 캘리포니아 머데스토 집회에서 기독교 사역자가 지켜야 할 원칙인 '머데스토 선언(Modesto Manifesto)'을 발표했다. 그것은 재정적 투명, 성적 부도덕 피하기, 지역교회와의 협력, 정직한 홍보의 4가지로 구성된다. 그중 성적 부도덕과 관련한 원칙이 펜스 룰이다. 그는 성문제와 관련한 일체의 의혹을 피하기 위해 아내가 아닌 여성과 단둘이 만나거나 식사행위를 하지 않았다. 이 원칙은 '빌리 그레이엄 룰'이라 불렸으며, 이후 이를 실천하는 현 미국 부통령 Mike Pence(마이크 펜스)의 인터뷰가 알려지며 '펜스 룰'이라 불리기 시작했다. 직장생활과 같은 공적 영역에서 실천할 경우, 여성이 동등한 업무기회를 갖지 못하고 배제된다는 점에서 성차별적이란 비판이 있다.

6) 상대방이 원치 않는 성적 행위를 통해 타인에게 정신적·육체적 손상을 주는 행위. 성희롱, 성추행(강제추행), 성폭행(강간) 등 성에 관련한 범죄를 전부 아우르는 개념으로, 언어적 성희롱과 음란성 메시지, 불법촬영 등 상대방의 의사에 반해 가해지는 모든 신체적·정신적 폭력. 또한, 일상생활에서 막연히 느끼는 불안이나 공포, 행동의 제약도 넓은 의미에서 성폭력에 해당. 개인의 성적 자기결정권을 침해해 피해 당사자에게 신체적, 정신적, 성적 피해를 주는 심각한 인권문제로, 세부적인 법적 기준은 지역과 나라마다 다르다.

고 있지만, 여기서는 범위를 조선 전기의 성균관으로 좁혀서 시론적으로 고찰해보고자 한다.

2. 조선 전기의 사례들

먼저 성범죄 관련 기록이 처음으로 등장하는 다소 긴 다음 인용문의 세종 20년 8월 1일 계축조 내용을 살펴보면, 성균관 유생인 생원 최한경[7]과 정신석[8]이 문묘 제례를 앞두고 치재(致齋)[9] 중에 반수에서 목욕하다가 여종 둘을 데리고 반수를 건너가던 앳된 부인 즉 홍우명의 첩 소앙이라는 여자를 최한경이 홀랑 벗은 채로 달려가 덮쳐서 강간하려다 미수에 그쳤다는 것을 두고 조사하여 정신석은 40대 태형, 최한경은 80대의 장형으로 처벌하였다는 것이다.

문제는 정신석이 최한경의 행동을 말리지 않고 옆에서 도왔다는 것이었고, 소앙의 입자를 빼앗으며 그 여종들을 때려 쫓아서 그녀들이 도망쳐 홍여강 양반집의 남종이 급히 달려와 성균관 정록[10]의 지위를 가진 직숙관(당직)에게 고했으나 두 유생들은 소앙을 희롱한 것으로만 축소해서 소명을 하였다.

더구나 사건 처리가 쉽게 되지 못했던 이유는 소앙의 계집종 원만이가 조사과정에서 소앙을 여주인이라고 했다가 유모의 딸이라고 했다가 비첩이라

7) 생몰년 미상. 1444년 진사로 문과 병과 급제. 1452년(단종 즉위) 형조도관정랑을 거쳐 성균관직강이 되고, 1454년 기주관(記注官)이 되어 『세종실록』 수찬 참여. 이듬해 4월 호조정랑 재직 중에 몰수한 최습(崔濕)의 가산을 월권으로 나눠 지급한 일로 자자(刺字)한 후 장리안(藏吏案)에 올리고 태장에 처해야 한다고 논죄되었으나 집정인 세조의 배려로 현직을 유지하고 태장도 수속(收贖: 죄인의 속전을 거둠)함에 그침. 1455년 호조정랑으로서 원종공신 2등에 책록됨. 이듬해 기생을 간통하고 첩으로 삼은 일로 파직. 1459년 이전에 복직, 이듬해 당상관에 오르면서 사간원우사간대부에 제수. 이어 좌사간대부·첨지중추부사 역임. 1462년 충청도관찰사. 이듬해 첨지중추부사, 1464년 동지중추부사의 가함(假銜: 외교사절로 파견될 경우 임시로 한 직급 높은 관직으로 임무를 수행하던 일)을 띠고 진위진향사(陳慰進香使)인 이조참판 신후갑(愼後甲)의 부사(副使)가 되어 명나라를 다녀오고, 같은 해 이조참의로 옮겼으며, 대사성을 역임한 뒤 졸함. 『한국민족문화대백과사전』 참고.

8) 상세한 것을 알 수 없음. 『국조문과방목』에 의하면 사간원 헌납을 지냄.

9) 제관이 된 사람이 사흘 동안 몸과 마음을 깨끗이 하고 부정한 일을 멀리함.

10) 학정(정8품), 학록(정9품)을 말함.

고 하였기 때문이었다. 뿐만 아니라 피해 당사자인 소앙 자신도 자신의 신분이나 처지 때문이었는지 사헌부에 처음 고발했을 때는 강간미수라고 했다가 나중에는 희롱 당했을 뿐이라고 한 발 후퇴하여 정확한 진상조사를 어렵게 하였다.

하여간 두 유생들이 결국 처벌을 받기는 하였으나 성범죄 사건의 주모자인 최한경은 우습게도 이러한 전력이 있었음에도 불구하고, 이후의 벼슬길에서 또 다른 전과로 처벌을 받으면서도 세조의 은혜로 승승장구하여 그의 인생 말년에 가서는 성균관 대사성까지 역임하였다는 것이니, 아무리 전통시대였다고 할지라도 참으로 아이러니컬한 일이 아닐 수 없었다고 생각된다.

> 당초에 성균관 문묘에 전알(奠謁)하기 위해 치재하던 날에, 생원 최한경(崔漢卿)과 정신석(鄭臣碩)이 반수(泮水)에서 목욕하던 중, 한 앳된 부인이 편복(평상복) 차림으로 여종 둘을 거느리고 도보로 반수의 길을 건너는 것을, 한경이 홀랑 벗은 채 갑자기 뛰어나가 앳된 부인을 쓸어 잡고 희롱하며 욕보였다. 부인이 완강히 항거하고, 그의 계집종이 “우리 집 안주인이에요.”하고 크게 부르짖는 것을, 신석이 두 여종을 때려서 쫓아버리고는, 한경을 도와 힘으로 여자를 억눌렀다. 뒤이어 부인의 입자(笠－갓)를 빼앗아서 재실로 돌아왔다. 두 계집종이 집으로 달려가 이 사실을 고해 그 집에서 사내종을 시켜 와서 본즉, 부인은 이미 풀려 나왔으나, 그 썼던 입자를 잃어버렸다. 또 밤도 이미 깊었고 한경도 또한 벌써 가버렸다. 그 사내종이 즉시 성균관 직숙관(直宿官)에게 고하기를, “나는 홍여강(洪汝康)의 종입니다. 아직 출가하지 않은 여주인이 미복 차림으로 피병(避病)하여 어린 계집종을 거느리고, 장차 그 대모댁(大母宅)[11]으로 가려고 반수를 지나다가, 불의의 두 유생에게 침핍(侵逼)[12]을 당해서 옷을 벗기우고 강제로 욕을 당했습니다. 어리석고 나이 어린 계집종들은 유생에게 두들겨 맞고 쫓겨서 집으로 달려와 이 사실을 고했습니다. 그런 까닭으로 달려왔으나 미처 보지는 못했습니다. 또 유생이 입자를 빼앗아 왔으니, 이를 찾아서

11) 8촌이 넘는 할머니뻘 어르신 댁을 말함.
12) 불법적으로 쳐들어가거나 범하여 핍박하는 일을 말함.

돌려주기를 바랍니다."고 하였다. 정록(正錄)이 즉시 이를 재생(齋生)에게 물은즉, 한경·신석 두 사람이 함께 자복하기를, "우리들은 다만 희롱만 했을 뿐입니다."하는지라, 직숙관이 홍여강의 집 종을 불러서 다시 물으니, 대답하기를, "다만 겁주려고 한 말입니다. 사실은 여주인이 아니고 주인의 유모의 딸입니다."고 하는 것이었다. 정록 한 사람이 거짓 아는 척하고 말하기를, "네 주인의 유모는 본래 딸이 없는데 어찌하여 이런 소릴 하느냐."고 하니, 그 종은 다시 말을 바꿔 말하기를, "아닙니다. 바로 주인의 비첩입니다. 비첩이란 소리가 싫어서 숨긴 것입니다."고 하는 것이었다. 직숙관은 그 말이 세 번이나 변한 게 의아해서 다시 묻기를, "첩과 두 어린 계집종이 다 있느냐. 장차 대질시켜 물어보려 하는데, 네가 불러 올 수 있겠느냐."하니, 종이 말하기를, "오늘 아침에 일이 있어서 모두 문밖으로 나갔으므로 지금은 집에 없습니다."하여, 직숙관은 더욱 이를 의심했다. 이때에 이르러 이름이 여강의 아들인 우명(友明)의 첩 소앙(召央)이란 자가 사헌부에 고소했는데, 처음에는 강간미수라고 했다가, 나중에는 단지 희롱당했을 뿐이라고 해, 당시 사람들이 이를 자못 의심했던 것이다. 그러나 그 일이 사대부 집과 관련된 것이어서 아무도 감히 말하는 자가 없었는데, 이에 이르러 헌부에서 아뢰기를, "우명의 사노(私奴) 원만(元萬)이가 처음에는 여주인이라 일컫다가, 다음에는 유모의 딸이라고 일컬었고, 그 다음에는 비첩이라 일컬었습니다. 말을 세 번 뒤바꾸어서 사람들의 귀를 혹란(惑亂)[13]시켰습니다. 신석은 자신이 제향의 집사가 되어서 부인의 입자를 빼앗고 희롱했으니 그 죄는 마땅히 태형 40대를 시행해야 하오며, 한경이 소앙을 강간하고자 하여 침핍(侵逼)한 죄는 장 80대에 해당합니다."하니, 임금이 말하기를, "들리는 바로는 단지 이에만 이르지는 않았다고 한다. 다시 진상을 조사해 아뢰도록 하라."했다. 헌부에서 아뢰기를, "이번 사건은 순전히 고소한 사람의 말로써 결단할 수밖에 없으므로, 거듭거듭 조사하고 추궁해도 소앙의 말이 종시 이와 같아서 다시 그 이상의 죄상을 규핵(糾劾)[14]할 수가 없습니다."하니, 명해 한경에게 장형 80대를 시행토록 했다.[15]

---

13) 마음이 흐려져 어지러운 상태를 말함.
14) 죄를 밝히어 탄핵하는 일.

또 다음의 인용문 세종 30년 6월 5일 기미조를 보면, 민서라는 무관이 자기보다 약간 직급이 높은 문관 이영서를 자신의 기생문제로 은문이었지만 심하게 상해를 가한 사건을 들여다 볼 수 있다. 즉 정5품 이조정랑 이영서[16]가 정7품 사정(司正)[17] 민서가 관계하는 기생 소양비를 건드리는 바람에 화가 난 민서가 자기 아우인 정5품 사직(司直) 민발과 조카 민효원과 함께 셋이서 쳐들어가 이영서의 두발(頭髮)을 자르고 칼로 위협하며 지팡이 막대기로 마구 때리고 결박해 어떤 조관이 애써 말리는데도 물리치고 형조로 끌고 갔는데, 형조에서는 소양비는 가두고 부상을 입은 이영서는 석방했다.

그런데 이영서가 그냥 덮고자 했어도 민서가 분이 덜 풀려 가만히 있지를 않으므로 할 수 없이 이영서가 자기 종을 시켜 폭행죄로 민서를 고소했다. 조정에서 논란이 된 이유는 자세히 조사도 않고 민서가 임의로 조관인 이영서를 폭행했다는 것이며, 알고 보면 현행 간통범도 아니라는 것이었다. 결국 세종은 여러 신하들의 의견을 들은 뒤, 형조에 하명해 민서와 민발의 직첩(벼슬임명장)을 빼앗고 민효원까지 3인을 모두 구속해 국문하게 하였다.

그런데 문제는 근본적으로 이영서에게 있는 셈이었다. 왜냐하면 그는 습

15) 『세종실록』, 세종 20년 8월 1일 계축조. 初, 成均館 文廟奠謁致齋之日, 生員崔漢卿´ 鄭臣碩浴於泮水, 有一幼婦便服率二婢, 步過泮水路, 漢卿不衣冠, 率然出搏幼婦以戲辱, 婦堅拒, 其女奴大叫曰: "我女主也" 臣碩歐逐二婢, 乃助漢卿力制之, 仍奪婦笠, 歸于齋. 二女奴奔告其家, 其家使奴來視, 則婦已解而失其所着之笠. 又夜已深, 漢卿亦去矣. 奴卽告于館直宿官曰:"我, 洪汝康奴也. 未嫁女主微服避病, 率小婢將歸大母宅, 經由泮水, 不意爲二儒所侵逼, 脫裳强辱, 愚幼婢子爲儒所歐逐, 奔告于家, 故來而未及見也. 且儒生奪笠而來, 請推還之." 正錄卽問齋生, 漢卿´ 臣碩二人, 俱自服曰: "我等但戲弄而已" 官招洪汝康家奴問之, 答曰: "只欲恐之而已, 實非女主, 乃主之乳母女子也" 正錄一人紿曰: "汝主乳母, 本無女子, 何爲是言乎?" 奴變曰:"非也, 乃主之婢妾也. 惡其聲而諱之耳" 官疑其說之三變, 乃問曰:"妾與二小婢, 俱在乎? 將欲質問, 汝可招來" 奴曰: "今朝因事皆出門外, 今不在家" 官益疑之. 於是名爲汝康子友明妾召央者告憲府, 初以强奸未成, 後言但戲弄而已, 時人頗疑. 然事干縉紳之家, 無敢言者. 至是憲府啓曰:"友明奴元萬, 初稱女主, 次稱乳母女, 次稱婢妾, 三變其說, 惑亂人聽. 鄭臣碩身爲祭執事, 奪婦人笠以戲之, 罪當笞四十, 崔漢卿欲奸召央侵逼之, 罪杖八十" 上曰: "所聞不至於此, 更劾以啓" 憲府啓曰:"此事, 專以告者之言決之耳. 反覆覈之, 而召央之言如是, 不可更劾" 命杖漢卿八十.

16) ?~1450. 생원시에 합격하고, 1434년 알성문과 을과 3등, 집현전, 수찬으로 강희안(姜希顔)과 더불어 금은(金銀)으로 불경 제작. 병조·예조·이조정랑을 거쳐 광주목사(廣州牧使)를 지내고 퇴임. 글씨에 뛰어남.

17) 오위도총부 소속의 관원.

관이 간통 전문인지 성균관 생원시절에도 성균관 종의 처를 간통하다가 붙잡혀 머리털을 잘리는 전력이 있었다. 과거의 그 일을 잘 알고 있었던 친구관계인 병조정랑 이현로가 이영서를 찾아와 위로 겸 희롱 겸 '머리털을 자주 잘리는 걸 보니 자네 머리는 부추머리일세!'라고 놀리는 바람에 창피한 것은 알았던지 그의 얼굴이 빨개졌다는 것이다.

이조정랑(정5품) 이영서(李永瑞)가 기생 소양비(笑楊妃)가 있는 곳에 들어갔는데, 이 기생은 사정(司正) 민서(閔敍)가 관계하는 여자이다. 민서가 제 아우 사직(司直) 민발(閔發)과 조카 민효원(閔孝元)을 데리고 지팡이를 가지고 돌입해 이영서를 결박하고, 머리털을 자르고 칼로 겨누어 말하기를, "내가 네 목을 끊지 않는 것은 나의 은문(恩門)[18]인 때문이다."하고, 죽을 지경이 되도록 때리고, 옷을 빼앗고 뒷결박을 하여 몰고 형조에 이르렀다. 도중에서 한 조관(朝官)[19]이 말에서 내려 애절하게 청했으나, 민서가 말 위에서 눈을 부라리며 욕질해 사람이 감히 가까이 할 수 없었다. 형조에서 그 기생은 가두고 이영서는 석방하니, 이영서가 들것을 타고 집으로 돌아갔다. 민서가 무과를 볼 때에 이영서가 시관으로 참여했으므로 은문이라고 말한 것이다. 이튿날 이영서의 종이 형조에 고장(告狀)을 올리니, 형조에서 갖추어 아뢰었다. 임금이 승지에게 묻기를, "너희들의 들은 것은 어떠한가."하였다. 좌승지 조서안(趙瑞安) 등이 아뢰기를, "신 등이 듣기에는 이영서가 술이 취하여 중로에 소양비가 있는 곳에 들어갔었는데, 민서가 구타한 것이고, 간음하는 곳에서 잡은 것은 아닙니다."하니, 임금이 말하기를, "이영서가 과연 민서의 첩을 간통했다면 진실로 죄가 있다. 그러나 이미 두발을 잘랐으면 그만둘 것이지, 또 노상에서 뒷결박을 하고 구타하고 모욕하였으니 너무 심하지 않은가."하였다. 조서안 등이 말하기를, "이영서가 비록 민서의 첩을 간통하였다 하더라도 간음하는 현장에서 그 즉시 죽이는 것이 아니면 함부로 구타해 상하게 할 수 없는 것이고, 또 조관은 비록 큰 죄가 있어도 유사가 추핵[20]해 반드시 계문(啓聞)[21]하고서 관직을 빼앗는

18) 급제자의 시관을 말함.
19) 조정에서 일하는 신하를 말함.

뒤에야 가둘 수 있습니다. 하물며 이영서는 정조낭청(政曹郎廳)이니 민서가 어떻게 임의로 때릴 수 있겠습니까. 마땅히 통렬히 징치[22]해야 합니다."하였다. 임금이 말하기를, "민서의 세계(世系)가 어떤 민씨에게서 나왔느냐."하니, 승정원에서 아뢰기를, "의친(議親)[23]은 아닙니다."하매, 드디어 형조에 전지(傳旨)하기를, "민서와 민발의 직첩(職牒)을 빼앗고 민효원도 아울러 구속하고 국문하라."하고, 인하여 하교하기를, "이영서가 만일 죽는다면 민서의 무리는 죄가 사형에 관계되니, 마땅히 사형수의 예로 감금하라."하였다. 이영서가 처음에 덮어두고 고발하지 않고자 해, 안평대군 이용(李瑢)에게 부탁해 민서를 불러서 말하지 말 것을 청하니, 민서가 듣지 않으므로 이영서가 부득이 종을 시켜 고소한 것이다. 이영서가 처음에 생원으로 성균관 종의 처를 간통했다가 붙잡혀 머리털을 잘렸는데, 이때에 이르러 병조정랑 이현로(李賢老)가 이영서의 집에 이르러 위로하고, 인하여 희롱하기를, "자네의 머리털은 꼭 부추나물일세 그려."하니, 이영서가 부끄러워서 얼굴이 붉어졌다. 부추는 베이면 다시 나기 때문에 한 말이었다.[24]

---

20) 추궁해서 죄를 조사하는 일.

21) 문서로 아뢰는 일.

22) 징계하여 다스리는 일.

23) 의친은 팔의(八議)의 하나로 중국 당나라 때에 형벌을 감면해 주던 여덟 가지 조건 중 하나인데, 팔의는 의친(議親), 의고(議故), 의현(議賢), 의능(議能), 의공(議功), 의귀(議貴), 의근(議勤), 의빈(議賓)을 이른다.

24) 『세종실록』, 세종 30년 6월 5일 기미조. 吏曹正郎李永瑞入妓笑楊妃所寓, 妓乃司正閔叙所私者也. 叙率其弟司直發´ 姪孝元, 持杖突入, 縛永瑞斷其髮, 以刃擬之曰: "吾不斷汝頭者, 以吾恩門故也" 杖之濱死, 褫衣反接, 驅至刑曹, 道中有一朝官下馬哀請, 叙於馬上怒目叱之, 人不敢近. 刑曹囚其妓放永瑞, 永瑞舁歸于家. 叙赴武科時, 永瑞參試, 故曰恩門. 明日永瑞奴告狀刑曹, 刑曹具啓. 上問承旨曰: "爾等所聞如何?" 左承旨趙瑞安等啓曰: "臣等聞永瑞被酒, 路入笑楊妃所寓, 閔叙因而毆打耳, 非奸所捕獲也" 上曰: "永瑞果奸叙妾, 則固有罪矣. 然既斷其髮, 則可以已矣, 又於路上, 反接歐辱, 無乃已甚乎?" 瑞安等曰: "永瑞雖奸叙妾, 如非奸所登時殺死, 則不可擅自打傷, 且朝官雖有大罪, 有司推劾, 必須啓聞奪職, 然後乃囚. 況永瑞爲政曹郎廳, 叙烏得而擅杖哉! 宜當痛懲" 上曰: "叙系出何閔?" 政院啓:"非議親" 遂傳旨刑曹曰:"奪叙´ 發職牒, 并孝元禁身鞫問" 仍敎曰: "永瑞若死, 叙等罪干死刑, 宜以死囚例監禁" 永瑞初欲掩而不發, 托安平大君 瑢, 召閔叙請勿告, 叙不聽, 永瑞不得已使奴告狀. 永瑞初以生員奸成均館奴妻, 被執斷髮, 至是, 兵曹正郎李賢老到永瑞家慰之, 因戲曰:"君之髮, 正是薤菜" 永瑞慙赧. 薤菜, 剪而復生故云.

한편 세조 13년 7월 2일 을축조에 보면, 전 서학교수(종6품)였던 박윤검(朴允儉)[25]이 산직[26]에 있다가 유자광(柳子光)[27]이 상서를 올려 세조에게 출사한 것을 보고 이시애(李施愛)의 난[28] 토벌에 대한 계획 상서를 올려 가상히 여김을 받아 결국 성균관 사예가 되었다. 곡학아세하는 것도 나쁜 평판이 따르는 법인데 그에 대한 평판을 보니 경박, 조급, 간사, 탐음, 더러운 행식, 절조없음 등이 사용된 것을 보면 실로 형편없는 인물이었다. 더구나 전에 성균관에 있을 때 성균관 여종을 사통(私通)[29]해 아들을 둘이나 만든 질이 안 좋은 전력이 있었는데도 불구하고 최고 고등 교육기관인 성균관 사예(정4품)라니 도무지 말이 안 되는 벼슬 임명이기도 하였다.

> 전 서학교수 박윤검(朴允儉)이 상서하기를, (중략) 임금이 전지하기를, "박윤검의 상서 가운데 획책(畫策)[30]은 모두 쓸 만한 것이 못되나, 그러나 늙은 사람으로 글을 지은 것이 이에 이르렀으니, 또한 가상하다. 장차 서용하라."하였다. 박윤검의 사람됨이 경박하고 조급하며 간사하고 탐음하여, 일찍이 태학에 있을 때 성균관의 계집종을 몰래 사통하여 두 아들을 낳았는데, 그 더러운 행식과 절조가 없음이 이와 같았다. 또 이간(吏幹)[31]도 없었으므로 산직(散職)에

25) 박윤검은 세조 2년 식년시 정과에 급제한 후, 성균관의 낮은 직급을 거치고 종6품의 무관직 수의교위를 거쳐 서학교수를 한 것으로 보인다. 『국조문과방목』 참고.

26) 비 실직으로 이름뿐인 관직을 말함

27) 뛰어난 기개와 용력으로 세조의 총애를 받아 서얼신분의 한계를 극복하고 두 차례나 1등 공신에 책록된 인물. 세조 · 예종 · 성종 · 연산군 · 중종까지 5대에 걸쳐 출세가도를 달렸지만 사림으로부터 남이의 옥사를 고변하고 무오사화를 일으킨 희대의 간신으로 규정되어 비참한 최후를 당했고 조선왕조 내내 지탄받았다.

28) 함경도의 전형적인 토호가문 출신. 중앙통제력이 강화되자 토호세력이 점차 축소되었고 1465년 시행된 양전과 군액확장은 토호부담을 가중시켰다. 또 함경도에 파견된 수령, 군관들의 침탈로 원성을 사던 시기였다. 1467년 이시애 세력은 함경도절도사를 남도의 군사들이 도민들을 죽이려 한다고 선동하고, 중앙에서는 강효문 등이 모반을 일으키려 한다고 보고하면서 중앙파견 지방관들을 살해했다. 반란군 기세가 대단하여 관찰사 신면을 살해하고 토벌군을 격퇴하기도 했다. 내분으로 인해 이시애의 근친이나 지인 등이 정보를 제시해 관군에게 8월에 진압되었다.

29) 몰래 정을 통하는 일.

30) 계획과 책략을 합친 말임.

31) 지방 관리로서 백성을 잘 다스릴 만한 재간을 말함.

> 있은 지 여러 해가 되었는데, 이때에 이르러 유자광이 상서하여 총애를 입은 것을 보고 진취하기를 꾀하고자 하여 드디어 이 상서를 올렸던 것이다. 곧 성균관 사예에 배명되었다.[32]

성종 7년 4월 7일 경진조에 보면, 성균관의 여종 녹금이 춘기 석전제 때 음복 시간에 술에 취한 우참찬(의정부 정2품) 어유소[33]에게 공개된 장소에서 성희롱을 당한 일로 처벌을 원하는 대사헌 윤계겸의 차자(약식 상소문)가 있고,

> 사헌부 대사헌 윤계겸(尹繼謙) 등이 차자(箚子)를 올리기를, "성균관의 종 녹금(祿今)이 공초(供招; 진술)에서 일컫기를, '우참찬 어유소(魚有沼)가 본년 2월 석전제의 음복 때에 종으로 하여금 노래를 부르게 하고, 또 손을 잡고 더불어 희롱하였다.'고 하니, 신 등의 생각으로는 성균관은 예의가 있는 곳이며, 참찬은 묘당의 대신이라고 여겨지는데, 설만(褻慢)이 그러하니, 청컨대 추국하여 그 죄를 밝히소서."하니, 그대로 따랐다.[34]

---

32) 『세조실록』, 세조 13년 7월 2일 을축조. 前西學教授朴允儉上書曰: (중략) 傳曰: "允儉書中畫策, 皆不可用. 然而老而作文至此, 亦可嘉矣. 將敍用焉" 允儉爲人輕薄, 躁妄姦詐貪淫. 嘗在大學, 潛通館婢生二子, 其汚行無節類此. 且無吏幹, 置散有年. 至是, 見柳子光上書見寵, 欲媒進取, 遂上此疏. 尋拜成均司藝.

33) 1434~1489. 본관은 충주. 자는 자유. 부친은 동지중추부사 득해. 1451년 내금위에 보직, 1456년 무과 장원급제, 사복시직장 · 사헌부감찰. 1460년 야인정벌, 절충장군, 1463년 회령부사. 1467년 이시애의 난을 평정, 적개공신 1등으로 예성군에 봉해짐. 이 해 겨울 명나라가 건주좌위좌도독 동창을 처형하고 파저강 유역의 여진부락을 토벌하면서, 1만 명의 원병을 요청하자 강순·남이 등과 함께 출정해 건주위의 추장 이만주(李滿住) 부자를 죽이는 공을 세움. 그 뒤 함경북도절도사 · 영안북도병마절도사 겸 경성부사, 1471년에는 좌리공신 4등에 봉해짐. 1476년 우참찬으로 도총관을 겸임, 이듬해 병조판서, 1478년 우찬성. 1479년 명이 다시 건주위를 정벌하면서 원병을 요구하자, 서정대장이 되어 1만 명의 군사를 이끌고 만포진에 도달했으나 압록강이 얼지 않아 강을 건널 수 없었고 부상자를 염려하여 회군. 이에 명의 의심을 받을 것을 두려워한 대신들의 탄핵을 받아 강원도 양근에 유배. 그러나 성종은 그동안의 공을 인정해 이듬해 이조판서 겸 오위도총관에 임명. 1482년에 다시 영안도순찰사가 되어 야인들을 다스렸고, 판중추부사 겸 도총관을 지냄.

34) 『성종실록』, 성종 7년 4월 7일 경진조. 司憲府大司憲尹繼謙等上箚子曰: 成均館婢祿今供稱: "右參贊魚有沼, 於本年二月釋奠祭飮福時, 令婢唱歌, 且執手與戲", 臣等謂成均館禮義所在; 參贊廟堂大臣 而褻慢乃爾請推鞫, 以正其罪. 從之.

4월 18일 신묘조에 보면 중병에 걸린 어유소가 잘못을 시인하고는 있으나 그 후 저녁에 녹금의 집을 찾아갔던 일 때문에 성종이 국문하라는 하명을 내리는 내용이 있다. 또 4월 20일 계사조에 보면 죄에 비해 공이 크다 하여 어유소를 용서하는 성종에 대해, 계속 성균관에서의 범죄는 중대한 것으로 『경국대전』에도 나와 있다고 주장하며 강한 처벌을 거듭 요구하는 대사헌 윤계겸, 사간 박숭질(朴崇質), 그리고 이에 대해 동의하고 있는 영사 정인지(鄭麟趾)의 발언이 나오고 있다.

어유소는 결국 중병을 핑계 삼아 추국을 피하고 있고, 성종 역시 어유소가 무장 출신으로 북방 방어의 공신이고 현재 중병에 걸려있다며 적당히 넘어가려는 태도를 보이고 있다. 그런데도 굽히지 않고 계속 대사헌 윤계겸이 어유소의 죄를 청하는 이유는 첫째 녹금이 본래 대궐에서 놓아 보낸 여종이었으며, 어유소의 공은 작은데 분수에 넘치게 높은 우참찬의 자리에 있고, 석전 당일 근신하고 삼가야 하는데도 음란한 행위를 하였고 녹금의 미색에 취해 집에 까지 따라가서 간음하였다는 것이었다.

그래도 성종이 전혀 움직이지 않자 같은 날 대사간 최한정(崔漢禎)이 어유소의 죄를 청하고 있고, 4월 21일 갑오조에도 대사헌 윤계겸이 차자를 올려 거듭 어유소의 죄를 청하고 있으며, 4월 23일 병신조에도 대사간 최한정이 상소를 통해 같은 주장을 하였는데 성종은 역시 어유소가 취중에 한 일이라고 하며 들어주지 아니 하였다. 5월 12일 갑인조에도 부제학 손비장(孫比長)이 어유소의 일을 재론해 어유소를 파직시키기를 요구하였으나 비답하지 아니 하였고, 해를 넘겨 성종 8년 1월 13일 임자조에도 보면 성종이 어유소를 용서해 준 일을 대사간 최한정이 다시 들먹이고 있다.

명종 21년 2월 4일 병인조에는 왕족인 이염이 성균관 여종인 종합과 통정하여 낳은 딸을 왕실 족보인 선원록에 올리고 종합도 첩으로 삼았는데 그 과정이 추악하였고 위법한 일이 많았으며, 또 이에 협력한 이들이 있었으니 모두 처벌해야 한다는 사헌부의 요청이 받아들여진 일이 기록되어 있다. 즉 성균관 노비는 아주 특별한 경우를 제외하고는 타부서로 이속될 수 없고 양민이 될 수도 없는 법인데, 그 모든 절차를 위배하였으며 이 과정에서 성균관 대사성 허엽(허균의 부친)과 성균관 실무자들도, 그리고 노비문제를 관장하는 장예원(掌隷院)의 판결사 이집과 사의 안종도도 사사로운 정에 이끌려 위법을 알면서도 협력했다는 것이었다. 이염이 성균관 여종 종합과 저지른 간통도 큰 문제였는데 첩으로 삼는 방법과 거기서 낳은 딸을 선원록에 올리는 방법들도 모두 거짓되고 참람하며 망령된 짓이었다는 것이다.

헌부가 아뢰기를, "태학은 선성을 향사하고 현사를 관계하는 바이며, 예의를 서로 앞세우는 곳입니다. 그곳 노비는 조종조로부터 본관이 스스로 담당하여 부렸고 해조가 간여하지 않았으며 끝내 사부(斜付)[35]하거나 종량(從良－양민화)하는 길이 없습니다. 더구나 그곳 노비는 본시 전조의 명유 문성공 안유(安裕)가 성균관에 헌납한 것으로 지금까지 3백여 년 사이에 일찍이 관의 노비로서 그 역사를 회피하려 한 적이 없었는데, 근래에 인심이 간사하고 외람되어 본분을 지키지 않고 문득 참망(僭妄)[36]한 계책을 내 못하는 짓이 없으니, 극히 통분한 일입니다. 청릉영 이염(淸陵令李燗)이 관비 종합(從合)과 상간(相奸－통정)해 솔축(率畜)[37]하기 이전에 낳은 딸을 선원에까지 기입하였으니, 이미 외람됩니다. 그런데 또 그것도 오히려 부족해 거짓되게 상언을 올려 망령되게 맞지 않는 사례를 인용하는가 하면, 그 첩 종합을 포공(布貢)으로써 사섬시[38]에 이속시켜 솔축계획을 이루었으니 그 용심이 극히 간사합니다. 바라건대 《선원록(璿源錄)》을 개정하고 이염은 먼저 파직하고 뒤에 추고하고 종합은 포공을 물려 본관에 환속시키소서. 그때 본관의 당상(大司成 許曄) 및 색관원(色官員)[39]이, 솔축하기 전에 낳은 딸을 법에 의해 종량을 허락하지 말았어야 당연한데 사정에 끌려 잘못 따랐으니, 바라건대 추고해 치죄하소서. 또한 상언을 회계할 때 장례원 관원들(判決事 李楫과 司儀 安宗道)이, 본관노비는 사부나 종량할 수 없음을 뻔히 알면서도 사리에 의거해 방계(防啓)[40]하지 않았으니 아울

35) 고역을 회피해 타사에 이속되는 것을 말함.
36) 분수에 넘치고 망령된 상태를 이름.
37) 여종을 첩으로 삼는 일.
38) 사섬시는 저화의 제조 및 지방 노비의 공포 등에 관한 일을 맡아보던 관청.
39) 관아에서 어떤 분야의 일을 맡아보던 벼슬아치를 말함.
40) 임금에게 알리지 못하게 막는 일.

러 추고[41]해서 중죄로 다스려 후폐를 막으소서."하니, 아뢴 대로 하라고 답하였다.[42]

다음은 숙종 35년 때의 일로 성균관 식당에서 밥상 차리는 일을 임란 이후부터 오랫동안 여종들이 해왔더니 유생들이 농담을 던지거나 희롱하는 일들이 자주 있어 왔기에 모두 남종들로 교체한 일이었는데, 그동안 남녀유별 그리고 신분상하의 질서가 명백히 지켜져야 하는 성균관에서 유생들의 행태들이 얼마나 문제가 많았으면 이렇게까지 했겠나 하는 생각이 든다.

대사성 윤성준(尹星駿)이 상소하기를, "반궁의 유생들 식당은 법도가 엄정해야 하는데, 여인들이 음식을 차리고 있어 매우 설만합니다. 이미 난리 이후에 한때 임시변통으로 해온 규정이기는 하지만, 또한 성왕(聖王)들이 인도하기를 예법으로써 가르친 것에 어긋나는 일이니, 국조의 옛 법대로 모두 남자 종으로 대신하게 하기 바랍니다." 하니, 임금이 그대로 따랐다.[43]

41) 벼슬아치의 허물을 추문(推問)하여 고찰하던 일.

42) 『명종실록』, 명종 21년 2월 4일 병인조. 憲府啓曰: "《大學》乃先聖所享, 賢士所關, 而禮義相先之地也. 其奴婢, 自祖宗朝, 本館自爲區役, 而該曹不與焉. 了無斜付(窺避苦役, 移屬他司者, 謂之斜付.)從良之路也. 況其奴婢, 本係前朝名儒文成公 安裕所納於成均館者也. 至今三百有餘年, 未聞館奴婢謀逭其役者也. 近來人心奸濫, 不守本分, 輒生僭妄之計, 無所不至, 極爲痛憤. 淸陵令 㷔´ 館婢從合相奸. 其未率畜之前, 所産之女, 至錄於璿源, 已爲汎濫, 而猶爲不足, 又冒呈上言, 妄引不中之例, 其妾從合以布貢, 移屬於司贍寺, 以售其率畜之謀. 其爲用心, 姦譎極矣. 請《璿源錄》改正, 㷔先罷後推, 從合勿爲布貢, 還屬本司. 其時館堂上(大司成許曄)及色官員, 所當以未率畜前所生, 依法勿許從良, 而牽情曲從. 請推考治罪. 上言回啓時, 掌隷院官員等(判決事李楫´ 司議閔宗道)非不知館奴婢, 不可爲斜付從良, 而不能據理防啓. 請竝推考重治, 以防後弊." 答曰:"如啓".

43) 『숙종실록』 숙종 35년 3월 8일 기묘조. 大司成尹星駿上疏言:泮儒食堂, 軌度嚴正, 而女人排饌, 甚爲褻瀆. 旣是亂後一時權行之規. 且乖聖王導之以禮之敎. 請依國朝舊典, 皆令男僕代行.上從之.

3. 맺으며

지금까지 성균관 관련 성범죄들에 대해 『조선왕조실록』의 기록들을 살펴보았는데, 세종 때 2건, 세조 때 1건, 성종 때 1건(기록은 7개), 명종 때 1건 등으로 모두 조선 전기의 5건만 기록으로 나타나 있고, 그 처리에 대한 문제로 11군데에 기록이 있으며, 마지막 숙종 때의 기록은 구체적인 사건보다는 성희롱을 막기 위해 식당의 밥상 차리는 일을 여종들 대신 남종으로 바꾼 것이었다. 전통시대여서 그런지 크게 문제시 되었던 사건들만 기록되어 있다는 것을 유추해 볼 수 있다.

즉 조선 전기 성균관 관련 성범죄라고 할 수 있는 것들로서 세종 때의 사건 중 하나는 석전제를 앞두고 치재 중에 반수에서 목욕하던 성균관 유생 최한경이 반수를 건너가던 소앙이라는 부녀자를 강간하려다 미수에 그쳤는데 그 과정에서 동료 유생 정신석도 성범죄를 도와주었던 사건이었고, 다른 사건 하나는 이조정랑 이영서가 성균관 생원이었을 때 성균관 수복의 처를 간통하다 걸려서 머리털을 잘렸던 사건이었다. 또 세조 때의 사건은 아부로 성균관 사예가 된 박윤검이 과거에 급제하고 성균관에서 직급이 낮은 교관(아마도 학정?)으로 있었을 때 여종과 사통해 아들 둘을 낳았던 일이었고, 성종 때의 사건은 우참찬 어유소가 석전대제 음복 행사 중에 만취하여 성균관 여종 녹금을 희롱해 장기간 큰 문제가 되었던 사건이었다. 그리고 명종 때의 사건은 청릉영 이염이 성균관 여종 종합을 통정해 딸을 낳아 불법적으로 선원에 올리고, 또 그 종합을 위법하게 첩으로 삼았던 사건이었다.

이로써 우리는 신성한 학원이었던 도덕·윤리의 최고 고등 교육기관인 성균관에서 조차도 심심치 않게 성범죄가 일어났었다는 사실을 확인하였다. 다만 추정해보건대 조선 후기도 전기와 별반 다르지 않았을 텐데 도무지 기록을 찾을 수가 없었다는 것이 매우 아쉽다. 그리고 지금도 대학을 비롯한 거의 모든 교육기관에서 이와 유사한 일들이 계속 벌어지고 있다는 것은 좋은 전통과 바람직한 문화를 계승해야 함에도 불구하고 왜 이렇게 안 좋은 전통과 결코 바람직스럽지 않은 문화를 이 21세기에도 열심히 이어가고 있는 것인지 참으로 안타까운 일이 아닐 수 없다고 사료된다.

제 3 부

성균관에 대한 군왕의 시각

제 1 장

중종 전반기 학풍 논란

1. 글머리

조선 성균관은 명실상부한 조선왕조의 최고 교육기관이었다. 그러나 항상 이름에 걸맞게 관학 중의 최고 단계인 성균관이 부흥했던 것은 아니어서 자주 곤혹스러움을 느끼고 있다. 왜 성균관은 최고 교육기관이면서 막상 모든 면에 있어서 최고의 수준을 유지하지 못했던 것일까? 그 이유는 여러 가지라고 할 수 있을 것이다. 성균관이 처한 시대적 상황이나 국왕의 관심도, 그 외에도 과거방식 또는 성균관 유생들의 학습 분위기 등등 때문이었다.

필자가 관심을 가지고자 하는 것은 모든 것을 차치하고 오로지 성균관 유생들의 학풍에 관한 문제다. 성균관 학풍이 나빠지는 것은 유생들 탓만이 아니고 과거제도의 문제나 성균관이 처한 시대적 상황이나 그리고 무엇보다도 정파적인 문제, 또 사회 전반적인 윤리기강의 해이 문제가 더해져 나타난 것이라고 할 수 있다.

여기서는 이 점에 착안하여 그 성균관 유생들의 나빠진 학풍문제들을 둘러싸고 어떤 움직임들이 있었는가를 고찰해보는 것이다. 그런데 조선시대 전체를 살펴보는 것은 무리이고, 일단 연산군 이후의 중종 때를 그것도 중종 재위 시기의 전반부를 우선 들여다보고자 한다. 중종이 40여 년 가까운 시간을 국왕 자리에 있었는데 절반 정도인 20여 년 정도를 전반기로 보고 연구하고자 하며, 나머지 기간의 후반부는 다음 장에서 연속적으로 다루어보기로 한다.

중종은 우리가 잘 알다시피 연산군의 뒤를 이은 국왕으로 연산군이 망쳐놓은 성균관을 얼마나 회복시키고 부흥시켰는지를 파악하되 그것이 실제로 그다지 성공을 거두지 못한 것으로 보이기 때문에 왜 그런 상태가 되었는지

연관해서 주로 성균관 유생들의 학풍을 둘러싼 논란에 이 글의 초점을 맞추려는 것이다.

우선적으로 볼 것은 연산군 때의 상황이 얼마나 회복되었는지, 그리고 성균관 전체의 면학분위기는 과연 이전 상태인 정상 상황을 회복한 것인지, 그렇기 때문에 다음 장에서 중종 재위 전반기 때의 본론으로 들어가기에 앞서 먼저 살펴보고자 하는 것이다.

2. 연산군의 성균관 훼철과 중종의 회복

성종(재위 1469~1494)대까지만 하여도 부흥하며 체계적으로 정비되었던 성균관(문묘)은 연산군(재위 1494~1506) 때에 와서 엄청난 수난을 당하게 된다. 연산군은 재위 9년(1503) 11월에 성균관의 성정(聖井=우물)이 궁궐인 창덕궁과 창경궁의 담장에서 너무 가까우니 따로 옮기라고 명하여, 결국 선공감(繕工監)[1]으로 하여금 새로운 우물을 파게 하였으며, 유생들의 화장실인 뒷간 또한 창경궁 후원에서 너무 가까우니 옮겨 짓도록 명하였다.

연산군은 재위 10년(1504) 5월에 가서는 유생들이 후원에서 희첩(姬妾)들과 놀이를 즐기는 자신을 엿보자 서재(西齋) 바깥쪽에 궁궐 쪽이 보이지 않도록 방화벽을 쌓으라고 명하기도 하였으며, 성균관 유생들이 정사도 논하지 못하도록 명하였다. 그리고 마침내 7월에는 원각사(圓覺寺)에 공자의 신위를 옮겨 모시고 성균관을 철거하도록 명하였으나, 원각사는 사도(邪道=불교)가 있던 곳이라 하여 성균관 이전 계획은 일단 유보되었으며, 우선 성균관의 관원 및 유생들만 태평관(太平館)[2]으로 옮겨 거처하도록 하였다.

또한 자신의 행차 시 성균관 유생들을 동원해 모두 길에 엎드리게 하였

1) 조선시대 토목·영선·시탄의 공급을 맡던 관청.

2) 명나라 사신을 접대하기 위해 만든 국영의 객관(客館)으로 『신증동국여지승람』에 따르면, 태평관·모화관(慕華館)·동평관(東平館)·북평관(北平館) 등이 있었다. 태평관은 숭례문 안 황화방(皇華坊)에 두었으며, 모화관 역시 중국사신을 맞이하기 위해 돈의문 서북쪽에 지었다. 동평관은 일본사신을, 북평관은 야인(여진)을 접대하던 곳으로, 양국 간의 현안 문제를 처리하는 태평관은 중요한 외교적 기능을 수행했다. 『한국민족문화대백과사전』 참고.

으며, 재위 12년째에 가서는 성균관 7품 이하 관원을 파하고 6품 관원으로 겸임하게 하였다. 이런 과정에서 연산군은 결국 성균관을 기생들과 함께 자신의 유흥과 연회를 위한 놀이터로 만들어버렸다.

공자의 위판(位版)도 처음에는 태평관으로 옮겨졌다가 다시 의정부로 옮겨졌고, 이후 종학(宗學)과 장악원(掌樂院), 그리고 서학(西學)으로 차례로 옮겨져, 그 당시 사람들이 '공성(孔聖)은 죽어서도 또한 자리가 따뜻할 겨를이 없구나.'라고 이를 정도로 수난이 심하였다. 그리고 성균관의 원래 대지 또한 군신(君臣)의 연락 장소와 활터가 되어 연산군 스스로 종친 일족을 거느리고 사연(射宴)을 베푸는 등 환락의 장소로 전락되었다. 연산군 11년(1505) 1월에는 성균관 대지로 전생서동(典牲署洞)에 터를 정하고 공사를 시작하려 하였지만, 다음해 9월 2일 중종반정으로 연산군이 폐위됨으로써 성균관 이전 계획은 중단되었다.

결국 연산군의 폭정을 종식시키는 이른바 중종반정[3]으로 중종이 즉위하고 나서는 성균관과 사학(四學)을 급히 보수하고 연산군이 세운 성균관 근처의 서총대(瑞蔥臺)[4]도 철거하는 등 성균관과 주변의 옛 모습을 빠른 속도로 회복시켰다.

중종(재위 1506~1544)은 연산군에 의해 자행된 모든 비정(秕政)을 바로잡는 일에 온 힘을 기울였다. 중종 1년(1506) 10월에는 유희의 장소로 전락되었던 문묘를 수리하고 공자 이하의 위판(位版)을 봉안하도록 명하였다. 이후 동년 11월에는 명륜당과 동·서 협실, 동·서재, 정록청, 향관청 등의 수리를 속히 마치도록 명하였다. 그 후 중종 2년(1507)에는 연산군 때 도성문 밖에다 버

3) 1506년(연산군 12) 성희안(成希顔)·박원종(朴元宗) 등 이른바 훈구세력이 임사홍(任士洪)·신수근(愼守勤) 등의 궁금세력(宮禁勢力)과 결탁해 학정을 거듭하던 연산군을 폐위시킨 사건.

4) 영화당 동남쪽인 춘당대 동편에 있었다. 1505년부터 1년 이상 걸려 수만 명의 역군이 동원되어 조성되었다. 일부 공사는 완성되지 못한 채 1506년 중종반정과 함께 중지되었다. 원래는 100척 높이로 석축을 쌓아 대를 만들고 수백 명이 앉을 수 있는 화려한 돌난간을 만들며 그 아래에는 수십 길의 깊이로 못을 파고 배를 띄우려고 하였다. 또 그 옆에는 아름다운 정자를 지었다. 이곳은 본래 성종 때 한 줄기에 9개의 가지가 달린 특이한 파가 돋아나 '서총(瑞葱)'이라고 불린 곳인데, 연산군이 이를 기념하고 아울러 유흥장소로 삼기 위해 서총대를 쌓았다. 『한국민족문화대백과사전』 참고.

려졌던 묘정비(廟庭碑)[5]를 본래의 위치에 다시 세웠으며, 중종 6년(1511) 4월에는 다시 세운 비(碑)가 비에 젖고 햇볕에 쬐여 자획이 흐트러지자 비각(碑閣)을 세워 보호하도록 하였다.

그리고 같은 해 6월에는 유생들이 운집하여 문묘(성균관) 동·서재뿐만 아니라 향관청까지 가득 차게 되자 서재 북쪽에 있는 빈 터에 따로 집 한 채를 지어 선비들을 거처하게 하였다. 중종 9년(1514) 12월에는 존경각(尊經閣)에 화재가 나서 장서가 불에 타버리는 사건이 발생하였는데, 예조에서는 실화의 원인을 밝혀내고 존경각을 재건함과 동시에 도서를 수집하여 소장케 하였다. 그리고 중종 14년(1519)에는 문묘 동구에 지위 고하를 막론하고 말에서 내리라는 의미의 하마비(下馬碑)[6]를 세웠다.

중종은 연산군의 폭정 이후 성균관의 중흥을 꿈꾸며 많은 노력을 기울였다. 하지만 이러한 노력은 중종 이후 인종(재위 1545)을 거쳐 명종(재위 1545~1567)대에 이르기까지 큰 효과를 이루지 못하였다. 이것은 과거 이외의 방법으로도 관리 등용의 길이 열리게 되면서 성균관의 역할이 점차 축소되었기 때문이다. 게다가 새로운 사학(私學), 즉 학덕을 겸비한 선비들이 가르치는 서원이 출현하면서 성균관은 상대적으로 부흥하기 어렵게 되는 어려운 길을 밟게 되었다.[7]

5) 문묘의 연혁을 기록한 비석으로 대성전 뜰 동남쪽에 있고, 태종 10년에 묘정비를 세웠는데, 비문은 왕명을 받들어 변계량(卞季良)이 지었다. 중종 6년에는 비각을 세웠고, 임란 때 훼손되자 인조 4년에 다시 세웠는데, 비문은 이정귀(李廷龜), 글씨는 이홍주(李弘胄), 제액은 김상용(金尙容)이 썼다. 비석은 커다란 귀부(龜趺)가 받치고 있으며, 높이는 187㎝에 해서체로 쓰여 있다.

6) 본래 성균관 반촌(泮村) 어귀에 있었으나 현재는 이전되어 탕평비각의 왼쪽에 있다. 뒷면에는 정덕(명나라 무종황제) 14년(1519), 즉 중종 14년에 세웠다는 내용이 새겨져 있다. 大小人員過此者皆下馬; 크건 작건 즉 높은 사람이든 낮은 사람이든 이곳을 지나는 관원은 모두 말에서 내리라는 뜻으로 7품 이하는 30보, 3품 이하는 20보, 1품 이하는 10보 앞에 내려야 함.

7) 이상의 내용은 모두 성균관대학교 교사편찬위원회, 『성균관대학교 육백년사(人)』, 성균관대학교출판부, 1998, 771~777쪽에서 정리.

성균관 묘정비와 비각 및 하마비

출처: http://brunch.co.kr / http://blog.daum.net

3. 학풍 논란

먼저 중종 재위 4년의 다음과 같은 인용문의 내용들을 살펴보자. 생략한 부분에서는 절에서 불경을 훔쳐간 유생을 처벌하는 과정에서 논란을 벌이고 있는 내용인데, 중종이 말한 내용을 살펴보면 유생들이 성균관에 잘 모여들고 있지 않음을 파악할 수 있다. 그러나 왜 성균관에 유생들이 몰려들고 있지 않은지에 대한 특별한 언급이 없어서 그 이유를 아직까지 정확하게 파악할 수는 없는 상황이다.

> (상략) 상이 “근래에 유생들이 학궁에 나가지 않는다. 포도대장이 유생을 심문하니, ‘나만이 아니다. 전에도 불경을 가져간 자가 많았다.’고 했다. 그렇다면 언제 글을 읽을 것인가? 학궁에 나가 부지런히 글을 읽게 하기 위해 그렇게 전교한 것이다.”하였다.[8)]

8) 『중종실록』, 중종 4년 12월 19일 병오조.

이어서 다음의 인용문 중종 5년 때의 내용을 보면 본을 보여야 할 재상의 자제들조차도 학궁(성균관)에 있지 않다고 하며 폐단이 깊어졌음을 말하고 있다. 물론 성균관 기숙사 시설이 재상자제들이나 경화자제들에게는 자신들의 집보다도 못하고 또 단체생활과 규율에 적응하기도 힘들며 성격이 걸맞지 않은 사람들이랑 한 방을 같이 쓰며 생활한다는 것은 현실적으로 매우 어려운 일이었기 때문일 것이다. 그렇지 않아도 음서(蔭敍) 제도로 인하여 벼슬이 시험과 상관없이 주어지는 판국에 힘들게 기숙사 생활을 불편하게 참아내며 해야 할 필요가 꼭 있었겠는가?

(상략) 시독관 이빈이 아뢰기를, "옛날에는 재상 자제는 들어와 벼슬하는 자가 많지 않고 다 학궁에 유학(遊學)하여 그 학업을 닦다가, 나이가 많아지고 성취한 것은 없게 된 뒤에야 벼슬을 얻을 궁리를 했습니다. 그런데 지금은 재상자제로 학궁에 있는 자를 볼 수 없고, 겨우 총각을 면하면 이미 벼슬을 구할 생각을 합니다. 선비의 풍습이 아름답지 않음이 이에 이르렀습니다. 옛날 강귀손(姜龜孫)이 이미 사판(仕版)[9]에 올랐다가 곧 잠홀(簪笏)[10]을 버리고 글을 읽으니, 그 아비 희맹(希孟)이 가상(嘉賞)[11]했습니다. 지금은 그런 사람을 볼 수 없으나 일일이 금지할 수도 없으니, 만약 이 폐풍을 구제하고자 한다면, 이미 사판에 오른 자는 과거에 응시하는 것을 허락하지 마소서. 그렇게 한 뒤라야 이 풍습을 개혁할 수 있겠습니다." (하략)[12]

또한 재위 9년 때의 다음 인용문 내용을 보면 대사간 최숙생의 상소문을 통해 대체로 성균관과 기타 모든 학교의 유생들이 공부하는 스타일이 바람직스럽지 않게 된 이유를 조금은 알 수 있는데, 주로 암송만을 잘하면 합격이 되게끔 과거시험을 본다든지, 정시[13]나 별시를 너무 자주 시행해 은전과 요

9) 벼슬아치 명단을 말함.

10) 벼슬아치가 관(冠)에 꽂던 잠(簪)과 손에 쥐던 홀.

11) 칭찬하고 기리는 일.

12) 『중종실록』, 중종 5년 9월 26일 기묘조.

13) 알성시와 같이 문·무과만 있었고 1회시험으로 급락을 결정했다. 본래 봄·가을에 성균관

행을 자주 바란다든지 하는 것들로 인해서 시간이 많이 걸리고 깊이 있게 가르치는 스승들을 오히려 우습게 여기거나 답답하게 학교에 장기간 재학하기를 싫어하는 풍토가 만들어져 있다는 것이었다.

대사간 최숙생(崔淑生) 등이 상소해 12가지 일을 조목별로 진술하기를, "학교는 현재를 배출하는 곳이고 풍화에 관계되는 곳입니다. 근래 학자들은 스승의 가르침에 힘쓰지 않고 훈송(訓誦)만 다투어 초(抄)해서 기송(記誦)만을 도모해 요행히 과거에 합격하므로 사람들이 모두 이를 본받습니다. 궁벽한 시골과 벽지학교에 이르기까지, 비록 종지는 어둡지만 만약 구송에 능하면 그가 학업에 숙달했다고 여겨 일률적으로 이를 뽑는데, 다만 생소함과 숙달함만 비교할 뿐이고 정밀함과 추솔(麤率)[14]함은 논하지 않습니다. 이 때문에 하는 일없이 세월 보내는 무리들이 문득 과거의 학문은 편안히 앉아서도 할 수 있으니 스승에게 배울 필요가 없다고 생각해, 학궁에 있기를 싫어하고 사장을 우습게 보며, 사람마다 자신의 학문을 해 각각 자신의 의논을 세워서 소경이 지팡이로 더듬거리면서 길을 가는 형국이어서 형세가 장차 도를 잃게 되었으니 어찌 이를 구제하지 않을 수 있겠습니까? 마땅히 사유를 가려 뽑아서 그 임무를 전임시켜 오래도록 있게 하고, 자주 내신을 보내 유업(儒業)을 강고(講考)하게 하면서 이어 주과를 하사해 포상을 보이소서. 경서를 강해 선비를 뽑는 때에 이르러서도 또한 상항의 사유로 하여금 이를 주관하도록 해, 그 말하는 바가 평일에 강한 바에 맞으면 이를 뽑고 맞지 않으면 이를 내치게 하면 절로 사람들이 다투어 스승을 섬기게 되어 학문이 귀일될 것이니, 절대로 정시를 여러 번 시행해 과생들로 하여금 앞을 다투어 시세에 편승해 은전을 바라 빠른 길을 택하

유생을 전정으로 불러 시험우수자에게 전시직부하던 것인데 1583년 독자 시험으로 승격되었다. 국가의 경사가 있을 때 실시, 뒤에 토역과·충량과·탕평과 등의 명목으로 다양하게 실시, 1년에 2~3번, 1개월에 2번 보기도 했다. 촉각시와 즉일방방으로 경서 대신 표·부·책·잠·송·명·조 가운데 1과목을 보았는데 표와 부를 많이 냈다. 일정한 격식을 갖추어 써야 하는 변려체였고, 왕이나 시관이 출제했다. 당일 합격이 결정되고 상피제도도 없었기에 시관의 협잡과 응시자도 많았다. 1743년 초시와 전시로 나누고, 1759년에는 초시합격자에게 다시 3경 가운데 자신이 원하는 경서 하나를 배강하게 하는 회강을 실시했다. 1844년부터는 초시를 각 도 감영에서도 실시했다.

14) 거칠고 까불어서 찬찬하지 못하고 조심성이 없음.

는 요행의 문을 열어놓아서는 아니 됩니다. 또한 별시를 자주 설치해 과생들로 하여금 다투어 모사(模賜)만을 일삼고 근본은 버리고 말만 추구함으로써 부박하고 분경하는 습속이 자라나게 해서는 아니 됩니다.(하략)[15]

다음 재위 11년의 인용문에서도 위와 비슷한 상황을 살펴볼 수가 있는데, 즉 학교에 가서 스승에게 덕을 배우려는 사람들은 동료들로부터 비웃음을 받기 때문에 학교를 저버리고 오히려 쓸 데 없는 공론이나 일삼으며 궤변이나 벌이려는 풍습들이 만연하고 있어서 그 폐단이 앞으로 10년 후가 되면 상상하기 어려울 지경이 되어버릴 것이라고 대사간 방유령이 상소하고 있음을 살펴볼 수 있다.

대사간 방유령(方有寧) 등이 상소하였다. 그 대략에, "(중략) 학교는 모범을 보이는 자리인데, 지금 분포(粉袍－도포자락)들이 거개 학궁에 나아가 학업을 배우지는 않고 오직 근거도 없는 쓸데없는 말이나 일삼으며, 책을 끼고 스승에게 나아가 덕을 고구하는 사람은 도리어 동료들에게 비웃음을 받습니다. 대범 옛적에 현명한 선비들이 관심 두던 것을 지금은 저버리고 강론하지 않는데, 사습이 아름답지 못함은 교화의 근원이 없어졌기 때문입니다. 사람마다 제 몸만 내세우고 선비들은 제 학문만 내세우며, 힘써 궤변과 격론을 벌여 다른 사람과 달리하려고만 하는데, 그날은 그날대로 그해는 그해대로 넘기어 10년쯤 된다면, 그 폐단이 장차 어떠하겠습니까?(하략)"[16]

그러나 재위 11년 다음 인용문에서는 그 이유를 명확히 중종이 말하고 있는데, 가장 큰 이유는 역시 짐작대로 폐조의 대란, 즉 연산군 때의 일들이 유생들의 풍토를 이렇게 만들었다는 것이다.

(상략) 상이 이르기를, "요즘 학교 등의 일은 과연 예전과 같지 않다. 다만

15) 『중종실록』, 중종 9년 10월 25일 갑인조.
16) 『중종실록』, 중종 11년 4월 10일 신유조.

유생이 학궁에 드물게 나아가는데, 이는 구박할 수 없고 사유가 될 자를 가려야 하리라. 사기의 저상(沮喪)[17]이 어느 때보다도 심한 것은 아마도 폐조의 대란을 겪은 뒤에 사람마다 징계되는 바가 있기 때문에 그러하리라. 좌우는 함께 진작할 방도를 아뢰라."하였다.(하략)[18]

불과 한 달 뒤 계속 이어 중종 11년 5월 8일 무자조에서도 유생들이 몸조심을 하느라고 좀처럼 달라지지 않고 있으며 이로 인해 사습이 바뀌지를 않고 있으니, 힘들더라도 면학 분위기 조성과 풍토 쇄신을 위해 국왕이 다각도로 힘써야 한다는 것을 여러 신하들이 줄지어 아뢰고 있다. 가령 청금(교복) 착용 문제라든가 교관을 오래 재임시키는 문제를 비롯해 스승 공경의 풍토, 시험 제도의 개선 등을 말하고 있는 것이다.

또한 위 인용문에서 말한 내용들이 채 한 달도 못되어 다음 인용문에서도 유사한 주장들이 되풀이 되고 있는데, 폐조의 일로 인해 유생들의 사기 저하가 가장 큰 원인으로 꼽히고 있다. 따라서 유생들의 사기 진작에 앞서 절목이나 과조 그리고 마음공부를 하게 하되 성종 때를 본으로 삼아 사기를 진작시켜야 한다는 것이다.

(상략) "사기는 국가에 관계되는 바가 큰 것입니다. 폐조에서 거의 다 죽인 일을 겪고부터는 사기가 저상(沮喪)하였으니 만약에 진작할 방법을 생각하지 않는다면 위란을 당하더라도 누가 감히 특별히 일어서서 위란을 부지하겠습니까? 사기라는 것은 유생에게 달려 있을 뿐 아니라 삼공일지라도 역시 선비이며, 상의 한 몸으로 말하더라도 바로 사기의 종주이시니, 기풍을 고쳐서 진작하는 기미는 다 상께 달려 있습니다. 성종께서 사기를 진작하심이 지극하셨으므로 한때의 선비가 모두 서로 추양(推讓)[19]하고 격려했는데, 그 근본은 당초부터 다름 아닌 성종께서 북돋아 기르신 공에 있습니다."하였다.(하략)[20]

---

17) 기력이 꺾이어 기운을 잃음.

18) 『중종실록』, 중종 11년 5월 7일 정해조.

19) 어떤 자리에 남을 추천하고 자신은 사양함.

20) 『중종실록』, 중종 11년 6월 2일 임자조.

재위 13년(3월 25일 갑자조)에 가서는 그동안의 노력으로 유생들의 풍습이 전보다는 많이 달라졌다는 내용이 조금 보이고 있고, 15년에 가서는 결국 원점만 채우려고 한다는 다음 인용문의 내용이 보이고 있다.[21] 말하자면 학교에 많이 재학하게 하는 데까지는 어느 정도 성공했으나 그 이후를 일부 대신들이 염려하였듯이 깊이 있는 정신수양이라든지 실질적인 학문연마까지는 아니라는 것이다.

> 주강에 나아갔다. 임금이 글에 임해 이르기를, "여기에 백성을 교화시키고 풍속을 이루는 것은 반드시 학교에 의해 이루어진다는 말이 있다. 학교는 과연 중대한 일이다. 그러나 근래 학교에 대해 매우 소활(疏闊)[22]하게 하고 있으니 조정에서 유념해야 한다."하매, 시독관(侍讀官)[23] 황효헌이 아뢰기를, "지금 태학에 있는 유생들은 모두 원점의 숫자만 얻어 과거보려고 기다리기만 할 뿐, 학술을 연마해 사업을 이루려고 하는 사람은 전혀 없었습니다. 대저 인재가 성대하기로는 세종조·성종조 때가 제일이었으니, 고무 흥기시키는 데에 반드시 방법이 있었을 것입니다."하였다.[24]

재위 18년에 가서는 성균관에 유생들이 많아지기는 했는데 대다수가 지방 출신이지 한양의 재상 자제들은 찾아보기 어렵다고 다음의 인용문에서 중종은 말하고 있다. 아마도 성균관 기숙사 시설이나 기타 성균관의 시설들과 음식 수준이 고관대작들의 가정 수준만큼은 아니었기 때문일 것으로 짐작이 간다.

> "(상략) 인재를 양성하기에는 학교만한 것이 없는데, 태학에 모인 사람들이 외방의 한미한 학생만 많지, 재상의 자제들이 몇 사람이나 되는가? 휴가 받은

21) 중종 15년에 원점 30점이면 정시(庭試) 응시를 가능하게 하였다. 『성균관대학교 600년사』, 774쪽.

22) 서로 사이가 가깝지 않고 서먹서먹함. 꼼꼼하지 못하고 어설픔.

23) 경연의 종5품 관직.

24) 『중종실록』, 중종 15년 12월 1일 을유조.

문신들이 비록 독서당에 가게는 되지만 본사(本司)가 어느 새 모두 찾게 되니 어느 틈에 독서를 하겠는가? 이러므로 글 배우는 일이 점점 조종조만 같지 못하게 된다.(하략)"[25]

역시 재위 18년 가을에 가서는 학교의 기강 문제를 거론하고 있는데, 국왕과 신하 간에 있어서 약간의 시각 차이가 눈에 띈다. 동지사 김안로는 국왕이 세종과 성종 때처럼 유생들의 사기를 고무 진작시켜야 한다는 것을 계속 주장하고 있고, 상하 조정 관리들의 기강부터 바로잡아 솔선수범하여야 한다는 것이다. 이에 대해 국왕은 충분히 고무 진작시켰다고 보고 있으며 그래도 부족하면 계속 노력하겠다는 뜻을 피력하고 있다.

조강에 나아갔다. 상이 "근래 학교기강 세우는 일을 수거(修擧)하려 하지 않는 것은 아니나 학교의 일이 해이하니 염려스럽다."하매, 동지사 김안로(金安老)가 아뢰기를, "근래 학교를 수거하고 인재배양 방도가 지극하지 않은 것은 아니나, 관학유생의 독서·제술이 예전만 못하니, 이는 고무 진작하는 방도에 지극하지 못한 일이 있기 때문인 듯합니다. 문예가 말단의 기예라고는 하나 문장이 아니면 발휘할 길이 없으니, 도덕과 문장은 워낙 경시할 수 없습니다. 접때 궤격(詭激)[26]이 버릇이 되어 학문을 독실히 하지 않았으므로 그 폐단이 아직 남아 있으니, 상께서 염려하고 정성을 다해 고무 진작하셔야 합니다. 세종·성종 때에는 문을 숭상하고 학문을 일으키는 방도를 다 지성으로 했으므로 사장(詞章)·이학(理學)의 선비가 풍성히 배출되었는데, 근래에는 아주 예전만 못하니 염려스럽습니다. 사장은 이학에 근본을 두었으므로 이학이 근본이고 문장이 말단입니다. 그러나 문장이 아니면 또한 치도를 윤색할 수 없고 이것으로 교린하고 사대하니, 더욱이 폐기할 수 없습니다. (중략)"하매, 김안로가 아뢰기를, "풍속이 경박해진 지 오랬거니와, 요즈음에는 자제가 그 부형의 가르침을 따르지 않고 낭관이 당상의 말을 따르지 않습니다. 태학은 어진 선비의 관문이

25) 『중종실록』, 중종 18년 1월 21일 계해조.
26) 언행이 온당치 않고 격렬함.

며 사장이 된 자도 스스로 계칙하고 후진을 이끌어 경계하고 가르칠 텐데도 사습은 오히려 이러하니, 이것은 사장이 예전만 못하기 때문인 듯합니다. 들어가면 부형을 섬기고 나오면 어른을 섬기는 것이 사람의 떳떳한 도리인데, 지금은 오히려 폐습이 많아서 들어가면 부형을 비평하고 나오면 사장을 비평하니, 어찌 이렇게 경박한 풍습이 있겠습니까? 이는 참으로 조정기강이 서지 않은 까닭으로 말미암은 것입니다. 위에서 행하는 것을 아래에서 본뜨는 것은 그림자나 메아리보다 빠른 것이니, 사습의 변화도 조정에서 말미암는데 지금 조정의 습속 또한 아름답지 못합니다. 하관이 상관을 속이고 깔보며 낭관이 당상을 공경하지 않아서 공사에 있어서도 위를 업신여기는 것이 버릇이 되어 폐습이 매우 많으니, 사습이 아름답지 않은 것은 괴이할 것도 없습니다. 먼저 조정부터 비롯해 상하분별이 있고 상벌이 엄명한 뒤에야 기강이 서고 풍속이 변할 것입니다."(하략)[27)]

재위 20년에 가서는 다양한 이야기들이 나오고 있는데, 다음과 같은 것들이 대다수이다. 성균관 스승들이 사표가 되기 위해 힘써야 한다는 주장, 다른 부서로 차출하지 말고 성균관 교관으로 오래 재임시켜야 한다는 주장, 재상 자제들이 거관할 수 있도록 권장하거나 고무시켜야 한다는 주장, 원점만 채우려 하니 근본적인 대책을 세워야 한다는 주장 등인데 하략 부분에 나오는 사관의 평이 걸작이다. 즉 폐조의 핑계를 너무 많이들 갖다 대고 있다는 것이다. 그도 그럴 것이 시간이 20여 년이 지났는데도 불구하고 툭하면 계속 연산군 핑계를 대면 어찌 되겠는가? 물론 무너뜨리는 것은 순식간이고 다시 세우는 것은 엄청 긴 시간이 필요하다고 하는 데는 이의가 없다. 그러나 언제까지 계속 폐조 연산군 때문이라고 푸념만 하고 있을 것인가?

석강에 나아갔다. 상이 대사성 김희수(金希壽)에게 이르기를, "학교는 중대한 것인데, 지금은 숭상하고 존중하는 뜻이 조종조만 못한 듯싶으니, 사표의 소임에 있는 사람이 마땅히 마음을 써 교양해야 한다."하매, 김희수가 아뢰기를,

27) 『중종실록』, 중종 18년 9월 25일 임진조.

"신이 보건대, 반궁에 있는 사람이 매우 적었는데, 지금은 가을철이 되었으므로 더러 집안에 일이 있어 못 오는 것이고, 만일 깊은 겨울이 되면 반드시 도로 모여오리라 여깁니다. 성균관만이 아니라 사학도 그러한데, 어떻게 하면 즐거워하며 있게 되도록 하리까? 신이 요사이 성균관에다 막 훈시를 내리도록 결정해 바야흐로 부지런히 교양하도록 하려 했는데, 마침 관원이 추문(推問)받느라 사진(仕進)[28]하지 못하기 때문에 실현치 못하고 있으니, 다음 정사 때 장관을 모두 차출함이 어떠하리까?"하고, 성운(成雲)은 아뢰기를, "국가에서 사학에 원점제도를 두어 권장해도 유생들이 오히려 학궁에 있는 사람이 없고, 비록 와서 있는 사람이 있다 하더라도 단지 원점을 따기 위한 것일 뿐, 전혀 글을 읽지 않아 학업에 도움이 없습니다. 또 나이 젊은 사람은 사우를 따르며 박학한 다음에야 학업을 이룰 수 있는 것이니, 바라건대 장관들은 제관으로 차출하지 말고, 언제나 부지런히 사진해 교회하도록 함이 어떠하리까?"하니, 상이 "학교절목이 진실로 자상하고 빠짐없이 되어 있으니, 사장된 사람이 힘써 교양한다면 흥기하게 될 수 있을 것이다. 관학에 드나드는 사람들이 모두 외방선비들이고, 재상 자제들은 전혀 가지 않으니 이것이 어찌 아름다운 일이겠는가? 재상 또한 마땅히 자제들로 하여금 관학에 나아가 학업을 힘쓰게 해야 한다. 대저 이 일은 법만 가지고 하기는 어렵고 잘 고무시키기에 달렸다."하매, (중략) 김희수가 아뢰기를, "예부터 무너뜨리기는 하루도 시간이 남고, 성취하기에는 백 년도 부족했습니다. 폐조 때에 사람들이 유생이란 이름을 부끄럽게 여겨, 산대(山臺)[29] 설치의 감역관(監役官)[30]·이무관(肄務官) 같은 것도 서로 하려고 했었는데, 무너진 사습이 지금까지 회복되지 못해, 서총대 악포(惡布)[31]를 고치지 못하고

28) 벼슬아치가 정해진 시각에 근무지로 출근함.

29) 오색 비단 장막을 늘인 다락으로, 나무로 단(段)을 엮어 만든 일종의 가식무대(假飾舞臺)이다. 산대라는 명칭은 이 가식무대를 조선시대 채붕(綵棚)·산붕(山棚)·오산(鰲山) 등을 포함한 범칭으로 사용하였고, 산형(山形) 또는 산과 같이 높은 채붕을 산대라고 부른 데서 연유한 것이다.

30) 선공감의 종9품직.

31) 폐조 때 서총대를 쌓으면서 각도의 민간 장정들을 많이 징발했었는데, 이때 도청(都廳) 및 감역관들이 다투어 뜯어먹기를 숭상하므로, 장정들이 고통을 견디지 못해 머리털을 팔기도 하고 옷을 팔기도 해 그들의 요구에 제공했었다. 이때 베[布]가 척수가 짧고 거칠었으므로, 지금까지 사람들이 서총대 악포라고 부른다.

있는 것과 같습니다. 또 근자에 경솔하고 천박한 무리들이 마음을 비우고 이치를 탐구한다고 내세우며 전혀 독서하지 않고 속마음과 겉마음을 달리하므로 선비풍습이 크게 무너졌었는데, 그런 풍습이 아직도 있습니다. 소신이 사람이 모자라는 때를 이어 외람하게 장관이 되었는데, 매양 이 일을 생각하면 지극히 한심스러워집니다."했다.(하략)[32]

역시 재위 20년의 다음 인용문을 보면 성균관에 재학하는 것이 잠시 나아지는 것 같았으나 도로 주춤해지면서 예전으로 돌아가는 모양새가 되어 학교절목, 즉 일종의 교육지침으로 성균관에 재학하는 것을 강화시키려 한다는 것을 살펴볼 수 있다.

전교하였다. "유생들이 관학에 나아가지 않기 때문에 절목을 만들어 권장하도록 한 것이니, 해조로 하여금 《대전》에 있는 권장 조목도 아울러 서계하도록 하라."[33]

4. 맺으며

위에서 살펴본 바와 같이 중종은 즉위하면서부터 바로 연산군으로 인해 망가진 성균관의 외형적인 시설을 복구하는 데 우선적으로 주력하였다. 그러나 무엇이든지 금방 되는 일은 아니었다. 망가뜨리는 것은 순식간이지만 다시 본 모습으로 회복시키는 일은 생각처럼 그리 간단히 되는 일은 아니었던 것이다.

이 시설 같은 것들도 사실 금방 회복된 것은 아니었으며 꽤 시간이 지체되었는데, 재위 1년에 문묘 위판의 복귀와 명륜당 동·서재와 협실, 정록청과 향관청의 수리를, 문묘 근처에 설치된 서총대의 철거, 묘정비 설치, 재위 6년

32) 『중종실록』, 중종 20년 10월 21일 병오조.
33) 『중종실록』, 중종 20년 10월 27일 임자조.

에 가서야 묘정비각 건립, 재위 14년에 가서는 하마비를 설치하였다.

보다 큰 문제는 성균관 유생들의 사습 즉, 면학분위기라든지 학습태도라든지 스승에 대한 공경 풍토 문제라든지 하는 내적인 것들이었는데, 이것들은 시간이 많이 지났어도 좀처럼 회복되지 아니 하였다. 재위 2년에 유생들을 시험하고 4년에 유생들을 점검하고, 5년에도 점검과 원점 13점 이상이면 정시에 나가게 하고, 6년에는 정시 실시와 천거, 8년과 10년에도 시험, 13년에도 천거, 15년에도 시험 등등 많은 일들을 성균관 거재와 학풍진작을 위해 힘을 썼다. 그래서 국왕과 신하들 간에 계속 논란도 있었고 우선적인 것을 무엇으로 하느냐에 대한 관점의 차이도 있어서 중종 전반기가 다 지나가도록 연산군 이전인 성종 때처럼 원상 복구가 되지 아니 하였다는 것을 살펴보았다.

그렇게 된 이유는 성균관 유생들이 연산군 때의 일을 기억하며 몸을 사린다든지 과거제도의 문제점이라든지 성균관 재실생활이 여전히 어렵다는 점, 그리고 고관대작들의 자제들은 여전히 자기 집보다도 못한 성균관 시설의 수준 미달로 인하여 성균관에 장기간 거재하려고 하지 않는다든지 등등의 이유가 많았다. 중종이 계속 신하들의 상소로 인해 유생들의 사기진작을 위해 힘을 썼으나 획기적인 인센티브 내지는 성균관 거재와 성균관에서의 공부가 매력적이지 않았기에 일시적으로 원점문제로 인해 성균관 거재까지는 일부 성공하였으나 결국 성종 때만큼의 부흥은 어림도 없게 되었다.

제 2 장

중종 후반기 학풍 논란

1. 글머리

조선시대의 성균관은 명실상부한 조선왕조의 최고 교육기관이었다. 그렇지만 언제나 관학 중의 최고 등급인 성균관이 서원만큼 부흥했던 것은 아니어서 연구할 때마다 의아스러움을 겪고 있다. 대체 무엇 때문에 성균관은 최고 교육기관이면서 서원을 제치고 최고의 수준을 유지하지 못했던 것인가? 본 연구자의 생각으로는 성균관이 처한 시대적 상황이나 국왕의 교육관 문제, 그리고 과거제도 방식에 관련된 성균관 유생들의 학풍 때문이었다.

여기서 중점적으로 관심을 가지는 것은 오로지 성균관 유생들의 학풍문제다. 성균관 학풍이 좋아지지 않는 비단 유생들 탓만이 아니고 과거제도의 변화, 성균관이 처한 시대적인 상황, 붕당의 정파적인 문제, 또 사회 전체적인 기강의 해이가 더해져 나타난 것이다.

따라서 이 글은 그 점에 초점을 맞추어 성균관 유생들의 폐풍 문제를 둘러싸고 어떤 논의들이 있었는가를 탐색해보는 것이다. 그리하여 이번에는 중종 재위 40여 년 중 나머지 20여 년의 후반부를 상세히 파악해보려 한다.

중종은 연산군의 뒤를 이은 왕으로 폐조가 망쳐놓은 성균관을 얼마나 회복시키고 발전시켰는지를 파악하되, 그것이 실제로 그다지 성공을 거두지 못한 것으로 나타나기 때문에, 왜 그리 되었는지 관련하여 성균관 유생들의 학풍 문제에 대한 논의를 하고자 한다.

그런데 먼저 살펴볼 것들은 폐조 연산군 때에 망가진 것들이 얼마나 회복되었는지, 그리고 성균관 교육의 전반적인 면학분위기는 제 모습을 회복한 것인지 등이다. 그래서 중종 재위 후반기의 연구로 진입하기에 앞서 우선 전반기 연구의 내용들을 요약해 이해를 돕고자 한다.

2. 전반기 개요

중종 재위 전반기의 경우는 중종이 즉위하면서부터 바로 연산군으로 인해서 흐트러진 성균관의 외형을 회복하는 데 가장 먼저 힘을 쏟아 부었다. 그러나 외형적인 성균관의 시설들도 빨리 회복된 것은 아니었다. 중종 재위 1년에 문묘 위판의 복귀와 명륜당 동·서재와 협실, 정록청과 향관청의 수리, 문묘 근처에 설치된 서총대의 철거, 묘정비 재설치, 재위 6년에 묘정비각 건립, 그리고 재위 14년에 가서 하마비를 설치하였다.

유생들의 사습 즉 면학분위기 조성을 위해 재위 2년에 유생들을 시험하고, 재위 4년에 유생들을 점검하고, 재위 5년에도 점검과 원점 13점 이상이면 정시에 나아가게 하고, 재위 6년에 정시 실시와 천거, 재위 8년과 10년에 시험, 재위 13년에 천거, 재위 15년에도 시험 등등 많은 일들을 성균관 상시 거재와 학풍진작을 위해 힘썼다. 그러나 국왕과 신하들 간에 계속 논란이 있었는데, 우선적인 것을 무엇으로 하느냐에 대한 관점의 차이였다. 그러다보니 중종 전반기가 다 지나가도록 연산군 이전인 성종 때처럼 부흥이 되지는 않았다.

그렇게 된 이유는 성균관 유생들이 연산군 때의 일과 기묘사화로 인한 일들을 기억하며 몸을 사린다든지, 음서제도가 있는 과거제도의 구조적인 문제점이라든지, 성균관 재실생활의 규칙준수와 집단생활이 여전히 어렵다는 점이었고, 그 외에도 고관대작들의 자제들은 자기 집보다도 못한 성균관 기숙사 시설의 위생문제와 음식수준의 미달로 인해 성균관에 장기간 거재하려고 하지 않았다.

중종이 계속 신하들의 상소로 인해 유생들의 사기진작을 위해 힘썼으나 우유부단함으로 인해 획기적인 인센티브가 없었고, 성균관 거재와 성균관에서의 공부가 매력적이지 않았다. 물론 일시적으로 원점문제의 인센티브로 인해 성균관 거재까지는 일정 부분 성공하였으나 결국 성종 때만큼의 부흥은 어림도 없게 되었다.[1)]

---

1) 장재천, 「조선 중종 전반기 성균관 유생들의 사습 논란」, 『한국사상과 문화』 96집, 한국사상문화학회, 2019.1.31.

3. 후반기 학풍 논란

중종 후반기의 사정은 전반기에 비해 과연 어떻게 달라졌을까? 시대적 상황으로 보면 재위 21년에는 평안도와 황해도를 제외하고 전국에 열병 만연, 22년에는 동궁에 작서(灼鼠)의 변[2]과 경기도와 황해도 및 평안도에 심한 가뭄, 23년에는 8도에 금주령 선포, 25년에 장예원 화재, 28년에 영남과 호남 및 충청도에 흉년, 29년에 경상도에 전염병 유행, 30년에 의정부가 화재로 전소, 경상도에 홍수 피해, 32년에 윤원로와 윤원형의 귀양, 김안로 사사, 33년에 성주사고가 화재로 전소, 36년에 진휼청 설치, 38년에 동궁의 화재 발생 등등 굵직한 사고 사건들이 많이 일어나 평안한 때가 별로 없었던 것으로 여겨진다.

성균관과 관련한 일들로서는 중종 재위 21년(1526)에 성균관 하재 유생들이 익명서로 상재 유생들을 헐뜯은 사건이 일어나 예조 및 성균관 당상으로 하여금 추궁하도록 명한 일, 재위 23년에는 피봉을 베어버리고 시권(試券)을 낸 사건에 대한 추고(推考),[3] 성균관에 경상(卿相)을 조롱하는 방이 붙은 사건, 재위 24년에는 인정전에서 시험, 29년에는 대사례, 30년에는 작헌례와 시장(柴場) 하사, 31년에는 당상에게 과일 하사, 중종이 직접 문제 출제, 32년에는 알성(謁聖), 33년에는 작헌례와 명륜당에서 전문시험, 그리고 선정전에서 강경시험, 34년에는 봉은사와 봉선사 철거문제로 성균관 유생들이 공관(空館) 단행, 36년에는 성균관에 거둥해 상전(賞典) 시행, 37년에는 경강(經講) 벌령(罰令) 완화, 38년에는 유생들이 계심잠(戒心箴)을 짓게 하기도 하였다.[4]

다음 인용문에서 보면, 학관들도 전반적으로 나태하졌고 또 유생들도 간사해져 시험 부정을 잘 저지르므로 사제 간의 도리가 없어지고 온갖 폐습만이 팽창해 문제가 많아졌음을 깨닫고 이러한 학교현실을 한탄하는 상황임을

---

2) 조선 중종 22년(1527)에 쥐를 잡아 세자를 저주한 사건. 김안로(金安老)의 아들인 김희(金禧)가 저지른 일이었으나, 경빈 박씨와 그의 소생인 복성군이 범인으로 지목되어 사사되었다.

3) 벼슬아치의 허물을 추문(推問)하여 고찰하던 일.

4) 성균관대학교 교사편찬위원회, 『성균관대학교 육백년사(천)』, 성균관대학교 출판부, 1998.

파악할 수 있다. 그래서 해결책으로 내세우는 것들이 선악을 가리고 표창과 권장을 통해 사제 간의 도리를 확립하며, 유능한 학관들은 다른 데로 전직시키지 말고 학교에 오래 재직할 수 있게 하자는 의견들이 국왕에게 진달되고 있음을 볼 수 있다.

> 조강에 나아갔다. 상이 글에 임해 이르기를, "옛적에는 대사악이 성균하는 방법을 맡아 국학 육성의 정사를 했는데, 지금은 학관들이 학교를 비우고 전혀 교회(敎誨)하지 않는다. 전일 적간(摘奸)할 적에도 학관들이 많이 자리에 없었으니 이들은 진실로 추고해야 한다. 요사이 선비들의 풍습이 아름답지 않아 간사한 짓이 많은데, 전일의 정시 때는 시권 1장이 피봉의 성명 쓴 데를 베어버리고 다시 빈 종이만 봉해 입격되지 못하도록 한 것이 있었다. 이는 선비들의 풍습과 큰 관계가 있는 것으로 이런 일은 이전에는 들어보지 못하던 것이다." 하매, 동지사 예판 허굉(許宏)[5]이 아뢰기를, "어제 전교를 받고서, 이미 유생들을 예조에 모이도록 해 추고하려고 합니다."하니, 상이 "다시 두 시권을 놓고 보건대 본지와 피봉이 똑같으니, 이는 반드시 그 자신이 성명을 쓰지 않은 것이어서 간사할 것이 없는 듯하고, 삼하(三下) 1건은 피봉이 잘려 짧아졌고 다시 근봉(謹封)이라고 썼으니, 이는 반드시 딴사람의 소위일 것이므로 추고한다면 찾아낼 수 있을 것이다."하매, 영사 정광필(鄭光弼)[6]이 아뢰기를, "사학유생

5) 1471~1529, 1492년 사마시 합격, 1503년 별시문과 병과급제, 검열, 정자 · 지평, 이조정랑 · 사인 · 사간 · 직제학, 동부승지, 전라도관찰사, 대사간, 대사헌, 평안 · 경기 · 함경도 관찰사, 1520년 함경도관찰사 재직 시 조윤손(曺潤孫)이 여연 · 무창에 잠입한 야인정벌 때에 그를 도와 큰 공을 세웠다. 그해에 예조판서로 승직, 1528년 우찬성이 되었다. 한국학중앙연구회, 『한국민족문화대백과사전』, 한국정신문화연구원, 1991을 참고로 하여 요약.

6) 1462~1538, 1506년 중종반정 후 부제학에 오른 뒤 이조참판 · 예조판서 · 대제학, 우참찬, 전라도도순찰사, 삼포왜란 수습, 병조판서. 1512년 함경도관찰사, 기민구제. 우의정 · 좌의정, 1516년 영의정. 1519년 기묘사화 때 조광조를 구하려다 영중추부사로 좌천, 1527년 다시 영의정에 올랐다. 1515년 장경왕후가 죽고 중종의 총애를 받던 후궁이 자기의 소생을 끼고 왕비의 자리에 오르려 하자, 홍문관 동료들을 이끌고 경전을 인용, 극간해 새로이 왕비를 맞아들이게 하였다. 1519년 중종이 사정전에 들러 천재(天災)의 원인이 될 만한 정치의 잘못을 물었을 때 한충이 비루한 재상이라고 탄핵하자, 신용개가 선비가 대신을 면대해 배척하는 풍토는 근절해야 한다며 한충의 논죄를 주장. 오히려 젊은 사람들이 바른말하는 풍조를 꺾어 억제하는 것은 옳지 못하다 하여 재상의 넓은 도량을 보이기도 하였다. 한국학중앙연구회, 『한국민족문화대백과사전』, 한국정신문화연구원, 1991 참고.

들은 모두 인재가 성취된 사람들이 아니어서 구두를 강습하는 학업을 할 뿐이니, 비록 덕망이 없는 사람이라 해도 서사(書史)에만 정밀하고 익숙한 사람이라면 모두 가르칠 수 있을 것입니다. 지금 사학의 전적(典籍)이 빈 데가 많은데 실직(失職)한 사람이 또한 많이 있으니, 차임(差任)해 보충해야 합니다. 안수량(安秀良) 같은 이는 비록 경학에 정명하다고 할 수는 없어도 현재로 봐서는 또한 대등한 사람이 적으므로 사장을 삼아 후학을 가르치게 해야 하는데, 지금 외방관원이 되었습니다. 개성부 경력(經歷)과 같은 직은 비록 안수량이 아니더라도 누군들 할 수 없겠습니까? 또 윤탁(尹倬)[7]과 같은 사람은 외방 소임을 맡길 수 없습니다." 【윤탁이 대사성이 되어 게으름 없이 가르치다가 뒤에 개성유수가 되었었는데, 조정이 외방소임으로 있게 해서는 안 된다고 하므로 다시 성균관 동지로 삼았다.】 하고, (중략) 시강관 원계채(元繼蔡)는 아뢰었다. "요사이 사제 간의 도리가 폐해지고 여염(閭閻－동네)에 교회하는 자가 없으므로 아이들이 학업을 강습하는 풍습이 없어지고 점점 폐습만 생깁니다. 비록 반궁유생이라 하더라도 학업을 강습하지 않아, 어려서는 배우지 않고 자라서는 스승 섬기기를 부끄러워합니다. 선비들 풍습이 교만하고 건방짐이 이처럼 극에 이르렀으니, 권장하는 방도를 반드시 위에서 거행해야 합니다. 선비들 풍습을 고치는 데 어찌 딴 도리가 있겠습니까? 진실로 선악을 잘 가려 표창해 나머지 사람들이 권장되게 한다면, 폐습이 자연히 고쳐져 사제 간의 도리가 다시 행해질 것입니다."[8]

그리고 또 다음의 인용문 내용을 살펴보면, 유생들이 청금(교복)을 입지 않고 말을 타고 성균관까지 들어와서야 환복을 하는 폐습이 만연하고 있고,

7) 1472~1534, 1501년 식년문과에 병과로 급제해 사관(史官)을 거쳐 전적이 되었으나, 1504년 갑자사화 때 삭녕에 유배. 1506년 중종반정으로 다시 등용되어 사성·대사성·동지성균관사를 역임, 1519년 기묘사화로 다시 파직. 1525년 대사성을 거쳐 1527년 동지중추부사를 역임한 뒤 한성부좌윤이 되었다. 그 뒤 1531년 성균관동지사를 거쳐 1534년 개성부유수를 역임. 학문이 높아 조광조 등 여러 대신들에게 도학을 가르쳤고, 송인수·이황 등이 윤탁의 강수(講授)를 받았다. 홍섬·원혼 등 같은 벼슬에 있던 자들로부터 예우를 받았다. 한국학중앙연구회, 『한국민족문화대백과사전』, 한국정신문화연구원, 1991 참고.

8) 『중종실록』, 중종 23년 5월 28일 무술조.

글을 읽는 소리가 들리지 아니하며, 별시를 전에 비해 자주 보아도 쓸 만한 인재가 없고, 온돌이나 도배를 통해 기숙사 시설 수준을 높였는데도 오히려 전보다 열정이 없고 실속이 전혀 없다는 심한 우려를 표하고 있다. 말하자면 좀처럼 유생들의 학습 분위기 반전이 이루어지고 있지 않다는 것을 파악할 수가 있는 것이다.

(상략) 지사 홍숙(洪淑)[9]이 아뢰기를, "학교의 일을 상께서 이처럼 유념하시고 조정도 뜻을 다하지 않는 것은 아니나, 쇠퇴해 가는 폐단이 지금보다 심할 때가 없습니다. 부득이 관중에서 원점해야 할 생원·진사는 왕래할 때에 다들 직령(直領)[10]을 입고 말 타고 반궁까지 들어와 두건을 쓰고 단령(團領)[11]으로 갈아입는데 이는 예전에 없던 폐습입니다. 예전에는 동·서재에서 글 읽는 소리가 밤새도록 들렸는데 이제는 전혀 글을 읽지 않는다 합니다. 상께서 이처럼 지극하게 유념하시는데 습속은 이처럼 퇴폐했으니 신은 어찌해 그렇게 되었는지 모르겠습니다. 국가에서 '인재는 과거를 거쳐서 나온다.'고 생각하므로 3년에 한 번 대비(大比－식년시)하고 또 해마다 별시하니 인재를 뽑는 길이 조종조에 비해 오히려 잦습니다. 그러나 그 인재를 쓸 즈음에 잘못하는 일이 많이 있어서 쓸 만한 사람이 아주 없으므로 뭇 관원은 다 구차하게 그 자리를 채울 뿐이고 홍문관·대간으로 말하면 주의(注擬)[12]할 사람이 전혀 없으니 신은 어찌해야 할는지 몰라서 사람을 쓸 즈음에 매우 어려움을 느낍니다. 또 전에는 한 번 장령·지평이 되었으면 이미 대간을 지냈다 해 다시 주의하지 않았으나

9) 1472~1504, 중종반정에 가담, 좌승지로 이과(李顆)의 옥사를 다스리는 데 공을 세워 추성정난공신 3등에 책록, 당원군에 봉해졌다. 1508년 호조참판을 거쳐, 대사헌·경기도관찰사·우참찬을 지낸 뒤 1517년 지중추부사·한성부판윤이 되고, 이어 형조판서로서 조광조 등을 심문한 뒤 국가를 위하는 그들의 절의정신을 오히려 높여야 한다고 왕에게 보고했다. 이듬해 예조판서, 좌찬성에 올랐으나 이해 김안로 일당이 날조한 작서지변(灼鼠之變)에 연루, 삭직된 뒤 과천으로 추방되었다가 1538년 복관. 전고(典故)에 밝아 정치를 함에 대체를 잃지 않았고, 몸가짐에 있어서도 엄정하면서 관후, 특히 효성이 돈독했음. 한국학중앙연구회, 『한국민족문화대백과사전』, 한국정신문화연구원, 1991 참고.

10) 깃이 곧은 옷.

11) 깃이 둥근 옷.

12) 관리를 임명할 때 문관은 이조에서 무관은 병조에서 후보자를 전형하여 왕에게 천거하는 일.

이제는 대간이 된 자가 서로 체대(遞代)[13]되니 이것은 인재가 부족하기 때문입니다. 학교의 일은 관계되는 바가 중대하니 매우 염려됩니다."하고, (중략) 집의 오결(吳潔)이 아뢰기를, "신이 거관하던 때는 최응현(崔應賢)·반우형(潘祐亨)·김경조(金敬祖)가 동지사가 되어 대사성과 함께 학궁에 상사(常仕)하여 강고(講鼓) 뒤에는 가르치는 데에 전념했는데 그때 최응현은 80세인데도 가르치는 것을 게을리하지 않았습니다. 그때 국가가 유생을 대우하는 것이 어찌 오늘날만 하였겠습니까? 방에는 온돌이 없고 벽에는 도배를 하지 않았었는데도 유생이 당(堂)에 차서 청강했습니다. 그 뒤에 유숭조(柳崇祖)[14]가 대사성이 되어 비로소 온돌을 만들고 벽을 발랐거니와 국가에서 유생을 대우하는 것이 지극하다고 할 만한데, 유생이 다 거관하기를 즐기지 않고 청강도 하지 않으니 매우 괴이합니다. 또 지금은 대사성만이 상사하고 동지사는 다 사진(仕進)하지 않고 유생도 청강에 부지런하지 않으니, 학문에 연구가 있는 자를 동지사로 삼아서 상사시키면 되겠습니다."하고, 헌납 김탁(金鐸)이 아뢰기를, "신이 외방에 있으면서 보니, 향교의 폐단이 더욱 심해 교관이 전혀 가르치지 않고 유생이 된 자도 구차히 군역만을 면하려 하니, 이름은 있으나 실속이 없는 것이 이보다 심할 수 없습니다."(하략)[15]

그리고 다음 인용문에서는 성균관 학풍을 진작시키는 방법으로 대사성 윤탁이 제시하고 있는 것들이 있다. 그는 상관 즉 지사, 동지사, 대사성 등이 열심히 솔선수범해서 가르치면 그 아래로 하관들이 따라서 열심히 가르치게 되어 있으므로 성균관 유생들의 면학풍조가 분명히 달라질 것이라고 하는 다소 원론적이며 낭만적인 기대를 하고 있다. 결국 그는 사장(師長)들의 자세가

13) 번갈아 함.

14) 1452~1512, 1504년 국왕의 어지러운 정치를 직간하다가 미움을 사서 원주로 유배. 그 뒤 중종반정으로 복직, 네 자급을 뛰어 판결사에 등용, 공조참의로 옮겨져 삼공들의 주청으로 경연관 겸임. 성균관대사성·동지중추부사가 되어 성리학의 학통을 새롭게 젊은 문신들에게 전수. 황해도관찰사에 임명되었으나, 사장(師長)의 자리를 유숭조가 아니면 지킬 사람이 없다는 삼공들의 의견이 수용돼 재임. 18년 동안의 벼슬길을 거의 성균관에서 보내면서 조광조 등 신진유림을 다수 배출시켰으며, 성리학의 학풍을 크게 북돋우었다. 한국학중앙연구회, 『한국민족문화대백과사전』, 한국정신문화연구원, 1991 참고.

15) 『중종실록』, 중종 23년 10월 28일 병인조. 중종 24년 5월 28일 임술조 등.

매우 중요함을 말하고 있는 것이다.

(상략) 상이 윤탁(尹倬)을 돌아보고 이르기를, 【윤탁은 성균 동지이다.】 "학교의 사표는 으레 가려서 차출해야 마땅하다. 성균관 동지나 대사성 같은 사람이 부지런히 사진(仕進)해 가르치면, 그 하관(下官)이 된 자도 부지런히 가르칠 것이다."하매, 심언광이 아뢰기를, "신이 외방향교를 보니, 유생이 모이지 않고 훈도(종9품)도 가르치지 않으며 다들 수유(受由)를 칭탁해 많이 임소(任所)를 버리고 집에 돌아가는데, 관찰사도 단속하지 못합니다. 대개 허다한 훈도를 죄다 가려서 보낼 수 없더라도, 방백이 된 자가 본디 단속해야 합니다. 또 훈도도 국가의 벼슬인데, 신이 전에 강원도에서 보니 흡곡의 훈도를 지난 정이월 사이에 하등(下等)이나 개만(箇滿－임기만료)한 일이 없는데 까닭 없이 갈고 다른 사람으로 갈음했습니다. 훈도가 작은 관원이기는 하나 이처럼 까닭 없이 체대(遞代)[16]할 수 없는 것인데, 무엇 때문이었는지 모르겠습니다."하니, 상이 이르기를, "훈도가 임소를 버리고 떠나거나 새로 제수된 자가 곧 임소에 가지 않으면 체대하는 것이 규례이나, 작은 관원일지라도 이처럼 까닭 없이 체대할 수 없으니 이 일은 추찰해야 할 것이다. 대저 사장이 부지런히 가르쳐야 학교의 일이 허술하게 되지 않을 것이다."하매, 윤탁이 아뢰기를, "신이 학궁에 오래 있으면서 보았습니다마는, 유생이 반궁에 와서 모이는 것이 전과 무엇이 다르겠으면, 학관이 된 자로서 누가 가르치려 하지 않겠습니까마는, 예전 버릇【기묘년의 일】이 아직 없어지지 못했으므로, 수업을 좋아하지 않았는데, 이제는 사장에게서 수업하는 자가 조금 있으니, 이제 또 특별히 사유를 가려서 가르치는 벼슬을 맡기면 아마도 학업을 즐길 것입니다."하니, 상이 이르기를, "학교의 일은 특별히 다른 조건을 세울 수 없거니와, 다만 사장이 된 자에게 달려 있으니 전력해 가르칠 따름이다."하매, 윤탁이 아뢰었다. "상께서 권면하시는 도리에 다시 무엇을 더하겠습니까마는, 유생의 예전 버릇을 갑자기 바꿀 수 없으므로 요즈음 학업을 좋아하지 않는 것입니다."[17]

16) 순차적으로 교대함.

17) 『중종실록』, 중종 23년 11월 4일 임인조.

그리고 다음 인용문에서도 보면, 한결같이 국왕이 유생들의 잘못된 폐습으로써 학문에 정진해야 할 나이에 요행이나 부정한 방법으로 벼슬부터 하려는 일들을 바로 잡아야 한다고 말하고 있는데, 이에 대해 중종이 동의는 하고 있으나 신하들도 폐습을 바로 잡기 위해 과거시험에서든 등용하는 단계에서든 많이 신경을 써야 한다고 당부하고 있는 것을 볼 수 있다. 이로써 보면 현실 인식을 아직도 국왕이나 대신들이 너무 안이한 자세로 보고 있는 것이 아닌가 하는 생각이 든다.

> 조강에 나아갔다. 검토관 김홍윤(金弘胤)이 임문(臨文)하여 아뢰기를, "이것은 정이가 신종에게 고한 말입니다. 옛사람이 15세에 태학에 들어가고 40세에 강사(强仕)한 것은, 그 사이 25년 동안에 학업이 성취된 뒤에 비로소 사진(仕進)하면 자기에게 얻은 것이 많아서 적용할 재주가 있기 때문이며 인재도 이 때문에 많았습니다. 그런데 지금의 선비는 학문에 뜻을 둘 나이에 먼저 작록에 구차한 마음을 가지므로 경적을 연구하는 데에 뜻을 도타이하는 사람을 볼 수 없으며, 이 때문에 사습이 점점 비루하게 됩니다. 이 폐단이 이미 이루어졌으니 상께서 바로잡을 방법에 유념하셔야 합니다."하니, 상이 이르기를, "아뢴 바가 과연 마땅하다. 요즈음 학교의 일이 흔히 예전만 못해, 선비의 입지가 굳지 않고 사습이 아름답지 않다. 요즈음 여주에서 능에 참배하고 별거(別擧)할 때에 외방 사람이 과거에 나아오려 하므로 함부로 들어갈 폐단이 있을 듯하기 때문에 예조가 법을 세워서 그 고장에 살지 않는 사람은 과거에 나아오지 못하게 했는데, 예조의 영을 따르지 않고 은연히 몰래 들어간 자가 있으니 지극히 옳지 않다. 이미 등제(登第)한 사람은 부득이 써야 하겠으나, 하지 말아야 할 일을 한 자를 요즈음 이조가 여러 번 간관의 망(望)에 주의(注擬)했다. 【신석간은 경중유생으로서 과거에 등제했는데, 이조가 두 번 정언(正言)에 주의했다.】 이렇게 하므로 사습이 점점 아름답지 않게 되니, 이 뒤로는 이조가 사람을 등용할 때 이러한 일을 살펴야 할 것이다."(하략)[18]

---

18) 『중종실록』, 중종 24년 1월 9일 병오조. 동년 11월 26일 무오조에도 비슷한 내용이 있다.

그리고 아래 인용문 내용은 앞에 것들과 조금 다른 것 같기는 하나 역시 같은 맥락의 것으로 볼 수밖에 없는데, 왜냐하면 석강에서 검토관 하계선(河繼先)이 사도 확립을 주장하며 출석일수를 따져 제술로 시험을 보면 될 것이라고 건의하고 있기 때문이다. 그런데 이에 대해 중종은 어느 정도 노력해 조금은 사도 확립이 되어 있다고 말하고 있는 것으로 보아 아직도 안이한 자세를 벗어나지 못하였다는 생각이 든다.

> 석강에 나아갔다. 검토관 하계선이 아뢰기를, "사람은 귀하든 천하든 모두 스승이 있는 것이니 천자라 할지라도 스승이 있습니다. 그런데 요즈음 사도가 확립되지 못해 학교는 폐이 되고 유생은 학업에 태만해 학궁에 열심히 나오는 자가 적습니다. 상께서 특별히 명해 유생의 출석일수를 따져서 제술로 시험 보면 사람마다 권면되어 모두 흥기하게 될 것입니다."하니, 상이 이르기를, "옛사람이 '사도가 확립되면 선한 사람이 많아지고, 선한 사람이 많으면 조정이 바르게 되어 천하가 다스려진다.'하였다. 지금까지 사도가 확립되지 못한 때문에 선한 사람이 적어 조정에 시비가 결정되지 못하고 있다가, 요즘에 와서야 조금 정해진 것 같다. 그러나 아직도 완전히 정해지지는 못하고 있다."했는데, 사경(司經－정7품) 구수담(具壽聃)이 아뢰었다. "귀천과 장유에 관계없이 도가 있으면 스승이 되는 것입니다. 진실로 상께서는 아랫사람에게 묻기를 부끄럽게 여기지 않아야 합니다. 지극히 미천하고 지위가 낮은 자라 해도 진실로 배운 바가 높이 숭상할 만한 자면 미천하고 지위가 낮다해 소홀히 않아야 합니다. 그렇게 하면 백성들이 저절로 진작되어 흥기할 것입니다."[19]

그리고 다음 인용문을 보면 개성부 교수 최홍제에게 유생들을 부지런히 가르치며 학업에 정진시키라는 명을 내리며 쌀을 하사하는 내용인데 국왕의 지속적인 노력이기는 하나 기대에 크게 미치지는 못하는 상황으로 보인다.

> 개성부 교수 최홍제(崔弘濟)가 유생 112인을 거느리고 전(箋)을 올려 사은했

19) 『중종실록』, 중종 27년 2월 8일 정해조.

다. (중략) 전교했다. "근래 중앙이나 지방의 관학유생들이 독서에 부지런하지 않기 때문에 인재배출이 드물다. 학업을 부지런히 연마하게 하기 위해서 특별히 쌀을 하사한다. 교수는 일찍이 시종의 반열에 있었으니 조정의 일을 어찌 모르겠는가. 더욱 부지런히 유생들을 가르치라."[20]

그리고 시간은 자꾸 흘러 중종의 후반기도 다 되어 가는데 여전히 유생들의 학습 분위기는 크게 호전되지 않았다는 것을 다음 인용문을 통해서도 파악할 수 있다. 즉 유생들을 공부하게 하기 위해 매일 읽은 글을 기록하게 하고, 그것을 점수화하는 방법으로 서도(書徒)[21]를 만들었더니 제대로 읽지도 않고 열심히 기록에만 신경을 쓸 뿐, 정작 머릿속을 채우기 위한 독서에는 힘을 기울이지 않는다는 것이다. 물론 학업 권장을 위해 그런 서도법을 만들었지만 이로 인해 서도 점수를 따기 위해 모여들기만 할 뿐, 정작 실질에는 힘쓰지 않아서 매우 형식적인 상황으로 흐르고 있는 것을 한탄하는 내용도 『중종실록』 31년 7월 27일 경진조에 나오고 있다.

(상략) 또 전교했다. "경연에서 '유생들이 독서는 전혀 하지도 않고 서도(書徒)만 힘쓸 뿐이다. 따라서 관학에 많이 모이긴 하나 또한 유익함이 없다. 권장 조목도 이제는 심상하게 여긴다.'했는데, 만약 규정 밖의 일을 하려면 대신에게 의논해서 해야 하니 다음에 일을 의논할 때 아울러 의논하게 하라."[22]

그리고 다음의 대사헌 채무택의 상소 내용으로 보면 국왕의 중대 결단이 절실히 필요함을 엿볼 수가 있다. 그동안 유생들의 면학 분위기가 큰 진전이 이루어지지 않았던 이유는 사실상 거의 중종이 가졌던 안이한 태도 탓으로

---

20) 『중종실록』, 중종 30년 9월 18일 병자조.

21) 학궁에서 공부하는 유생들에게 학문을 권장하기 위해 매일 읽은 글을 기록해서 매달 예조에 보고하는데, 이를 서도라고 한다. 예조에서 이를 근거로 장부를 비치하면 이에 의거 수시로 유생들에게 여러 가지 시험을 보이고 일정 기간의 점수를 통계한다. 그리하여 성적이 우수한 자는 직부(直赴)를 허락하는 특전을 베풀고, 성적이 저조한 자는 벌을 시행하게 되어 있다.

22) 『중종실록』, 중종 31년 5월 20일 갑술조와 5월 22일 병자조 등.

보인다. 사습의 부정이 심하고 관작만 얻으려는 폐단이 심하다는 것을 누누이 신하들이 말하며 학문 권장하는 법을 촉구했는데도 중종은 시간만 흘려보내고 우유부단함 속에 경책하는 마음도 가지지 아니하였다고 통탄하는 표현들을 읽을 수가 있기 때문이다.

> 대사헌 채무택(蔡無擇) 등이 상소했는데 그 내용은 대략 다음과 같다. "삼가 바라건대 전하께서는《역경》가인괘의 대의를 실행하시고 주 문왕의 가정 다스린 도를 본받아 내외의 분의를 준엄히 하고 왕도가 탕탕함을 이루시면 더 없는 다행이겠습니다. 학교는 풍화의 근원이고 사기는 국가의 원기이므로 치란득실이 모두 여기에 연관되어 있습니다. 그런데 지금의 선비들은 학업의 연마에는 힘쓰지 않고 먼저 벼슬하려는 생각만을 품고 있으므로 염치의 도가 줄어들고 기절(氣節)이 비열해졌습니다. 따라서 학궁에는 나가지 아니하고 의식(衣食)만 사치스럽게 하고 실덕(實德)을 닦지 않고 과장만을 일삼고 있습니다. 그리하여 반궁에 여럿이 모였을 적에는 스승의 비평이나 하고 직위에 있지 않으면서 조정의 정치를 함부로 논하며 관작을 얻으려다 뜻대로 되지 않으면 서로 훈도라도 차지하려고 남에게 뒤질세라 서두니, 사습의 부정이 지금 같은 적이 없었습니다. 지금 거듭 권장하는 법을 밝히심이 준엄하고도 간절하다 할 수 있습니다. 그런데도 그럭저럭 세월만 보내면서 경책하는 마음을 갖지 아니하니, 어찌 통탄하지 않을 수 있겠습니까. 삼가 전하께서는 고무시키는 방도를 진흥해 청아(菁莪)[23]의 교육을 극진히 하고 연어(鳶魚=德化)의 공화(功化)를 이루시면 이보다 더한 다행이 없겠습니다."(하략)[24]

끝으로, 위에서 언급된 서도법도 논란 끝에 별 효과가 없어서 결국에는 폐지했음을 다음 인용문을 통해서 알 수가 있다. 또 제술로 흐른 경향 때문에 글을 열심히 읽지 않는 풍토도 생겼는데 강경을 너무 등한시해서는 안 되며, 원점에 대한 점검도 열심히 해야 하고, 직분을 맡은 윗사람들이 직접 솔선수

23) 무성한 쑥과 같이 많은 인재를 교육함.
24) 『중종실록』, 중종 31년 10월 1일 계미조.

범해서 가르쳐야 하며 또 오래 재임하게 해야 한다는 주장들이 중종 즉위 33년차까지 가서도 실상 되풀이되고 있는 실정이다.

> (상략) (상이)"요즈음 유생들이 학교에 있기를 힘쓰지 않고 경외유생들은 제 편리한 대로 글을 읽고 사우(師友)와 강론하지 않아서 예의로 몸을 단속하는 사람이 드무니 사풍이 아름답지 못하다. 벼슬을 구하려는 자는 많고 학교에 있으면서 학문에 힘쓰는 자가 적으니 이런 현상은 사소한 일이 아니다." (중략) (윤은보가 말하기를) "학교에 관한 일은 학업을 일으켜 학도들을 모여들게 하려는 것이기 때문에 전자에 절목을 수차 마련했습니다. 그러나 오히려 관학에 모여 학업을 연마하지 아니하고 경외유생들이 사사로이 집에서 배우고 있어 사우와 함께 힘써 학덕을 닦지 않기 때문에 그 학문이 모두 잘못되고 있습니다. 전자에 관학에 모이지 않기 때문에 서도법을 두었으나 무익할 뿐만 아니라 학업만 폐하게 되므로 도로 그 법을 폐하였습니다. 원점은 성균관 유생만 합니다. 정시 때는 혹은 시도(時到－시간기록)를 쓰고 혹은 원점을 사용했으나 약간 이상은 그때그때 상께서 참작해 하셔야 옳습니다. 유생들이 아침에 가서 원점치고 저녁 때 집에 돌아와 성균관에 머물지 않으니 관원들로 하여금 점검케 하는 것이 당연하지만 그러나 유생들도 사고가 없지 않을 것이니, 어찌 일률적으로 할 수 있겠습니까. (중략) 성세창이 아뢰기를, "국가의 인물은 산림에서 얻을 게 아니요, 학교에서 얻어야 합니다. 옛날에는 대사성 및 동지(同知) 두 사람이 날마다 성균관에 나가 유생들을 가르쳤으며 유생들도 부지런히 배웠었습니다. 모든 스승이 다 글에 통달한 것은 아니어서 혹은 구두만을 가르치더라도 유생들은 오히려 강의에 귀를 기울였습니다. 그런데 근래에는 여름에서 가을까지 당상이 혹 병으로 나아가지 못하고 혹 한두 사람이 나갈지라도 유생들이 또한 책을 끼고 학당에 올라가 청강하지 않습니다. 예조에서는 월강과 일강에 대한 법이 있으나 요즈음에 들으니 반궁이 항상 비어 있다고 합니다. 대저 임금님께 경계하는 말을 올릴 때에는 실학의 말로 근본을 삼지 아니할 수 없고 정치나 문장에 이르러서도 또한 실학에 앞서는 것이 없기 때문에 실학이 대단히 중요합니다. 그런데 근래 별시에서 강경(구술)으로 사람을 취하지 않기 때문에 유생들이 더욱 글을 읽으려 않고 실학은 글 읽기가 몹시 괴로운데 유생들이 실학

을 읽지 아니할지라도 때로 요행히 과거에 급제할 수도 있으니 어찌 괴롭게 글을 읽으려 하겠습니까. 유생들이 강경에 임할 때마다 한 책에서 10개의 대문을 뽑아 읽어 두었다가 그 중 읽은 것이 나오면 강하고 읽지 않은 것이 나오면 강하지 않기 때문에 식년마다 액수를 충당할 수가 없습니다. 마음을 가다듬고 나라를 돕는 일은 실학에 근본하지 않은 것이 없으니 실학을 읽지 않을 수가 없습니다. 금후에는 별시라 하더라도 반드시 강경함이 어떻겠습니까. 성균관 당상은 모름지기 자주 체임하지 말고 오래도록 머물게 하고 별도로 권려함이 좋을 것입니다."하니, 상이 "경의 말이 지당하다. 경학을 힘쓰지 않아서는 안 된다. 별시에 으레 강경을 하지 않는다면 과연 독서하지 않을 것이다. 다만 때로 강경을 안 하는 것은, 인재에는 장단이 있어 강경에 능한 사람이 있는가 하면 제술(논술)에 능한 자도 있어서 인재를 유실할 염려가 있기 때문에 이따금 강경을 안 하는 것이다. 그러나 매번 강경을 하지 않아서야 되겠는가?"했다(하략).[25]

4. 맺으며

위에서 살펴본 바와 같이, 국왕인 중종도 성균관 교육문제를 잘 알면서도 성균관 유생들의 면학 분위기를 좀처럼 바꾸지는 못하였다. 성균관 교육에 대해 관심이 없는 것은 아니었지만, 막상 통 큰 결단을 내리지 못하는 우유부단한 정치적 성향을 살펴볼 수가 있었다.

사실 중종은 폐조 연산군이 엉망으로 만든 성균관의 외형을 회복시키는 데까지는 성공했으나, 사화로 인한 후유증이라든지 성균관 면학 풍토를 일신하는 데까지는 성공하지 못하였다.

이처럼 중종이 여러 가지로 성균관 교육의 문제점들을 찾아내려는 노력은 많이 하였으나, 성균관 유생들의 가장 기본적인 면학 분위기를 쇄신하지 못한 것은 보다 근본적인 교육대책을 수립하지 못하였기 때문이다. 또 음서제

25) 『중종실록』, 중종 33년 10월 3일 계묘조.

도를 폐하지 못하고 기존 과거제도의 스타일을 답습했기 때문이며, 과감한 성균관 교육투자를 하지 못하였다는 점이다.

많은 신하들은 계속 기회가 있을 때마다 중종에게 헌의하고 상소도 하였지만, 중종은 성균관 유생들의 잘못된 교육문화에 대한 인식은 공유하였으면서도 막상 본인이 감당하고 결단해야 할 일들을 유생들 탓만 한다든지 신하들 탓만 하면서 자신의 전반기와 마찬가지로 후반기도 이렇다 할 성과를 내지 못한 채 40여 년의 세월만 흘려보냈다는 것이 매우 아쉽게 생각된다.

제 3 장

순조 전반기 시각

1. 글머리

조선시대에 일반적으로 학교에 재학 중인, 즉 아직 관직이 없는 유생들의 상소를 특별히 유소라고 하였다. 본고에서는 성균관에 재학 중인 유생들의 유소와 이를 변호하기 위한 성균관의 상소에 대해 순조가 어떻게 반응했는지에 대한 분석을 통해 성균관과 성균관 유생들에 대한 순조의 시각을 파악하고자 한다. 그렇게 되면 순조가 어떤 사람인지, 또 어떤 생각을 가지고 정사에 임하였는지, 그리고 당시에 성균관 유생들을 어떻게 생각하고 있었는지를 알게 될 것이라고 본다. 그런데 우리가 이에 대한 기록을 좀 더 확실하게 찾아볼 수 있는 것은 주로 『조선왕조실록』 밖에 없다고 생각된다. 따라서 이 문헌을 중심으로 고찰하게 될 것이다.

한편 순조 재위 전반기는 순조 자신이 너무 어렸고, 사회가 대체로 혼란한 시기였으며, 노론 벽파를 배경으로 하는 대왕대비 정순왕후가 순조 재위 초반에는 수렴청정을 했던 시기였다. 초기의 섭정이 끝났을지라도 안동 김씨라는 세도정치가 막강할 때여서 순조 자신의 생각이 별로 반영되지 않을 때라고도 생각된다. 그러나 그런 분위기를 감안하고서라도 순조의 반응을 살펴보면 자신의 주관이 개입되어 있는지 아니면 완전히 꼭두각시나 다름없는 상태에서 앵무새와 같은 말을 하고 있는지를 파악할 수 있다. 그래서 성균관 유생들의 유소에 대한 순조의 비답을 분석해보는 것은 나름대로 성균관에 대한 관심과 성균관 유생들의 유소행위를 순조가 어떻게 생각하고 있으며 받아들이고 있는지를 알 수 있을 것이다.

2. 시대적 배경

순조는 1790년에 출생했으며 1834년에 사망해 약 44년을 살았다. 재위는 11세에 즉위했고, 재위기간은 1800년부터 1834년으로 34년간이며, 이름은 이공(李玜), 자는 공보(公寶), 호는 순재(純齋)로 정조의 차남이었다. 후궁인 어머니는 박준원(朴準源)의 딸 수빈(綏嬪)이며, 1800년(정조 24) 정월 왕세자에 책봉되었다. 이 해 6월 정조가 승하하자, 7월 11세의 어린 나이로 창덕궁 인정문(仁政門)에서 즉위했다. 대왕대비 정순왕후(貞純王后: 英祖繼妃 慶州金氏)가 수렴청정을 해 노론 벽파가 정권을 잡았다. 1802년 10월 영안(永安)부원군 김조순(金祖淳)의 딸을 왕비(純元王后)로 맞았다. 1801년 대왕대비는 궁방과 관아에 예속되어 있던 공노비를 혁파하고 서얼유통(庶孽流通)[1]을 시행해 신분사회의 변화를 가져왔다.

한편 정조 때부터 집권해 온 시파(時派)[2]에게 보복하기 위해, 사교(邪教) 금압을 명분으로 200여 명의 천주교 신자들을 학살한 신유박해(辛酉迫害)[3] 때

1) 서얼유통은 서얼차대의 철폐, 즉 서얼의 문무핵심 관직진출의 허용을 말하며, 서얼의 수적 증대와 함께 한미한 서자 출신인 영조가 즉위하면서 활기를 띠게 되었다.

2) 시류에 편승하는 정파라는 의미로 정조의 탕평책에 호응했던 세력을 지칭한다. 정조는 시(時)의 의미가 시중(時中)에 쓰이는 시와 같으므로, 시의에 대한 반대는 군주에 대한 적(賊)이라 규정하며 시파에 대한 근거 없는 반대를 차단하고자 했다. 그러나 시파와 벽파의 대립은 이후에도 지속되었고, 순조대 전반에 절정에 달했으며, 시파의 승리가 확정된 후에야 잦아들었다. 시파 비판의 근본이유는 영조가 확립한 신임의리(辛壬義理)와 임오의리(壬午義理)의 통칭인 대의리(大義理)를 정조가 사정(私情) 때문에 변경하려 하며, 시파가 이에 영합할 것이라는 벽파의 의구심에 있었다. 이 때문에 벽파가 정조 및 시파를 견제하는 구도는 정조 내내 지속되었지만, 의리문제에 대한 정조의 해명과 포용책에 의해 갈등은 조절되면서 화평기조는 유지될 수 있었다. 순조대 이후의 시파는 노론 전체의 공통분모인 영조의 대의리로 회귀했고, 순조의 의리 주재 시도를 견제하는 등 세도정치의 주체가 되었다. 박광용, 「朝鮮後期 蕩平 硏究」, 서울대학교 대학원 박사학위논문, 1994. 김성윤, 『朝鮮後期 蕩平政治 硏究』, 지식산업사, 1997 참조.

3) 천주교회는 1785년의 을사추조적발사건(乙巳秋曹摘發事件) 등으로 순교자들이 나타나기도 하였다. 1794년 말에는 중국인 신부 주문모(周文謨)를 영입하는 등 조직적인 교회활동으로 1800년에는 교인 1만 명으로 확대되었다. 이러한 신앙의 전파에 대해 천주교를 공격하는 공서파(攻西派)의 세력에 의한 성토·상소·박해운동이 일어났다. 그러나 정조는 "사교(邪教)는 자기자멸(自起自滅)할 것이며 유학진흥에 의해 사학을 막을 수 있다."고 적극적 박해를 회피하였다. 또한 천주교를 신봉하는 양반 남인시파의 실권자인 재상 채제공의 묵인도 있었다. 그러나 정조와 채제공이 죽자 정계의 주도세력이 벽파로 바뀌면서 박해가

남인 시파를 모두 숙청하였다. 1804년 12월 대왕대비가 물러나고 순조는 친정을 시작했다. 그 뒤에도 천주교 탄압은 계속되어, 1815년에는 을해(乙亥)박해[4]로 경상·충청·강원도의 신자들을 죽였다. 1827년에도 충청·전라도의 교인들을 검거해 혹독한 탄압을 가했다. 순조의 친정 뒤에는, 정조의 유탁(遺託)을 받고 정치에 관여하게 된 국구(國舅) 김조순의 일문 안동김씨의 세도정권이 확립되었다. 김이익(金履翼)·김이도(金履度)·김달순(金達淳)·김희순(金羲淳)·김명순(金明淳) 등이 조정의 요직을 모두 차지하고 전횡과 뇌물을 받는 행위를 일삼았다. 이로써 인사제도의 기본인 과거제도가 문란해지는 등 정치기강이 무너졌다.

민생은 도탄에 빠지고, 각종 비기(秘記)와 참설(讖說)이 유행하는 등 사회혼란이 일어났다. 이를 틈타 1811년 평안도 용강(龍岡) 사람인 홍경래(洪景來)와 그 무리가 반란을 일으켜 평안도 일대를 점령한 뒤 관군과 대결했다. 그러나 이듬해 4월 정주성(定州城)이 함락됨으로써 난은 평정되었다. 그러나 이 해 한성에 도적과 거지 떼가 들끓었고, 1813년 제주도의 토호 양제해(梁濟海)[5]와

일어났다. 정순왕후 대왕대비 김씨가 어린 순조의 수렴청정을 하게 되자, 벽파는 남인시파의 세력을 꺾기 위해 대왕대비를 움직여 시파와 종교적 신서파(信西派)에 대해 정치공세를 취하게 되었다. 벽파는 천주교를 무부무군(無父無君)의 멸륜지교(滅倫之敎)로 몰아붙여 탄압했다. 배후 정치세력을 일소하고자 1801년 대왕대비 언교(諺敎)로 박해령을 선포, 오가작통법을 동원한 수색에서 많은 교인들이 체포되었고 300여 명의 순교자가 생겼다. 조광, 「황사영(黃嗣永) 백서(帛書)의 사회사상적 배경」, 『사총』 21·22합집, 1977. 최석우, 『한국천주교회(韓國天主敎會)의 역사(歷史)』, 한국교회사연구소, 1982. Dallet 저, 최석우·안응렬 역주, 『한국천주교회사』, 분도출판사, 1980 참조.

4) 1801년 신유박해가 종결된 뒤 조정에서는 척사윤음을 반포해 천주교를 사교로 몰아 신자들을 박해하는 일이 자주 일어났다. 천주교인들은 강원도나 경상도의 산골로 피신해 교인촌을 이루어 생계를 유지했다. 1814년 전국에 혹심한 기근이 들어 고난이 형용하기 어려운 지경에 이르렀는데, 이때 교인들의 재산을 노린 일부 몰지각한 백성들의 탐욕과 지방관들의 자의(恣意)로 중앙의 지시도 없이 박해가 일어 많은 교인들이 순교했을 뿐만 아니라 재산을 약탈하는 등 큰 피해를 입힌 을해박해는 조정의 박해령 없이 지방관의 자의에 의해 전개되었다는 점에서 다른 박해와는 그 성격이 판이하다. 홍이섭, 「신유년(辛酉年)에 있어서의 신문상황」, 『아세아학보』 8-2, 1965. 조광, 「신유박해(辛酉迫害)의 성격」, 『민족문화연구』13, 1978 참조.

5) 양제해는 순조 때 제주목 중면(현재의 제주시)의 풍헌을 지낸 토호이다. 평소 양제해는 제주도에 도임해오는 목사나 판관들, 경래관(京來官)들의 탐욕과 횡포를 못마땅하게 생각해오고 있었는데, 홍경래의 난이 일어나자 크게 고무되어 제주도에서도 군사를 일으켜 관리들을 몰아내고 자치해나갈 거사계획을 세웠으나 거사 며칠 전 윤광종에 의해 이 사실이

1815년 용인의 이응길(李應吉)이 민란을 일으켰다. 1817년에는 유칠재(柳七在)·홍찬모(洪燦謨) 등의 흉서(凶書－대자보) 사건이 발생했다.

또 1819년에는 액예(掖隷)[6]와 원예(院隷)[7]의 작당 모반운동이 일어났다. 1826년에는 청주에서 괘서(掛書) 사건[8]이 일어났다. 급기야 1821년에는 서부지방에 전염병이 크게 번져 10만여 명이 목숨을 잃었다. 이렇게 순조 재위 34년 중 19년에 걸쳐 수재가 일어나는 등 크고 작은 천재지변이 잇달아 발생했다. 한편 왕은 『양현전심록(兩賢傳心錄)』·『사부수권(四部手圈)』·『대학유의(大學類義)』·『정조어정홍재전서(正祖御定弘齋全書)』·『서운관지(書雲觀志)』·『동문휘고(同文彙考)』 등을 간행하게 했다. 그리고 일본에 통신사를 보내는 등의 치적이 있었다.

이렇게 순조는 검소하고 덕이 높으며 학문을 사랑한 왕이었다. 그러나 외척들의 세도정치에 밀려 제대로 된 왕권을 행사하지 못했다. 34년의 통치기간 동안 3정(전정, 군정, 환곡)의 문란과 잦은 흉년으로 백성들의 삶은 고통스러웠으며, 신유박해와 농민반란 등으로 나라가 어지러웠다. 그런 가운데에서 풍은(豊恩)부원군 조만영(趙萬永)의 딸을 세자빈으로 맞아 풍양(豊壤)조씨

고발되었다. 제주목사 김수기는 양제해를 비롯, 일당 50여 인을 체포했다. 그는 붙들린 직후 탈옥해 도주했으나 다시 붙들려 형장을 받다가 죽었다. 위유사 이재수는 제주도의 실정을 조사해 이폐조목(釐弊條目)과 함께 보고하니, 조정에서도 실정을 인정하고 도민선무에 힘쓰게 하며, 탐욕과 불법으로 민원을 샀던 전 목사 이현택을 도배에 처했다. 김태능, 「양제해란(梁濟海亂)과 제주민의 자주기도」, 『제주도지』 통권 34, 1968. 권인혁, 「19세기 초 양제해(梁濟海)의 모변실상(謀變實相)과 그 성격」, 『탐라문화』 7, 1988 참조.

6) 궁에서 임금 등의 행차 등을 맡은 대전별감, 액정서(掖庭署)에 딸린 이원(吏員), 또는 하례(下隷).

7) 승정원의 하인들.

8) 1826년 3월 16일 청주성 북문에 두장의 괘서(掛書)가 걸린 사건과 같은 해 10월 초 청주목 관아에 괘서가 걸린 사건을 말한다. 청주북문 괘서사건은 충청병사 이격회의 조사로 주모자 김치규, 유치중, 이창곤 등을 체포하고, 안성에 살고 있는 공모자 유성호를 체포함으로써 일단락되는데, 이들은 괘서를 통해 왕실을 비판하고 나아가 『정감록』과 같은 비기를 이용해 조선왕조의 멸망론을 주장하고, 홍경래가 죽지 않고 살아 있으면서 제주도에서 사람들을 모으고 있다는 등의 말을 유포시켜 정치적·사회적 혼란과 소요를 조성했다. 이 사건으로 청주목은 서원현으로 강등되었고, 충주와 청주를 합해 충청도라 하던 것을 공주와 충주를 합해 공충도로 개명한다. 이 사건은 조선 후기 극심한 사회혼란과 정치적 불안에 편승한 참위설의 만연을 보여주며, 청주가 주요대상지였음을 보여준 예다. 한국학중앙연구회, 『한국민족문화대백과사전』, 한국정신문화연구원, 1991 참조.

일문을 중용했다. 1827년에는 효명세자(世子: 翼宗)에게 대리청정하게 함으로써 안동김씨의 세도를 견제하려 했으나, 1830년 효명세자가 일찍 죽음으로써 실패했다. 1834년(순조 34) 11월 45세로 승하했다. 수용(睟容: 임금의 畵像) 4본이 있어 경모궁망묘루(景慕宮望廟樓)·경우궁성일헌(景祐宮誠一軒)·선원전(璿源殿)·영희전(永禧殿)에 각각 봉안되었다. 시호는 연덕현도경인순희문안무정헌경성효대왕(淵德顯道景仁純禧文安武靖憲敬成孝大王)이며, 인릉(仁陵)은 서초구 내곡동 산13의 1에 있다.

3. 비답에서 보이는 순조의 시각

이제부터 위에서 서술한 순조의 시대적인 배경과 행적을 염두에 두며 다음 유소에 대한 비답 내용들을 살펴보는 게 순조 전반기의 시각을 알아보는 데 좋을 것으로 생각된다. 먼저 유생들을 직접 둘러싼 성균관의 분위기를 살펴보기 위해 다음의 성균관 상소를 읽어보면 여러 가지들을 파악할 수 있다.

> 성균관에서 아뢰기를, "지난해 12월에 태학에서 역적 조덕린(趙德隣)[9]을 징토(懲討)[10]하는 일로 장차 소장(疏章)을 올리려 했는데, 마침 장의가 외방에 있었으므로, 그를 맞이해 오기 위해 노복과 말을 보냈었습니다. 그런데 통화문

9) 1658~1737, 1678년 진사, 1691년 증광문과 병과 급제, 설서·교리·사간 등을 역임. 1725년 당론이 거세지자 당쟁폐해를 논하는 10여조 소를 올렸다가, 노론을 비난하는 내용이 있어 당쟁을 격화시킬 염려가 있다고 종성에 유배되었다. 70여 세의 나이로 3년간의 적거(謫居) 끝에 1727년 정미환국으로 소론이 집권하게 되자 유배에서 풀려 홍문관응교에 제수되었으나, 서울에 들어와 숙사(肅謝)한 다음 곧 고향으로 돌아갔다. 1728년 3월 이인좌(李麟佐)의 난이 일어나자 영남 호소사(號召使)에 피임, 격문을 돌리고 일로(一路)의 의용병을 규합해 대구사마방목에 내려갔으나 난이 평정되자 파병(罷兵)했으며, 이 공로로 동부승지에 임용되고 경연에 참석했다. 얼마 뒤 병으로 사직하고 환향해 학문에 몰두하자 제자들이 모여들었다. 1736년 서원 남설 반대소를 올리자, 1725년의 소와 연관되어 노론의 탄핵을 받고 제주로 유배 가다가 강진에서 죽었다. 그의 상소는 몇 차례에 걸친 소론들의 재집권을 위한 난언(亂言)·벽서사건의 실마리를 만들기도 했다. 한국학중앙연구회, 『한국민족문화대백과사전』, 한국정신문화연구원, 1991 참조.

10) 정벌하여 치다.

밖에 이르렀을 때 한 궁노(宮奴)가 길을 가로질러 와서 말을 빼앗은 다음 한 자수(紫袖)[11]를 태워 가버렸으니, 도로에서 이를 본 사람들이 놀라지 않은 자가 없었습니다. 기강이 있는 바에 지난 일이라 해 버려둘 수가 없습니다. 청컨대, 유사로 하여금 실상을 조사해 엄중히 처분하게 하소서."했는데, 추조(秋曹)[12]로 하여금 용동궁[13]의 궁노를 조사해 알아내어, 찬배(竄配)[14]하라고 명했다.[15]

위 인용문에서는 노론들이 성균관도 지배하고 있음을 알 수가 있다. 그 이유는 조덕린이 이미 영조 때 사람으로 노론을 조금 비판한 이유가 빌미가 되어 결국 죽음을 당했는데 세월이 많이 지났음에도 불구하고 아직도 그를 성균관에서 역적으로 성토하고 있기 때문이다. 하여간 시대가 혼란하고 기강도 문란해지다보니 성균관의 장의가 용동궁 노비에게 타고 가던 말을 도로상에서 뺏기는 수모를 당했을 정도가 되었는데, 그 노비에게 엄벌을 원하는 성균관의 청을 받은 순조는 그저 형식적인 조치로 그 궁노를 찬배하라고 형조에 명한 것을 알 수 있다. 이를 통해 보면 아직은 순조가 어려서인지 성균관에 대한 깊은 관심도가 거의 없는 것으로 보인다. 또 다음 비답 내용을 보아도 엄청 많은 수의 유생들이 연명으로 상소했음에도 불구하고 성균관에 대한 존중감과 유생들에 대한 존중이나 이해가 거의 없는 것으로 보인다.

관학유생 이근원(李近源) 등 6백 77인이 상소해 윤광안(尹光顔)의 공사(供辭)[16]가 거짓임을 변명(卞明)[17]하고, 이어서 윤광안과 조석륜(曺錫倫)에게 전형(典刑)[18]을 밝게 시행하고 조상진(趙尙鎭)을 찬배할 것을 청했는데, 유생들

11) 궁녀의 별칭.
12) 형조의 별칭.
13) 순회세자 궁.
14) 지방이나 섬으로 보내 일정기간 동안 정해진 지역 내에서만 감시를 받으며 생활하게 하던 일.
15) 『순조실록』, 순조 3년 1월 11일 정축조. 이하 모두 지면상 원문 생략.
16) 대중공사-여러 사람의 논의.
17) 법으로 밝힘.
18) 예전부터 전하여 내려오는 법전.

이 상소해 율을 정하는 것은 옳지 못하다고 비답을 내리고, 윤허하지 않았다.[19]

또 다른 다음 유소에 대한 비답 내용을 보면, 유생들의 진정어린 청에 대해 진지한 검토보다는 소위 '공부나 열심히 해!'하는 수준의 대답을 순조가 성년이 되었음에도 불구하고 한 것으로 보인다. 성균관에 대한 여러 가지 헛소문이나 방외유생임에도 성균관 유생인 척하는 무리들의 잘못된 행실로 인해 만들어진 오해나 불신풍조로 인해 일반 유생들을 포함시켜 성균관 유생들을 경계시키는 왕의 교시를 새긴 글 판을 명륜당에 달아놓았는데, 사기가 위축된 유생들로서는 이것이 계속 마음에 걸리고 불편하다보니 유소를 통해 순조를 이해시키고 철거를 청한 것이었다. 말하자면 불편함을 느낀 유생들이 이런 상황들을 타개하기 위해 성균관 유생 조학점 등이 상소한 것인데, 이러한 유생들의 불편함을 이해하고 오해를 풀고 그 충정을 받아들이려는 자세가 순조에게는 전혀 되어 있지 않다고 생각된다. 오히려 은근히 순조의 마음속에는 어느 정도 성균관을 경시하고 있다는 느낌까지 든다.

태학유생 조학점(趙學點) 등이 상소했는데, 대략 이르기를, "근년 이래로 세속이 점점 낮아져 선비의 추향이 점점 어지러워졌는가 하면, 간혹 귀신같은 괴상한 무리가 협잡한 마음을 품고 거짓 통문을 보냈으니, 조정에서 이를 선비로 대우하지 않아야 하는데, 신들은 그들과 어깨를 나란히 하기를 부끄러워합니다. 시험 삼아 저번 방외유생의 통문 일로 말하면 극도로 어긋나다가 말도 안 되는 말을 했는데, 조정의 처분이 지극히 엄중해 판에 써서 성균관에 걸도록 하는 명령까지 있었습니다. 그래서 신 등은 위대한 성인께서 노여워하지 않고 가르칠 것이란 것을 알았습니다만, 천지와 같은 큰 도량에도 유감이 없지 않습니다. 저 통문의 유생은 비록 말할 것조차도 없지만, 일을 논하자면 사문에 관계되고 의리의 소중한 것입니다. 지금 어떤 사람이 존귀한 선현을 모르고 감히 매우 어긋난 짓을 자행했을 경우, 의리를 붙들어 세우고 사문을 천명하는 도리에 있어서 말이 조정의 관원에게 관계된다는 이유로 말없이 침묵만 지킬 수 없

19) 『순조실록』, 순조 8년 4월 15일 신사조.

다는 것은 분명합니다. 신 등은 성상의 하교에 '조정관원의 득실은 조정의 관잠(官箴)이므로 유생이 간여할 바가 아니다.'라는 말씀을 보고 망령되게 속으로 생각하기를, '조정관원의 득실은 조정에서 의논하는 것이고 보면 초야에서 신분을 벗어나 말하는 것은 진실로 불가하지만, 사문에 관계되는 일일 경우 초야에서 논하지 않고 누가 논하겠는가?'라고 여겼습니다. 또 삼가 보건대, 성상의 하교 가운데 '이와 같이 하여 마지않는다면(若此不已)' 이하 34자가 있었는데, 이것이 어찌 신하가 감히 들을 수 있는 것이겠습니까? 선비라는 이름을 지니고서 이런 하교를 임금에게 받았으니 선비가 이를 얻은 것은 진실로 그의 잘못입니다만 조정이 선비를 대우하는 바가 성상의 덕에 누가 되지 않겠습니까? 더구나 성균관은 사방의 표준으로서 선비들이 우러러보는 곳인데 성균관 저 높은 벽에 걸어 놓은 현판은 상위(象魏－대궐문)의 현판과 거의 같으니, 사론이 좌절되고 유풍(儒風)이 사라진 것이 오늘날에 말미암지 않았다고 할 수 없을 것입니다. 신들이 지나친 처분과 엄하신 하교를 본 뒤로 충정이 복받쳐 올라 근심과 개탄을 금하지 못하다가 서로 이끌고 나와 일제히 호소하는 바이니, 빨리 유사에게 명해 성균관에 걸어 놓은 전교를 즉시 도로 거두어 사라져 가는 원기를 북돋우고 좌절된 사론을 붙들어 세움으로써 성덕을 빛내고 사문을 다행하게 하소서."했는데, 비답하기를, "현판의 일이 어찌 진정한 사론을 가리킨 것이겠는가? 그대들이 이른바 '어깨를 나란히 하기가 부끄러워서 말할 것도 없다.'는 무리로 하여금 조심할 줄 알게 하려는 데 지나지 않은 것이다. 그런데 그대들이 이제 와서 이와 같이 하니, 본의를 이해하지 못한 것 같다. 그러나 어찌 생각이 없겠는가? 그대들은 물러가서 학업을 닦으라."하였다.[20]

이 문제에 대해 약간의 후속조치가 뒤따르기는 했는데, 아마도 같은 날이지만 약간의 시간이 지난 상태에서 조금 미안함을 느꼈던 것인지 순조는 유생들이 타락한 것이 원래 아니었다고 생각해 협잡무리들이 본래는 성균관 유생들이 아니었지만 '약차불이(若此不已)' 이하 30여 자만을 즉시 지워버리게

20) 『순조실록』, 순조 20년 8월 15일 무술조.

명하였다. 그러니까 그 앞의 내용까지는 성균관 유생들에게도 모두 해당된다는 애기였다.

> 하교하기를, "저번에 현판을 걸어 놓게 한 본의는 오로지 선비의 본의에 가탁해 협잡을 부린 자를 위해 한 것이지, 애초 성균관 유생들에게는 간여된 것이 아니었다. 그런데 유생들이 갑자기 이로써 불안해 할 줄은 실로 예상하지 못했다. 그러나 선비의 논의에 가탁해 협잡을 부린 자들 때문에 관계가 없는 성균관 유생들을 불안하게 하는 것 역시 우대하는 뜻이 아니므로, 원래의 전교 가운데 '이와 같이 해 마지않는다면' 이하 30여 자를 즉시 지워버리게 하라."했다.[21)]

이렇게 되었지만 성균관 유생들로서는 순조의 조치가 속 시원함을 느낀 것은 아니었다. 적어도 글 판 자체를 없애야지 그대로 둔다면 성균관 유생들도 결국 협잡무리들과 크게 다르지 않다는 인식을 순조가 계속 가지는 꼴이어서 유소가 이어질 수밖에 없었다고 보인다. 그래서 성균관 유생 김방묵 등이 또 글 판 철거를 원한다는 상소를 올리니, 순조는 탐탁하게 생각하지 않는 듯 역시 못마땅한 투로 학업이나 열심히 닦으라는 명을 내렸다. 유소에 순조가 쉽게 수용하지 않는 태도를 분석해보면 원인이 어찌되었든 자신의 판단과 권고가 먹혀들지 않고 있음에 대해 마음속으로 짜증이 난 것으로 보이고, 자신의 권위가 손상되는 것 같다고 생각했던 것으로도 판단된다. 그래서 고집스럽게도 글 판 철거를 명하지 않는 것이었다. 그래서 다음의 계속 이어지는 김방묵 등의 유소 내용을 보면 그 글 판 내용이 방외유생들이 통문을 돌려 공론을 조성하는 일에 대해 순조가 금령을 내린 것이라는 것을 알 수 있다. 아마도 순조는 조정을 비판하는 공론들이 순수한 것이 아니라 불순한 의도를 가지고 시작한 조작된 공론으로 받아들이고 있기 때문일 것이다. 세도정치를 비롯해 조정에 대한 비판을 하기 위해 유생들의 통문 돌리는 것을 금지시키는 금령(禁令)을 내리고 그 내용을 현판으로 만들어 명륜당에 걸어놓았으니 성균관 유생들이 결단코 가만히 보고 있을 수가 없었을 것이다.

---

21) 『순조실록』, 순조 20년 8월 15일 무술조.

성균관 유생 김방묵(金邦默) 등이 다시 상소해 성균관에 현판을 달게 한 명을 도로 거둘 것을 청하니, 비답하기를, "그대들이 끝내 깨닫지 못하니, 다시 시원스럽게 유시하겠다. 현판이 과연 그대들이 건의하는 것을 금하는 것이겠는가? 만약 그렇다면 그대들의 재차 상소가 어떻게 이르렀겠는가? 요즘 이른바 '방외 통문'이라는 것이 과연 그대들의 상소와 같은가? 대신과 경재(卿宰)[22]는 조정에서 예우하고 있으니, 만일 말할 만한 죄가 있으면 유생 그대들이 서로 이끌고 나와 성토하여 내가 듣게 해야 할 것이다. 그런데 이제 그렇게 하지 않고서 한두 가탁한 무리가 통문이라고 하면서 욕하고 능멸하여 쫓아내려는 꾀를 이루었는데, 나는 이것이 과연 무슨 풍습이며 무슨 모양인지 모르겠다. 이를 금하지 않는다면 나라가 있고 기강이 있다고 말할 수가 있겠는가? 이번 현판은 곧 조정 신하를 유생들이 벌주는 것을 금지하였던 선왕의 의도와 같을 뿐이었는데, 그대들은 성균관에 금령을 설치했다고 했으니, 말을 또한 쉽게 하였다. 그대들은 글을 읽고 이치를 밝히면 설사 참으로 금령을 설치해 놓았더라도 그대들에게 손상이 없을 것인데, 더구나 원래 관계가 없는데 말할 것이 있겠는가? 그대들은 물러가서 학업이나 닦으라."했다.[23]

순조가 계속 성균관 유생들의 주장을 받아들이지 않고 학업이나 열심히 하라고 하였으니 유생들이 이에 순순히 따를 리가 없었다. 조선시대가 어떤 시대인가? 국왕을 견제하는 홍문관, 사간원, 사헌부 등 언론기관들뿐만 아니라 성균관 등 유생들이 상소나 유소를 통해 현실정치에 참여하며 비판과 견제를 일삼던 신권시대가 아니던가? 그러므로 유생들은 계속 유소를 올리며 왕권시대가 아닌 신권시대임을 순조에게 인식시키기 위해 권당까지 감행하였다. 즉 통문을 돌리는 것은 예부터 유생들에게 부여된 권리로서, 또한 의리를 중시하는 유학의 도리로서 이를 금하는 것은 있을 수 없다는 논리였다. 다음의 성균관 상소 내용을 보면 더욱 이 말이 여실해진다. 성균관 유생들이

22) 임금을 보좌하며 모든 관원을 지휘하고 감독하는 일을 맡은 이품 이상의 벼슬이나 그 벼슬에 있는 사람을 이르던 말.

23) 『순조실록』, 순조 20년 8월 19일 임인조.

금령 글 판 철거가 이루어지지 않는다고 권당까지 감행한 이유를 순조는 전혀 이해하지 못한다는 자세를 가지고 있다. 오히려 성균관이든 성균관 유생들이든 다 못마땅한 존재들이어서 결국 한 통속이라는 생각을 가지고 있는 듯하다.

성균관에서 아뢰기를, "거재유생들이 권당한 소견에 대해 말하기를, '신들이 서로 이끌고 나와 두 번이나 호소한 것은 마음에 품은 대의를 밝히고 금령을 환수할 것을 청했던 것입니다. 그런데 삼가 성상의 비답을 받아 보니, 전혀 받아들이지 않고 훈계와 질책만 호되게 했으므로, 놀라고 당혹하다가 이어서 극도로 근심하고 개탄하며 억울해 하였습니다. 신들이 의뢰해 임금을 섬기는 것은 의리 두 글자뿐인데, 의리는 사문을 호위하고 세상의 교화를 붙들어 세우는 데에 있습니다. 진실로 그렇지 않다면 어떻게 선비의 관을 쓰고 선비의 복장을 입고 성균관의 문에 들어갈 수 있겠습니까? 지금 선현을 업신여기고 선정(先正)을 미워하며 사문을 배척하고 세상의 교화를 무너뜨리는 자가 있을 경우, 배척하고 성토하되 또한 의리만 보아 할 뿐입니다. 선비의 무리가 사방에 분포되어 서울에서는 성균관에 있고 지방에는 향교와 서원에 있는데, 사문의 의리에 관계되는 일이 있을 경우, 서로 알리고 깨우쳐야 하니, 알리고 깨우치는 것을 유생의 통문이라고 하는 것입니다. 그런데 지금 만약 일체 금단하며 통문을 내지 못하게 할 경우, 이는 사방의 입을 막고 성균관의 귀를 막는 것입니다. 사방은 성균관과 둘로 분리할 수 없으니, 일신에 비유하자면 성균관은 심복(心腹)이고 향교와 서원은 사지(四肢)이며 선비의 의논은 혈맥입니다. 성균관에 향교와 서원의 선비들의 의논을 고하지 않게 한다면, 어떻게 성균관이 될 수 있겠습니까? 조정에서 설치한 금령을 목격하고도 바로잡아 구제하려고 하지 않는다면, 사문을 호위하지 않을 수 없고 세도를 붙들어 세우지 않을 수 없으며, 의리를 밝히지 않을 수 없는데 어찌한단 말입니까?'라고 했습니다. 여러 가지로 타일러 깨우쳤으나 끝내 듣지 않았습니다. 어떻게 해야 하겠습니까?"하니, 하교하기를, "끝내 이해가 안 간다. 원래 간여되지 않은 하교였는데, 이것이 어찌 놀라고 두려우며 근심하고 개탄하며 억울한 말이기에 권당까지 한단 말인가?

곧 효유하여 도로 들어오게 하라."했다.[24)]

그래서 다음 인용문 내용을 살펴보면 순조는 계속 유생들의 원대 복귀를 명할 뿐 성균관 유생들과의 타협이나 금령과 글 판 철회의 기미가 전혀 보이지 않고 있다.

성균관에서 아뢰기를, "누차 성상의 분부를 선포해 유생들을 들어오라고 권했는데, 유생들이 말하기를, '거듭 성상을 번거롭게 했으니, 공손히 견책이 내리기를 기다리겠습니다.'라고 했습니다. 성묘에서 권당한 지 이미 3일이 되었으니, 어떻게 해야 하겠습니까?"하니, "조정의 본의를 유생들이 깨닫지 못하기 때문이다. 다시 더 힘써서 도로 들어오게끔 하라."하교했다. 또 아뢰기를, "유생들을 불러서 사리로 책망하고 그렇지 않다는 것을 타이르면서 여러 번 깨우쳤으나 들으려고 하지 않고, '윤허를 받들기 전에는 감히 성균관 유생으로 자처할 수 없습니다.'라고 하고는 재(齋)를 비우고 나갔습니다."하니, "조정의 본의는 선비의 추향을 바르게 하고 가탁한 것을 배척하는 데에 있었다. 그러고 보면 유생들이 '어깨를 나란히 하기가 부끄러워 말할 것조차 없다.'고 하고는 느닷없이 가름하고 나선 것은 의외의 일이었다. 그런데도 그들의 기를 꺾지 않으려는 뜻에서 거듭 타일렀으니 조정에서 그들을 매우 우대했다고 하겠는데, 마침내 재를 비우고 말았으니 어찌 이기기에 힘쓰는 것이 아니겠는가? 우대하는 것은 우대하는 것이고 선비의 버릇은 선비의 버릇이니, 이 지경에 이른 이상 말을 허비해 다시 권하라고 말할 수 없다. 다른 유생을 권해 들어오게 하라."하교했다.[25)]

그러다보니 성균관에서는 다음과 같이 누차 읍소하고 있으나 역시 순조는 고집스럽게 계속 자신의 주장을 굽히지 않고 있다. 오히려 고관대작, 대신들의 자제들 중 성균관 유생들이 있으면 자기 자식들을 설득해서 학교(성균

24) 『순조실록』, 순조 20년 8월 21일 갑진조.

25) 『순조실록』, 순조 20년 8월 23일 병오조. 순조 22년에 가서야 글 판 철거를 하게 됨, 순조 22년 1월 13일 기미조 참고.

관)에 복귀시키라고 하명하고 있다.

성균관에서 아뢰기를, "하교에 의해 다른 유생을 들어오라고 권하면서 연일 신칙했으나 한 사람도 들어오지 않아 재실이 텅 비었으니, 일이 너무나 매우 조처할 수 없습니다."하니, 하교하기를, "사론은 사론이고 도리는 도리다. 조정에서 가탁하는 버릇을 경계하는 게 성균관에 간여된 것이 뭐가 있는가? 그런데 서로 선동해 소란을 일으키며 미련하게 변통할 줄을 모르고 있으니, 이것이 과연 무슨 도리인가? 경상(卿相)[26]의 자제들에 있어서는 그 부형들이 각자 신칙하고 깨우쳤다면, 어찌 감히 그렇게 할 수 있겠는가? 선왕조에서도 일찍이 이런 처분이 있었으니, 오늘날 마땅히 이를 공경히 준수해야 할 것이다. 대신·경재의 아들·사위·아우·조카는 각자 모두 들여보내도록 하라고 성균관에서 자세히 알려서 감히 핑계 대는 일이 없도록 하고, 들어오기를 기다려서 곧 식당을 개설하게 하라."했다.[27]

4. 맺으며

위 내용들을 통해서 살펴본 순조의 유생에 대한 자세는 순조가 그럴듯한 말과는 달리 성균관을 그다지 중시하고 있지 않으며 유생이든 성균관이든 그들의 상소에 대해 주의 깊게 살피지 않고 있지 않음을 파악할 수 있었다. 성균관 유생들이 작성해 돌리는 통문도 공론 조성으로서의 중요한 과정인데 그것도 그다지 중시하지 않고 있음을 볼 수 있었다. 순조가 유생들을 경계시키는 명륜당의 글 판도 협잡한 타 지역의 유생들에게 해당되지, 성균관 유생들과는 직접적으로 관련 있는 일이 아니므로 속히 내려달라는 누차 같은 내용의 상소가 올라오고 있어도, 여전히 순조는 고집을 꺾지 않고 있다. 이런 성균관 유생들의 자세를 도리어 못마땅하게 여기며 그 계속된 행위들을 크게

26) 3정승+6조판서를 말함.
27) 『순조실록』, 순조 20년 8월 25일 무신조.

나무라고 있음을 볼 수 있었다. 따라서 성균관 유생들의 유소나 성균관의 상소들을 거의 수용하고 있지 않으니 순조의 성균관에 대한 관심은 무척 낮은 편이라고 할 수 있다. 관심이 낮으니 당연히 성균관 또는 성균관 유생들을 존중할 리가 없었다.

이를 통해서 우리는 순조가 즉위 초인 소년 시기에는 세도정치와 정순왕후의 섭정에 휘둘린 것도 이해하지만, 즉위 4~5년 뒤부터는 친정을 시작했음에도 불구하고 별반 시각이 달라지지 않고 있으며, 15~16세 무렵부터 30~31세 연령에 달할 때까지도 이미 성년이었음에도 불구하고 성균관과 성균관 유생들에 대한 시각이 초기와 같이 별다른 변함이 없었으며, 오히려 그 둘을 다 무시하는 생각이 지배적이었다는 사실이다. 이로써 우리는 순조 재위 시기에는 성균관이 계속 부진을 면할 수 없었다는 역사적 사실이 명확해진다.

제 4 장

순조 후반기 시각

1. 글머리

우리가 조선시대 성균관의 여러 가지를 연구하는 데 있어서 가장 힘들고 어려운 점들은 관련된 원 자료가 풍부하지 않다는 점이다. 왜냐하면 성균관이 일제 강점기에 강제로 제사기능만 유지되고 교육기능이 완전 중지되면서 오랜 기간 동안 엉망진창이 되는 각종 많은 수난을 당했다는 것이며, 그로 인해 관련 문헌들이나 서적 및 자료 등등 수많은 것들이 일본으로 반출되었거나 그 종적을 알 수 없이 흐지부지 없어졌고, 약간 남아 있던 것들조차도 8.15해방과 6.25전란을 거치면서 소실되거나 모두 행방을 알 수 없는 상태가 되었다는 것이다.

한편 조선시대에 아직 관직이 없는 모든 유생들의 상소를 특별히 유소라고 하였다. 그런데 남아 있는 유소들을 찾아내는 것은 매우 어려운 일이었다. 그래서 그나마 이에 대한 기록을 좀 더 확실하게 그리고 쉽게 찾아볼 수 있는 것은 『승정원일기』도 있었지만, 그것을 통해서는 유소의 내용들은 알기가 쉽지 않았고, 결국 주로 『조선왕조실록』이 그 실체를 파악하기가 좀 더 수월하였다. 따라서 『조선왕조실록』의 내용을 중심으로 고찰하게 되었으니, 사건마다 전반적인 모든 환경을 파악하기에는 당연히 이 연구가 가지는 한계점으로 고스란히 드러날 수밖에 없었다.

그러면서 성균관 유생들의 유소와 이에 대한 옹호나 국왕의 이해를 구하고자 하여 주로 설명을 통해 해명하기를 힘쓰는 성균관 상소에 대한 순조의 비답 내용을 분석해보는 것은 나름대로 의의가 있다고 보았다. 이런 것을 통해 순조 자신이 성균관과 교관들에 대한 관심, 그리고 그것을 바라보는 기본

시각이 어느 정도인지, 뿐만 아니라 성균관 유생들의 유소행위와 그 유생들을 순조가 어떻게 생각하고 있었으며 판단하고 있었는지를 비교적 잘 알 수가 있을 것이기 때문이었다.

2. 역사적 배경

순조는 1790년에 태어나 11세인 1800년에 즉위하였고, 1834년까지 비교적 긴 34년간 재위하다가 45세로 생애를 마쳤다. 순조 전반기는 이미 다루었고,[1] 본고는 순조의 후반기를 다루는데, 즉 1822년부터 1834년까지를 살펴서 순조의 성균관과 유생들에 대한 시각을 알아보고자 한다. 그것은 순조가 전반기만 해도 미성년자인데다가 정순왕후가 수렴청정을 했었고. 또 노론 벽파가 정권을 잡고 있을 때여서 사실상 허수아비였음으로 자신의 견해가 거의 없었다고 보아도 과언이 아니다.

그에 비해 순조 후반기는 수렴청정 시기도 지났고, 또 충분히 성년이 되었기 때문에 이전과는 다소 달라지지 않았을까 하는 궁금증을 확인하기 위해서였다. 물론 왕비가 김조순의 딸이어서 안동 김씨의 세도정치가 성행할 때였기 때문에 별반 달라지지 않았을 것이라는 선입견을 갖기는 쉬웠다. 그렇다 할지라도 그것이 입증이 될 만한 증거가 있어야 되겠기에 정확히 확인하고자 하는 것이었다.

한편 순조 후반기도 순조의 전반기와 마찬가지로 성리학적 이데올로기 질서에 위배되는 천주교 탄압은 계속되었으며, 안동 김씨 일족의 세도정치는 정치기강을 무너트려 민생은 도탄에 빠졌고, 각종 비기와 참설이 유행하는 등 사회혼란이 계속되었다.

따라서 외척들의 세도정치에 밀려 순조는 검소하고 덕이 있으며 학문을 사랑하는 왕이라고 평이 나 있었으나, 결국 왕권을 제대로 행사하지 못하였으며, 통치 기간 동안 전정, 군정, 환곡의 3정 문란과 잦은 흉년으로 백성들의

1) 「순조 전반기의 성균관과 유생에 대한 시각－유소에 대한 비답을 중심으로」, 『한국사상과 문화』 102집, 한국사상문화학회, 2020.12 참고 및 순조의 행적도 아울러 참고.

삶은 피폐해졌다.

순조는 안동 김씨의 세도정치를 견제하기 위해 풍양 조씨인 조만영(趙萬永)의 딸을 효명세자(28세)의 빈으로 맞아들이고 효명세자에게 대리청정을 맡겼다. 이때 풍양(豊壤) 조씨 일문이 중용되기 시작하면서 안동 김씨의 세도정치가 약화되는 듯 했으나, 효명세자가 대리청정 3년 만에 죽자 다시 안동 김씨의 세도정치가 부활하였고, 어린 헌종(8세)이 즉위하면서 다시 풍양 조씨의 세도정치가 일시 부활하였으나, 헌종이 후사 없이 23세로 일찍 죽으면서 소위 강화도령 철종(19세)이 즉위해 결국 안동 김씨들의 세도정치는 무려 60여 년간이나 계속되었다.

3. 순조의 후반기 시각

왕권시대보다는 신권시대라고 할 수 있는 조선시대에는 평소 성균관 유생들이 사회참여 의식이나 나름 성리학적 정의감의 발로로 일종의 대자보를 진사들이 거재하는 서재 쪽의 제1방 외벽에다 붙이곤 했는데, 그 내용들이 교관들의 비리문제나 조정 신료들의 부정부패 그리고 시국을 비판하는 등등 매우 다양한 것들이 있었다.[2] 그래서 관련자들이나 조정 고위층에서는 항시 그들이 가지고 있는 권력으로 억누르며 어떻게든 힘으로 다스리려고 하거나 관련 비위 사실을 부인하며 강하게 반발할 수밖에 없었는데, 이를 둘러싸고 조정이나 성균관에서는 이해충돌 문제가 생기거나 이에 얽힌 찬반논쟁들이 항상 있어 왔다.

아래 인용문 내용은 순조 전반기 마지막에 있었던 일, 즉 몇 유생들이 일부 조정 신료들을 비판한 일로 이에 대한 조치가 계속 이어져 온 것으로서 면학에 힘쓰지 않는 성균관 유생들의 잘못된 폐습이라고 판단한 순조가 사태의 확산을 막고자 전체 성균관 유생들을 훈계하는 경고성 글을 현판[3]으로 만들

2) 대자보 사건에 대해서는 연구자의 「조선시대 성균관의 벽서 사건 고찰」, 『동방사상과 문화』 2집, 동방사상문화학회, 2008 참고.

3) 현판 문제는 「순조 전반기의 성균관과 유생에 대한 시각－유소에 대한 비답을 중심으로」, 『한국사상과 문화』 102집, 한국사상문화학회, 2020.12 참고.

어 성균관에 달아놓은 일을 둘러싸고 성균관 유생들이 순종하기는커녕 빨리 철거하기를 요구하는 등 점점 더 반발하는 상황이 되어서 성균관 유생들의 입장을 일정 부분 두둔하는 성균관 책임자들의 상소가 이어진 일이었다. 이때 성균관 대사성이었던 홍기섭의 상소 내용은 극히 일부 몰지각한 성균관 유생들의 문제를 이렇게 처리한 조치가 과도하고 현명한 것이 아니라며 현판 환수를 요청한 것이었다. 이를 순조가 마지못해 현판 철거 요청을 수용은 했으나 다음에는 반드시 엄단하겠다는 조건부 처분을 내린 것이었다. 이때는 성균관의 환경도 세도정치에다가 붕당문제로 인하여 붕당 색깔에 따라 유생들 간에도 복잡하게 분열되어 있었던 상황이었으며, 사실은 성균관 안팎으로 노론이 이미 대세인 상태였다.

> 대사성 홍기섭(洪起燮)이 상소했는데, 대략 이르기를, "전교로 인해 태학의 벽 위에 게시한 현판을 보았습니다. 대체로 연전에 한두 명의 유생이 조정신료를 비난 배척하자 부정(不靖)한 조짐이 번지지나 않을까 깊이 염려해 즉시 크게 노여워하신 하교를 내리시고, 눈에 노상 잘 뜨이는 곳에 선갑(先甲)[4]의 영을 내걸기까지 하셨습니다. 신은 그때의 처분이 곡진하게 참작하신 바가 있다는 것을 모르는 바가 아니오며, 또 태학유생들의 상소에 대한 비답 가운데 현판을 게시하겠다는 것을 보더라도 이 일이 어찌 정말 사론을 지적한 것이었겠습니까? 성상께서 뜻하신 바는 다만 사론을 가탁해 협잡을 부리는 무리들을 통렬하게 금하자는 것일 겁니다. 그러나 사람의 마음은 깨닫기는 어렵고 미혹되기는 쉬우므로 왕정(王政)은 근본을 먼저 바로잡고 말절(末節)은 뒤로 미루는 것이니, 이 때문에 태학의 교화가 비롯된 것입니다. 그런데 지금 선비의 추향을 바로잡지 못하고 한갓 법금으로 몰아서 일치시키려고 하므로, 조정의 처분이 결국 근본은 버리고 말단에만 힘쓴다는 탄식이 있게 된 것입니다. 폐일언하고 금령을 설치하는 것은 성세(聖世)의 일이 아니고 또 태학에 있어서도 안 되는 일입니다. 삼가 바라건대 특별히 환수하라 명하소서."하니, 비답하기를, "현판을 게시한 것은 어찌 그러고 싶어서 한 일이겠는가? 풍습과 인심이 날로 혼탁

4) 법령을 제정하기에 앞서 미리 그 뜻을 효유하는 것.

해져 협잡을 부리는 사특한 무리들이 배양 사론에 가탁하기 때문에 통렬히 막아보고자 그렇게 하였던 것이다. 진정한 사론을 조정에서 어찌 꺾을 리가 있겠는가? 그러나 지금 그대의 상소를 보니 말한 바가 매우 옳으므로, 현판을 특별히 거두게 하겠다. 그러나 만일 이로 말미암아 다시 전처럼 사론에 가탁해 협잡을 부리는 폐단이 있을 경우, 단연코 배나 엄히 처분할 것이다. 그대는 이 비답으로써 유생들에게 효유하고 태학의 고사(故事)에 기재하도록 하라."하였다.[5]

순조가 지시한 경고성 현판 문제로 성균관 유생들이 반발하며 철거를 요구하는 권당까지 일전에 감행하였었는데, 다음 인용문 내용을 보면 이 문제로 성균관에서 현 시국을 비판하는데 과거 이인좌의 난[6]에 관련하여 사용한 비유를 놓고 옳고 그름을 따지는 잡음이 계속 일어나고 있는 상황이 전개되고 있어서 사태의 추이가 어떻게 되어 가고 있는지를 잘 알 수가 있다. 신정조와 한정진이라는 두 명의 성균관 유생이 통문을 통해 선동을 계속하니 결국 이들을 각각 전남 진도군 금갑도와 강진현 고금도라는 절도에 유배시키고 말았다.

이에 앞서 성균관에서 유생들이 권당한 소회로써 아뢰기를, "나라의 사신이 돌아오고 사첩(史牒)의 무함도 바루어졌습니다. 그런데 요사이 유생 신정조(申鼎朝)[7]

5) 『순조실록』 이하 모두 동일함, 순조 22년 1월 13일 기미조.

6) 李麟佐(1695~1728)는 남인가문에서 출생해 소론당파와도 연대하는 입장이었다. 영조의 즉위로 소론이 정계에서 배제되자 정희량·이유익·심유현·박필현·한세홍 등 소론 과격파는 갑술환국 이후 정계에서 물러난 남인들과 공모해 밀풍군 이탄(李坦: 昭顯世子의 증손)을 추대하고 정권쟁탈을 꾀하며, 대원수라 자칭하고 1728년 3월 15일 상여에 무기를 싣고 청주에 진입, 충청병사 이봉상, 군관 홍림, 영장 남연년 등을 살해하고 청주성을 점령했다. 격문을 돌려 병마를 모집하고 관곡을 푸는 한편, 서울로 북상해 목천·청안·진천을 거쳐 안성·죽산에 이르렀다. 이때 진압을 위해 출동한 도순무사 오명항의 관군에 패하자 죽산으로 도피해 산사에 숨었다가 신길만 등에게 잡혀 서울로 압송되었다. 3월 26일 친국에서 역모의 전모를 공술하고 다음날 군기시 앞에서 능지처참되었다. 영조는 원인을 폐쇄적 인사정책 때문으로 보고 노론 온건파 중심의 탕평책을 추진하게 되었다. 한국학중앙연구회, 『한국민족문화대백과사전』, 한국정신문화연구원, 1991 참조. 이하 인물에 대한 것은 동일.

7) 순조 22년(1822) 성균관 유생으로 있을 때 김일경(金一鏡)에 관련된 통문을 돌린 죄목으로 진도 금갑도에, 뒤에 나오는 한정진도 강진 고금도에 위리안치 되고 둘 다 노비로 전

등이 통문을 돌려 범연히 강세귀(姜世龜)[8]·이광좌(李光佐)[9]를 성토한다고 명목을 내세워 놓고 도리어 암암리에 구호하는 것 같았고 인용한 옛말도 해괴하지 않은 것이 없었습니다. 대저 흉심을 품고 원망을 쌓은 것은 김일경(金一鏡)[10]의 창자를 바꾼 것이었으며, 비방을 내포하고 조롱을 띤 것은 조덕린(趙德隣)[11]의 말을 빌렸는데, 문세(文勢)가 날카로워 좌우를 싸잡아 보는 것 같았으나 어맥(語脈)이 뒤얽혀 수미가 서로 호응하고 있는 것이 저절로 드러났습니다. 그 내용에 '하늘에서 낸 관리는 사(私)가 없다'느니, '공연히 《춘추》의 명목을 내세운다'느니, '의심스러운 일을 빚어낸다'느니, '바르고 거짓임이 비로소 분별되었다'느니, '기송의 문헌은 말할 것도 못된다'느니, '하늘이 정해지지 않았는데 사람을 이기겠느냐'느니, '사신이 수고가 많았으나 속이지 못할 것은 하늘이다'느니 하는 등등의 말은 실로 그 속셈이 어디에 있는지 헤아릴 수 없습

락함.

8) 1660년 진사, 1676년 강릉참봉, 1678년 증광문과 을과급제, 승문원정자·정언·수찬 역임. 이듬해 교리로 문과중시 장원, 동부승지가 되고, 1689년 호조참의, 충청도관찰사, 1692년 예조참의, 1693년 대사간이 되어 이듬해 왕의 유행(遊幸)을 간하다가 파직. 1701년 장희빈을 사사하려 하자 이를 극력 반대하다가 홍원에 유배되어 죽음.

9) 이광좌(李光佐, 1674년~1740년)는 소론의 거두. 소론 온건파인 완론의 지도자였으며 소론 강경파인 준론이 결국 이인좌의 난으로 몰락한 뒤에는 완론만이 정계에서 겨우 명맥을 유지하게 되었다. 1728년 이인좌의 난 진압 직후 분무원종공신 1등에 책록, 동시에 1728년 4월부터 1728년 6월까지 영조를 보좌하여 두 달 간 대리집정을 맡았다.

10) 김일경(1662~1724)은 숙종 때, 소론으로서 동부승지가 되었으나 노론에 의해 부사과로 전직하게 된다. 이후 소론 강경파 노선을 걷게 된다. 경종 즉위 후 이조참판, 대사헌, 형조판서 등을 지냈으며 노론의 연잉군 왕세제 책봉을 반대했다. 그러나 연잉군이 왕세제가 되고 노론의 주도로 대리청정을 강력 반대해 무산시켰다. 뒤이어 노론계열 인사 목호룡을 소론으로 전향시킨 뒤 임인옥사를 주관해 노론계 인사들을 숙청했다. 1724년 왕세제가 영조로 즉위하자 노론의 재집권 이후 노론 4대신을 비롯한 노론계 인사들의 처형에 개입했다는 이유로 영조 즉위 후에 유배되었다. 이어 임인옥사에 대한 보복으로 목호룡과 함께 잡혀 고문당했지만 끝까지 영조에게 불복, 공모자들의 이름을 자백하지 않고 처형당했다.

11) 1658~1737, 1725년 노·소론의 당론이 거세지자 당쟁폐해를 논하는 10여조의 소를 올렸다가, 노론 비난 내용이 있어 당쟁을 격화시킬 염려가 있다 해 종성에 유배. 70여 세의 나이로 3년간의 적거(謫居) 끝에 1727년 정미환국으로 소론이 집권하게 되자 유배에서 풀려 홍문관응교에 제수되었으나, 서울에 들어와 숙사(肅謝)한 다음 곧 귀향했다. 1728년 3월 이인좌의 난이 일어나자 영남호소사에 피임, 격문을 돌리고 일로(一路)의 의용병을 규합해 대구사마방목에 내려갔으나 난이 평정되어 동부승지에 임용되고 경연에 참석. 얼마 뒤 병으로 사직하고 환향해 학문에 몰두했다. 1736년 서원 남설 반대소를 올리자, 1725년의 소와 연관되어 노론의 탄핵을 받고 제주로 유배가던 중 강진에서 죽었다. 그의 상소는 몇 차례에 걸친 소론들의 재집권을 위한 난언·벽서사건의 실마리를 만들기도 하였다.

니다. 무엇보다도 그 중의 주공(周公)과 우순(虞舜)의 몇 마디 말은 더욱 지극히 존경스러운 곳에 저촉이 되었다 하겠습니다. 그가 비록 어려움 없이 붓대 돌아가는 대로 성상을 핍박했지마는, 신 등은 뼈가 쑤시고 머리카락이 치솟아 감히 그 말뜻을 형용할 수 없습니다. 아! 패악스럽습니다. 그 밖에 또 좌우로 보지 못할 툭 튀어나온 말이 좌우로 있었는데, '신(新)의 양웅(揚雄)의 패란스러운 이름을 사책(史册)에 올렸다.'는 것[12]은 무엇을 말한 것이겠습니까? 《강목》에서 특별히 양웅에 대해 쓴 것은 대체로 망대부(莽大夫)의 죄를 바루려는 것이었는데, 신정조가 어떤 일을 지목해 한(漢)과 신(新)을 구별했으며 누구를 가리켜 망 대부의 난명(亂名)이라 했단 말입니까? 또 '관·채(管蔡)의 악독[13]으로도 감히 유언비어를 퍼뜨리지 못했다.'는 것은 무엇을 말한 것입니까? 관중과 채숙이 유언비어를 퍼뜨린 것은 바로 성인(聖人－주공)의 변에 대처한 불행한 일이었는데, 신정조가 무엇 때문에 기어코 관중과 채숙을 끌어들였으며 무슨 일을 가리켜 감히 유언비어를 퍼뜨리지 못한 증거를 삼은 것입니까? 또 '간사한 태(泰)가 걸(桀)을 돕고 역적 인(麟)이 여(呂)를 편든다.'라고 한 것은 무엇을 말한 것입니까? 그 말하는 투로 보아 을사년(1725) 이전에 해당하는데, 무신년(1728)과의 사이가 아직도 멀고 보면 태(泰)이니, 인(麟)이니, 걸(桀)이니, 여(呂)이니 하는 것은 어떤 사람이며 어떤 일이란 말입니까? 그처럼 모순되고 이처럼 모호합니다. 그런데 또 이어서 말하기를, '위수(渭水)는 경수(涇水)를 흐리게 하지 못하고 가라지는 곡식의 싹을 어지럽게 하지 못하는 것과 거의 같다.'고 했는데, 거의라는 말은 아마도의 뜻으로 확정이 되지 않은 상태를 말한 것입니다. 그렇다면 경위(涇渭)·유묘(莠苗)는 지금까지 분명하지 않은 범주로 돌린다는 말입니까? 아! 그도 두 성조(聖朝)의 우로(雨露) 속에 길러진 사람 중

12) 신(新)은 전한 말 외척 왕망(王莽)이 유씨(劉氏)를 멸망시키고 세운 나라 이름인데, 여기에서는 전한의 대학자인 양웅(揚雄)이 왕망에게 아부한 것을 온당치 못하게 여겨 주자가 《강목》을 저술하면서 특별히 양웅의 죽음에 대하여 '망 대부 양웅 죽다.[莽大夫 揚雄死]'라고 폄하해 쓴 것을 인용한 말임.

13) 무왕이 죽고 성왕이 즉위하자 주공이 섭정했는데, 이 두 사람이 여러 아우들과 유언(流言)을 퍼뜨리기를, "주공은 장차 성왕에게 이롭지 못한 짓을 할 것이다."라고 했음. 그리고는 은나라 주왕의 아들 무경과 함께 모반했는데, 주공이 성왕의 명을 받들어 관숙과 무경을 죽이고, 채숙을 내쫓았음.

의 하나입니다. 마음에서 싹이 터서 말에서 발로되는 것입니다만, 사심(邪心)을 품고 간특한 짓을 하려는 것이 한 결 같이 이 지경에 이르렀으니, 그 또한 무슨 마음이란 말입니까? 신 등은 신정조 등의 이 통문이 과연 누구의 손에서 나왔는지 모르겠습니다만, 만일 신정조의 자작(自作)이라면 이는 신정조가 흉측한 사람이고, 혹 따로 배후가 있어 음으로 한번 시험해 보려는 심산에서 교묘히 거짓으로 유도하는 술책을 썼다고 한다면 이는 신정조가 흉측한 사람들에게 꼬임을 당한 것입니다."하니, 하교하기를, "통문을 가져다 읽어 보니, 이랬다저랬다 갈피가 없어 알아볼 수 없었으므로, 매우 해괴하고 놀랍다고 할 수밖에 없었다. 게시한 현판을 철거한 지 며칠이 되지 않아 이런 일이 있었으니, 나라에 법과 기강이 있다고 하겠는가? 신정조 등을 형조에서 잡아다가 엄히 문초하라."하였다. 형조에서 아뢰기를, "신정조에게 여러 차례 캐물었더니, 자기는 글을 할 줄을 모른다고 하면서 한정진(韓鼎鎭)에게 떠넘기었습니다. 이에 한정진의 집에 있는 사고(私稿)를 가져다 대조해 필적이 부합하자 비로소 자복했습니다."하니, 하교하기를, "신정조는 차작(借作)해 이름만 붙였으니 너무나도 형편없고, 한정진은 통문을 지어 주되 이랬다저랬다 갈피를 잡을 수 없게 했으니, 몰지각한 무리이다. 별로 숨겨진 내막도 없었는데 성균관 유생들이 주해를 붙였으니, 참으로 너무나 지나쳤다. 둘 다 엄히 형장을 가한 뒤에 절도(絕島)에 보내어 노비로 삼게 하라."하였다. 신정조는 진도군 금갑도(金甲島)에 정배하고, 한정진은 강진현 고금도에 정배했는데, 양사(兩司)에서 번갈아 글을 올려 잡아다 국문할 것을 청했으나, 윤허하지 않았다.[14)]

이러한 상황이 계속되는 가운데 다음 인용문에서 살펴볼 수 있는 것은 사간원 정언 이지용이 신정조와 한정진 두 유생을 아주 나쁜 유생들로 평가하면서 결코 목숨을 부지하게 해서는 안 되기에 다시 불러다 국청을 설치해 더 엄한 벌을 주어야 한다고 했으나 순조가 이를 윤허하지는 않았다.

14) 『순조실록』, 순조 22년 2월 17일 계사조.

간원(대사간 이경삼(李敬參)·정언 이지용(李志容))에서 아뢰기를, "아! 통분합니다. 인심이 못된 데로 빠져 변괴가 거듭 발생했는데, 형조의 두 죄수에 이르러 극도에 달했습니다. 그들은 아주 낮은 신분으로 감히 흉측한 마음을 품고 함부로 통문을 만들어 성균관에 돌렸는데, 말이 알쏭달쏭하고 인용한 바가 매우 어긋나 글자마다 간특하고 구절마다 흉악했으므로, 이목을 가리기 어렵고 손발이 다 드러났으니, 듣는 자는 머리카락이 치솟고 본 자는 간담이 뒤흔들렸습니다. 다행히 수선지지에 힘입어 권당까지 했으니, 즉시 국청을 설치하고 그날로 처단했어야 합니다. 그런데 형조로 하여금 정상을 조사해 간단하게 형신(刑訊)만 가한 뒤에 곧바로 참작해 처리했습니다. 형조 당상이 연명으로 올린 상소는 실로 법을 지키려는 뜻에서 나왔는데, 다만 살리기를 좋아하시는 성상께서 마침내 가벼운 죄에 붙이셨습니다. 세상에 어떻게 난언(亂言)과 부도(不道)로 자복하고서도 살아서 옥문을 나와 천지간에 목숨을 부지한 자가 있단 말입니까? 만일 미친한 사람의 말이고 이미 감죄해 정배한 일이라고 핑계를 댄 채 논하지 않는다면, 나라에 법이 있다고 말할 수 있겠습니까? 청컨대 금갑도에 노복이 된 죄인 신정조(申鼎朝)와 고금도에 노복이 된 죄인 한정진을 빨리 의금부로 하여금 국청을 설치하고 내막을 캐내어 쾌히 법을 시행하게 하소서." 하니, 윤허하지 않았다. 사헌부(지평 이준호(李竣祜))에서 아뢰었으나, 윤허하지 않았다.[15]

이 사건이 잘 매듭지어지지 않고 시간이 지날수록 이상한 방향으로 흘러가며 일종의 단식투쟁인 권당(捲堂)을 되풀이 하는 등 여진이 계속되는 상황임을 다음 인용문 내용을 통해서 알 수 있다. 말하자면 성균관 교관들이 보기에는 전보다 더 고약한 김기서와 같은 유생들이 나타나 해괴한 비유와 난해한 글로 정통 유학의 질서를 어지럽힌다는 시각으로 엄벌해달라는 상소를 하고 있으나 순조는 의금부에서 합당한 처리를 할 것이니 성균관 유생들의 권당이나 해결하라고 명하고 있다. 이를 통해서 보면 순조가 성균관 대사성이 상소하면 그나마 들어주는 체 하지만 일반 교관들이나 유생들의 유소는 대부

15) 『순조실록』, 순조 22년 3월 20일 을축조.

분 무시하고 있다는 느낌이 들고 있다.

성균관에서 아뢰기를, "유생들이 권당한 소회에 대해 말하기를, '세상이 날로 저속해지고 인심이 점차 함닉되어 거짓되고 간사한 언행과 괴이한 귀신같은 무리들이 갖가지로 나왔는데, 근일 김기서(金基敍)[16]의 무리들의 일에 이르러 극도에 달했습니다. 신 등이 이른바 제문이란 것을 가져다가 읽어 보니, 글 전편의 말뜻을 참으로 이해하기 어려웠습니다만, 그 중에 이른바 「포은·야은과 같이 역사에 빛나지 않았다.」라고 했습니다. 신 등은 이를 보고 자신도 모르게 터럭과 뼛속이 섬뜩하고 간담이 서늘해졌습니다. 그는 천지 사이에 지극히 요사스럽고 허탄한 일개 도깨비의 환상적인 따위에 지나지 않는데, 어떻게 선현에게 비교할 수 있단 말입니까? 대체로 포은은 정몽주의 호이고 야은은 길재의 호입니다. 야은의 행의(行義)와 명절(名節)을 어려움 없이 들어서 부도(不道)한 무리에게 비유했으니, 이것만도 극도로 미워하고 비방했다고 하겠습니다. 그런데 더구나 포은 선생은 숙덕(宿德) 대로(大老)로서 정자와 주자의 정학(正學)을 맨 먼저 제창해 곧바로 낙민(洛閩)[17]의 전통과 접함으로써 도덕이 빛나 우뚝이 우리 동방이학의 시조가 되었으며, 그 충성과 지조에 있어서는 해와 별처럼 밝게 드러났고 보면, 백세 아래에 비록 부인과 어린아이도 모두 듣고 칭송하고 있습니다. 아! 저 몇몇 조정 관료들은 모두 드러나고 화려한 문벌과 재상의 반열 속에 낀 무리로서 스스로 어진 이의 글을 읽고 선비의 영역을 조금 엿볼 수 있다고 여기고 있으니, 선현을 높은 산처럼 우러러보는 마음이 보통의 선비보다는 달라야 할 것입니다. 그런데 지금 도리어 사도(邪道)에 빠져 못된 잡귀에게 아첨했으니, 이는 미천한 점쟁이나 더러운 무당도 하지 않는 바입니다. 그런데 더구나 감히 정정 당당한 대현(大賢)을 똑같이 거명해 일컬어 마치 이쪽은 드러나고 저쪽은 묻혀 애석히 여긴 것처럼 했으니, 아! 조금만 이성이 있다면 어찌 차마 이처럼 말하겠습니까? 이 말이 만일 유행된다면 유도(儒道)를 배반하고 오랑캐를 따르다가 잡귀가 되지 않을 자가 몇 명이나 되겠습니까?

16) 1803년 별시문과에 병과로 급제 정언(正言)을 역임.
17) 낙(洛)은 정자, 민(閩)은 주자를 말함.

그리고 그 글에 「국사에는 숨김이 많다.」 하였고, 또 「우리 조정을 장엄하게 한다.」 했는데, 신 등은 국사에서 숨겼다는 것은 무슨 말이며, 우리 조정을 장엄하게 한 것은 무슨 일인지 이해가 가지 않습니다. 구절마다 알쏭달쏭해 가리키는 뜻을 헤아릴 수 없으므로, 신 등은 놀라움과 분개, 걱정과 탄식을 금하지 못하겠습니다. 대간의 상소에 이미 제기되었고 그들의 공초가 마감되지 않았으니, 다시 장황하게 말할 필요는 없겠습니다. 그러나 다만 그 패악스러운 구절을 아직 추출해내지 않았고, 진정한 죄안을 설파하지 않았기 때문에, 바야흐로 입을 모아 성토하려고 했습니다. 그런데 재임(齋任)의 인원이 갖추어지지 않아 아뢸 길이 없습니다.'라고 했습니다."하니, 하교하기를, "유생들의 소회는 정대한 의논이라고 하겠다. 그러나 조정에서 지금 이미 통촉하고 있으니, 의금부에서 응당 엄히 처치할 것이다. 잘 타일러 들어가도록 권해야 할 것이다."하였다.[18]

다음 인용문의 내용은 시간이 지나 이제는 다른 일로 성균관에서 상소한 것이지만 앞에서 다룬 사건들과 계속 유사한 일로서 시간의 차이를 두었을 뿐이었다. 조선시대 최고의 고등교육기관인 성균관에서는 언제나 그랬듯이 학식수준이 높거나 낮은 유생들도 있었고, 행실이 바르거나 나쁜 유생들도 있었으며, 마찬가지로 이런 저런 교관들과 대사성도 있었다. 말하자면 관직에 진출한 선배로서 유학을 이미 배웠거나 예비 관료 후보자이며 후배로서 지금 한창 배우는 중일지라도 항시 똑같은 가치관과 태도를 갖게 될 수는 없는 일이었다. 출신이나 붕당에 따라 달라지며 계속 지위가 달라지면서도 그때그때 만들어지는 입장 차이는 어쩔 수 없이 생기게 마련이었다. 그러나 순조는 전반기든 후반기든 별로 그 시각이 크게 달라지지 않고 있었다.

그래서 성균관 대사성을 비롯한 교관들은 대개가 유소나 통문이나 비방하는 글들을 보고 선동하는 일부 유생들의 천박하기 짝이 없는 풍조라고 탄식하는 게 일반적인 태도였으며, 그러다보니 유생들끼리도 싸우지만 성균관 교관들과 유생들 간에도 마찰이 일어나는 게 다반사였다. 다음 내용은 성균관 대사성 정기선이 비판적인 글을 써서 소란케 한 김희용 유생을 벌준 일로 다

18) 『순조실록』, 순조 22년 4월 14일 무오조.

른 유생들이 반발하며 권당을 하니 이런 문제로 성균관과 조정이 시끄러워졌는데, 이때 순조는 성균관 유생들이 사유(師儒)인 성균관 대사성을 대하는 태도가 매우 잘못되었다며 효유(曉諭)하여 각기 제자리로 돌아가도록 하라고 명한 것이었다.

> 성균관에서 거재유생들이 권당한 소회에 의하여 아뢰기를, "신 등은 수선지(首善地)에 있으면서 세도를 어지럽히는 일을 목격하고 모두 우려하고 탄식했습니다. 삼가 생각건대, 충(忠)·질(質)·문(文)을 가감한 것은 바로 삼대 때 건국하였던 규범이었습니다. 그러나 질을 숭상했던 정치가 문이 부족하다고 해 변경하지 않았고, 문을 숭상했던 정치가 질이 부족하다고 해 고친 일이 없었던 것은 질가(質家)와 문가(文家)가 각각 정해진 바가 있어서 예악과 문물에 관계되고 존비와 귀천에 관계되어 천도가 유행되고 인기(人紀)가 확립되기 때문입니다. 아! 우리 조정은 중국의 밖에 있는 문치를 숭상하는 소중화입니다. 삼한시대와 신라·고려 사이에도 여전히 비루한 이속(夷俗)을 면치 못하다가 우리 조정에 이르러서 태조와 태종께서 고려에서 숭불하던 뒤에 인륜을 밝히고 고려에서 멸유(蔑儒)하던 끝에 강상(綱常)을 펼치셨습니다. 그러므로 '명분' 두 글자와 관계된 것은 그 엄중함이 분명하고 그 차등이 현격해 구습을 말끔히 씻어 마치 해가 중천에 떠 있는 것처럼 하셨습니다. 그때에 즈음해 명나라 고황제께서 우리나라에 예서(禮書)와 관상(冠常)의 제도를 내려줌으로써 의절(儀節)의 가감과 명위(名位)의 등급이 정연히 구분이 있게 되어, 푼[分]은 치[寸]를 넘지 못하고 치는 자[尺]를 넘지 못했으니, 우리나라 4백 년 기업을 유지해 온 것은 오로지 여기에서 말미암은 것입니다. 그런데 지금 갑자기 김희용(金熙鏞) 등의 상소가 나왔는데 그 기세가 필시 한 세상을 바꾸어 우리 조종께서 나라를 세우신 제도를 변경하고 말겠으니, 어쩌면 이토록 외람스러울 수 있단 말입니까? 그러나 그 상소 가운데의 내용으로 본다면, 실로 천지간에 지극히 원통한 일이었습니다. 그들이 간절히 바란 것이 3가지가 있었는데, 하나는 아비를 아비로 부르지 못하는 것이고, 하나는 가계를 계승하지 못하는 것이며, 하나는 사대부들과 같이 벼슬길에 나가지 못하는 것이었습니다. 천지는 만물의 부모이므로 귀천을 막론하고 모두 하늘을 하늘로 부르고 있는데, 유독 서얼만 그의 아비를

아비로 부르지 못하고 있으니 그 원망은 당연한 것입니다. 그렇지만 아비로 부르는 것은 애당초 나라에서 금지한 조항이 없었고 보면, 사대부들 집에서 적손과 서손의 구분을 엄히 한 소치로서 각기 그 아비가 아비로 부르는 것을 허용하지 않았던 것입니다. 그의 아비가 허용하지 않았는데, 어찌 그 아비에게 간청하지 않고 임금에게 호소한단 말입니까? 자식으로서 가계를 계승하지 못한 것에 있어서는 역시 떳떳한 천리와 인정이 아니니, 그 아비의 피붙이로 할아버지와 아비의 가계를 계승하지 못하는 것은 정말 그의 말과 같이 원통하고도 원통한 일입니다. 또 적처나 첩에서 모두 아들이 없을 경우 후사를 세우게 한 조문이 과연 예전(禮典)에 실려 있으나, 이 역시 아비 된 사람이 예전을 따르지 않고 후사를 세운 것을 위해 만든 것입니다. 아비가 한 일을 가지고 누구를 원망하고 누구를 탓하겠습니까? 아비가 자신이 낳은 아들에 대해 사랑하는 것이 귀천의 차이가 없는데 후사로 삼지 않은 것은 다만 막판의 폐단을 염려한 것입니다. 이른바 첩이란 것은 절차를 밟지 않고 만난 것입니다. 양가(良家)의 여자를 맞는 경우는 10분의 1, 2에 불과하고 공사간의 여종으로 첩을 삼은 것은 10분의 8, 9나 되는데, 만일 첩에서 난 자식으로 계속 후사를 삼는다면 후사가 된 자의 어미 쪽과 처의 쪽이 모두 척속(戚屬)이 되므로 결국에는 전부가 상천(常賤)이 되고 말 것입니다. 그러므로 한번 첩의 아들로 적통을 계승하는 길을 터놓으면 다시 사대부 집의 모양을 이룰 수 없을 것입니다. 오늘 한 집이 적통을 계승하고 내일 또 한 집이 적통을 계승한다면, 몇 년이 안 되어 구분 없이 뒤죽박죽이 되어 차츰차츰 인륜이 없어지는 지경에 이를 것이기 때문에, 아비가 서자를 후사로 삼지 못하는 것입니다. 서손이 벼슬길을 사대부와 같이 나가지 못한 것은, 적통을 계승하지 못한 소치인데, 그 길이 다르고 그 자리가 따로 있습니다. 그러므로 비록 4백 년 이래 열성조에서 극도로 고루 감싸주고 진념해 주셨으며 여러 명신들도 매우 불쌍히 여기고 애석하게 여겼으나 끝내 소원대로 들어주지 못한 것은 나라를 세울 때의 제도를 변동할 수 없었기 때문입니다. 저들이 비록 매우 사정(私情)이 원통하더라도 어찌 감히 경장이니 변통이니 하는 등의 말로 번거롭게 소를 올려 요청할 수 있단 말입니까? 준수나 경장이 각기 여건에 맞아야 하는 법인데, 준수하고 경장할 수 없는 것은 바로 오늘날의 일을 두고 한 말입니다. 세도가 쇠퇴하고 인심이 천박해 윤상과 기강이 날로

퇴패해지고 있는 때에 또 이와 같은 상도에 어긋난 상소가 나왔으니, 이것이 무슨 꼴이며 이것이 무슨 도리란 말입니까? 수만 수천으로 무리를 지어 그 기세가 두려우니, 신 등은 걱정스러움을 금하지 못하겠습니다. 명교상(名教上) 단연코 빨리 상소를 올려 그들의 외람됨을 배척하지 않을 수 없기 때문에 전원이 입을 모아 회좌(會坐)하여 상소의 논의를 확정지으려 했는데, 저들의 상소를 잘 알았다고 통보하기 전에 장의신 이재신(李在臣)이 스스로 경망하고 성급한 실수를 저질렀기 때문에 그대로 합사(合辭)하여 그에게 벌을 주었습니다. 그리고 상소를 초안할 때에 갑자기 대사성 정기선(鄭基善)이 거재유생들이 자기에게 상의하지도 않고 임의로 장의에게 벌을 주었다고 하여 유생들에게 벌을 주었습니다. 또 지금 장의 이원응(李源膺)이 재실에 들어왔기에 상소하는 일을 결정지으려고 합사(合辭)해 절충했더니, 석전이 끝난 뒤에 확정하자고 약속하고는 정작 석전을 끝낸 뒤에는 그가 약속을 어기는 바람에 한나절을 서로 버티다가 결국 지루함에 화가 나서 동재는 전원이 재실에서 나갔고 서재에서는 반수에게 벌을 주었습니다. 집에 돌아오자 동재와 서재에 대한 벌이 풀리기는 했으나, 신 등이 유생의 반열에 끼어 있으면서 전에는 대사성이 준 벌로 인해 뜻을 펴지 못했고 뒤에는 장의에게 벌을 준 일로 자신을 용서할 수 없어서, 마음 가득히 부끄럽고 쑥스러워 몸 둘 바를 모르겠습니다. 이러한 처지로 어떻게 태연히 당(堂)에 들어갈 수 있겠습니까? 신의 집으로 물러나와 삼가 처분을 기다립니다."하니, 하교하기를, "서류(庶類)가 하소연하는 것은 열성조에서 늘 있었던 일이었으나, 그때 권당하고 시끄럽게 한 일이 있었다는 말을 듣지 못했다. 옛날의 유생이 어찌 지금 사람보다 못해서 그랬겠는가? 비록 소회로 말하더라도 이미 '천지간에 지극히 원통한 일이다.'라고 했고, 또 '떳떳한 권리와 인정이 아니다.'라고 했으니, 유생들도 도리를 알고 있는 것이다. 그렇다면 유생들은 윤리를 밝히고 선행을 으뜸으로 하는 자리에 있으니, 의당 '하소연하는 것은 이상하게 여길 것이 없다.'고 해야 하고, 또한 '떳떳한 천리와 인륜으로 돌이켜 보아야 한다.'고 말해야 할 것이다. 그런데 지금 그 말이 모순되는 것은 돌아보지도 않고 오직 불평만 일삼고 있으니, 옳은 일인가? 또 대사성이 벌을 준 것은 무슨 일로 그러했는지 모르겠으나 한번 벌을 주었다고 해서 거리낌 없이 대사성의 잘못을 열거했으니, 어찌 사유(師儒)를 대하는 도리라 하겠는가? 유생을

위해 깊이 개탄하고 애석하게 여기는 바이다. 이로써 효유하여 즉시 들어오도록 권하라."하였다.[19]

정기선이 겨우 40일 정도 성균관 대사성으로 재임하다가 세자시강원 보덕으로 자리를 옮긴 뒤 8월 3일자로 김난순(金蘭淳)이 새 대사성이 되었는데[20], 순조는 새 대사성이 지금까지 잘못된 성균관 유풍을 바로 잡도록 하라고 명하였다. 순조는 성균관 유생들에게 예를 가르치는 책임이 있었던 정기선에게는 잘못이 없다고 하며, 오히려 성균관 유생들이야말로 배우는 자세가 전혀 아니고 당연히 받아야 할 벌을 받은 일로 권당까지 행하는 매우 무례하기 짝이 없는 태도라고 개탄하고 있다.

보덕[21] 정기선(鄭基善)이 성균관 유생들이 권당한 소회에 대해 변론하는 상소를 올렸는데, 비답하기를, "그대는 잘못이 없는데, 인혐할 게 뭐 있겠는가? 대저 지금의 대사성은《주례》에 선비를 가르치는 대사성과는 다르다 하더라도 스승의 도리가 있다는 점에서는 한가지이다. 유생이 언론이나 소견이 차이가 있을 경우 반복해서 토론하는 것은 좋지만, 마치 송사하는 자처럼 함부로 헐뜯고 밀어붙여서야 되겠는가? 유생을 소중히 여긴 것은 성현을 배우고 도리를 알며 임금을 높이고 스승을 존경하며 경상적인 것은 지키고 예절을 바르게 가지기 때문이다. 의당 이렇게 해야 하는데, 근래에는 그렇지 않아 왕왕 사리와 가부를 살피지 않고 있다. 그리하여 대사성을 아주 우습게보고 성묘를 비우는 것을 어려워하지 않는 등 거조가 전도되어 듣고 보기에 매우 해괴해서 세파에 추종한다는 탄식만 자아내고 자중하는 의의가 전혀 없으니, 이는 정말 조정에서 잘 인도해 육성하지 못한 탓이기는 하나, 유생들을 위해 애석하게 여기지 않을 수 없다. 지금 상소의 비답에 대략 나의 걱정스러운 뜻을 보이니, 새 대사성(김난순)이 나와서 명에 응하기를 기다려 비답의 뜻을 동재와 서재의 벽에 붙여

19) 『순조실록』, 순조 23년 8월 2일 무술조.
20) 『순조실록』, 순조 23년 6월 24일, 8월 3일 참고.
21) 세자시강원의 종3품 관직.

놓고 유생들로 하여금 항상 주목하여 서로 연마하고 면려하며 글을 읽고 의리를 밝혀 우리의 옛날 유풍(儒風)을 진작시키라고 분부하라."하였다.[22]

또 다음 인용문의 내용에서는 조정에서 행정 개편에 따라 풍덕(개성부) 향교와 송도 향교를 합친 후 이에 반발해 일어난 일인데, 풍덕 유생과 양주 유생들이 팔도 통문을 통해 성균관 유생인 이명규와 김영 등을 사주하여 그들의 풍덕 교궁(향교) 재건 문제로 멋대로 행정 절차를 무시한 채 위판 매설을 감행하고, 거기 필요한 전재(錢財)를 토색질을 하며 불법적으로 모은 사건이 일어났음을 알 수 있다. 순조는 직접 이와 같은 일들을 벌인 유생들을 유배시키라고 명하고, 아울러 사전에 유소를 맘대로 올리지 못하게 해야 하는데, 이를 제대로 막지 못한 성균관 고위 책임자들도 감봉 처분시키며 보다 자세히 조사해 죄의 경중에 따라 엄히 처벌하라는 명을 내린 것이었다. 그런데 이 일은 그 후로도 상당히 오래 동안 잡음이 계속 되었다.[23]

비국[24]에서 아뢰기를, "방금 성균관의 보고를 접했는데, 당진의 유학(幼學) 이구현(李九鉉) 등의 단자(單子)를 낱낱이 들어 이르기를 '풍덕을 송도에 합속(合屬)한 후에 유생 이명규(李明奎)·김영(金鐔)의 무리가 풍덕 유생의 사주를 받아 감히 교궁(敎宮)을 다시 설치한다는 논의를 창도하고, 위판을 묻은 곳에서 사사로이 제사를 지냈으며, 진소(陳疏)하기 위해 청(廳)을 설치한다고 일컬으면서 팔도에 통문을 보내 전재(錢財)를 모아 듣는 자들을 현혹시키고 있습니다. 통문을 내고 수창한 사람을 아울러 즉시 적발해서 해당되는 율을 시행해야 합니다.'라고 했습니다. 고을을 합치면 사단(社壇)과 향교의 위판을 묻는 것은 사리로 보아 그렇게 하지 않을 수 없는 것이며, 비록 국조(國朝)의 고사(故事)로 말하더라도 멀리는 우선 논할 것 없이 1백여 년 안에 그런 예가 두세 번이 아니었으니 이는 바로 이미 행한 의절(儀節)로 쉽게 알 수 있는 것입니다. 그

22) 『순조실록』, 순조 23년 8월 3일 기해조.
23) 『순조실록』, 순조 26년 12월 29일 병자조 참고.
24) 군국 사무를 맡아보던 비변사 관아.

런데 작년 겨울 구 풍덕의 사민 무리들이 한번 고을을 송경과 합친 후에 패악한 무리들을 모아서 백지(白地)에 허황된 말을 만들어 내고 형체와 그림자를 숨긴 채 양주의 무식한 유생을 모아 유허(遺墟)에 단을 쌓고 사사로이 제사를 지냈으니, 설만하고 욕됨이 이보다 더 심할 수가 없습니다. 그러자 경외의 괴귀(怪鬼) 같은 무리들이 '위판을 묻는 것은 부당하고, 또 묻을 때 예(禮)대로 하지 않아서 설만하고 더러운 일이 있었다.'고 하면서 서로 소청을 만들어 성묘를 회복한다는 명분으로 열읍의 교원(校院)에 통문을 발송해 부조하는 물건을 토색질했습니다. 허구 날조한 말이 날로 더해가고 있는데, 외면으로 보기에는 가난한 무리배들이 전재를 모아 일이 없는 가운데서 일을 만드는 계책처럼 보이나, 말세의 풍속이 쉽게 그르쳐져 사람들마다 깨우쳐 주기가 어려우니, 참으로 작은 걱정이 아닙니다. 위판을 묻을 때의 일에 이르러서는 춘조(예조)에서 예를 들어 계하한 후에 향축을 보냈고, 또 송영(松營)에서도 의식을 춘조에 상고해 모방해 먼저 고유(告由)했으며, 터 안의 깨끗한 곳을 가려서 예(禮)대로 봉안했는데, 그때 참반(參班)한 유생 및 비교(裨校)·이민(吏民)들이 모두 목격했다고 합니다. 한번 조사하면 알 수 있는데도 이제 '흉패(凶悖)하게 원수처럼 보았다.'는 등의 말을 어려움 없이 남에게 가했습니다. 참으로 환퇴[25]와 광인(匡人)[26]이 아니라면 어찌 우리 부자(夫子)에 배치(背馳)된 자가 있겠습니까? 조가(朝家)에서 만약 별도로 엄히 죄주어 그 협잡하고 허구 날조한 죄를 밝히지 않는다면 목하의 소란을 그치게 할 방도가 없습니다. 청컨대 구 풍덕 유생으로서 당초에 창론(倡論)한 자와 양주 유생으로 사사로이 제사를 지낸 자를 개성유수와 기백(畿伯)으로 하여금 낱낱이 조사해 내어 원지(遠地)로 정배(定配)한 후 장문(狀聞)하게 하며, 통문을 발송하고 소청을 설치한 경외의 패악한 유생 역시 형조로 하여금 이름을 물어 붙잡아다가 아울러 조율(照律)하여 원배(遠

25) 춘추 시대 송(宋)나라의 대부. 그 무렵 공자가 송나라를 지나면서 큰 나무 아래서 제자들에게 습례(習禮)하게 하였는데 환퇴가 사람을 시켜 그 나무를 베도록 하여 습례하는 일을 방해하게 하였고, 또 공자에게 박해를 가하려고 했기 때문에 공자가 미복차림으로 송나라를 지나갔었음.

26) 노나라 양호(陽虎)가 일찍이 광읍(匡邑)을 침공한 일이 있었는데, 공자가 광읍을 지나가자 공자의 모습이 양호와 비슷하므로 광읍 사람들이 양호로 착각하고 일행을 5일 동안 에워쌌다가 양호가 아님을 알고 풀어주었음.

配)하게 하소서."하니, 윤허했다. 인하여 전교하기를, "주읍(州邑)을 혁파하고 합치는 것은 항상 있는 행정이고, 고을이 없어지면 사단과 향교를 없애는 것도 역시 예로부터 당연한 이치인데, 이 무리들이 이처럼 날뛰니 참으로 변괴 가운데서도 큰 것이다. 진실로 성현을 사모하고 현송(絃誦)[27]을 익힐 마음이 있다면 송경의 학궁 역시 풍덕의 학궁이다. 이는 고사하고 조가에서 처분한 후에 감히 겨룰 마음이 생겨 이처럼 패란한 일이 있게 된 것은 참으로 이른바 '안중에도 국가를 두지 않는다.'는 것이니, 이렇게 하기를 그만두지 않는다면 무슨 변란인들 없겠는가? 흉무(凶誣)를 거짓으로 주장한 자 및 사사로이 제사를 지낸 무리는 모두 용서할 수 없는 죄를 범한 것이니, 바로 난민들이다. 도신[28]과 수신(帥臣)[29]으로 하여금 아울러 각각 조사해 내어 엄형하여 연한을 정하지 말고 원배하라. 심지어 겉으로는 소를 올린다고 칭탁하면서 안으로는 재물을 거두는 짓을 했으니, 수치가 또 막심하다. 유생의 이름을 빌려 탐묵(貪墨)[30]을 행하는 자도 오히려 벌하는데, 하물며 이런 무리들이겠는가? 추조(형조)로 하여금 주장한 자를 조사해 내어 역시 엄형해 연한을 정하지 말고 원배해 조금이나마 징창(懲創)[31]하도록 하라. 비록 반당(泮堂)으로 말하더라도 명색이 사생간이니 책망하고 교회해야 하는 법의(法意)가 어떠한데, 처음에 그 잡란함을 금단하지 못하고 끝에 가서 묘당으로 미루어 보고했으니, 유약함이 심하다. 반장 및 동성균도 아울러 월봉(越俸)[32] 1등을 시행하라. 그리고 이를 인해서 또 하교할 말이 있다. 유소의 독설(瀆褻)[33]함이 근일보다 심한 적이 없는데, 이는 모두 쉽게 근실을 허락한 소치이다. 이후에는 감히 전의 일처럼 하지 못하도록 반장으로 하여금 엄칙하게 하라."[34]

27) 거문고를 타면서 시를 읊음. 부지런히 학문을 닦고 교양을 쌓음을 비유적으로 이르는 말.
28) 각 도의 으뜸 벼슬이었던 '관찰사'를 달리 이르는 말.
29) 병마절도사와 수군절도사를 아울러 이르던 말.
30) 욕심이 많고 하는 짓이 더러움.
31) 특별히 징계하여 정신을 차리도록 함.
32) 어떤 잘못에 대한 대가로 봉급을 줄임.
33) 무례하다는 뜻.
34) 『순조실록』, 순조 24년 4월 4일 정유조. 아울러 순조 26년 12월 29일 병자조도 참고.

또 다음 인용문의 내용을 살펴보면 성균관에서 일어난 일을 보고하는 것이었는데, 성균관 유생은 아니었지만 근처에서 거주하며 공부하고 있는 외방 유생인 홍병학이 주도하여 성균관 유생들에게 선대왕(정조?)에 대한 존호를 추상하자는 매우 외람되기 짝이 없는 통문을 돌려서 부화뇌동한 성균관 유생들을 영구적 퇴학인 영삭(永削)의 벌을 주었다고 하였다. 그러면서 당상관이 주도해도 쉽게 될 수 없는 일을 무엄하고 불경하며 아무 지위도 없는 자들이 함부로 경거망동하며 기강을 문란하게 했다는 것으로 순조는 형조로 하여금 모두 잡아들여 엄형(嚴刑)에 처하라고 했는데, 절도(絕島)나 원거리에 유배시키는 정배(定配)와 수군(水軍)에 징집되는 충군(充軍)을 당한 유생들이 모두 7명이 된다고 하였다.

> 성균관에서 아뢰기를, "방금 듣건대, 외방 유생 홍병학(洪秉學) 등이 태학에 통문을 돌렸는데 감히 선대왕에게 존호를 추상하는 일로 상소해 앙청하자고 했다 합니다. 막중한 종묘의 예(禮)는 필서(匹庶-서민)가 감히 경솔하게 의논할 수 없으며, 더군다나 또 선대왕께서 존호를 받지 않으신 것은 의리가 아주 정미해 덕이 더욱 빛나서 만세의 신하들이 다함께 흠앙하는 바입니다. 이번 이 몇 유생들이 막중함을 빙자해 거조가 창황(蒼黃)한 것은 크게 나라의 기강과 관계되고 사림에 부끄러움을 끼친 것이니, 무식해 망령되이 범했다는 것으로써 그대로 두고 불문에 부쳐 둘 수는 없습니다. 통문을 낸 유생들을 우선 신의 관(館)에서 영원히 삭제하는 벌을 시행했으니, 청컨대 해조로 하여금 마땅히 시행해야 될 율을 적용하게 하소서."하니, 전교하기를, "이른바 유생의 일이란 너무나 외람되고 놀랍다. 즉위한 처음에 한 당상관이 세실(世室)에 관한 일을 상소해 논한 일이 있었는데도, 오히려 미천하고 지위가 낮은 사람이 막중한 전례(典禮)[35]를 경솔히 논했다는 것으로써 찬배하기에 이르렀었는데, 고금 천하에 어찌 백도(白徒)[36]로서 종묘의 전례를 망령되어 논한 자가 있었겠는가? 나라의 기강이 무너지고 해이하며 선비의 습성이 파괴되고 어지러워짐이 여지가 없게

35) 왕실이나 나라의 경사에서 행하는 의식.
36) 과거를 치르지 않고 벼슬아치가 되는 일이나 그런 사람을 이르던 말.

되었으니, 차라리 말을 하고 싶지 않다. 이 일은 한두 사람이나 몇 사람이 할 수 있는 일이 아니다. 이른바 통문을 돌린 사람을 형조로 하여금 즉시 잡아오게 해 엄히 구문(究問)을 가하도록 하라."했다. 형조에서 죄인 홍병학 등의 공초를 가지고 의계(議啓)하니, 전교하기를, "오늘날 신민들이 지난날의 정미한 의리가 분명했음을 몰랐다면 그 죄가 백도(白徒)로써 망령되이 대례(大禮)[37]에 간여한 것보다 더 크다. 그 무리들이 알고서도 고의로 범했다면 그 죄를 용서할 수가 없고, 모르고서 범한 것이라면 그 죄가 같은데, 어찌 불경하고 무엄한 죄를 피할 수 있겠는가? 그러나 반복해 구문하는 때에 외람되고 황송하게 되기가 쉽고, 서로 미루어 끌어대는 즈음에 만연될 탄식이 있으니, 우선은 말감(末減)[38]을 따라 갇혀 있는 자는 모두 한 차례 엄형하고 절도에 정배할 것이며, 외방에 있어서 붙잡아 오지 못한 자 및 이른바 통문을 낸 자 역시 아울러 한 차례 엄형해 먼 곳에 충군해 다스리지 않음으로써 다스리는 뜻을 보이도록 하라."했는데, 정배되고 충군된 자가 모두 7인이었다.[39]

그리고 다음에서 사간 조충식의 상소를 보면, 희릉[40]을 관리하는 말단 벼슬인 참봉(종9품)을 추천[41]하는데 제2후보자로 이름이 올라간 자가 하필이면 성균관에서 어제 성균관 유생들의 유소 행위를 기피하여 분란 끝에 일이 추진되지 못하고 재회에서 명고의 벌을 받은 유소 책임자 심능학이어서 개탄한다며, 인사 담당자인 이조판서 김재창이 하루 전 일을 미처 알지 못했다 하더라도 무슨 상 주듯이 이리 하면 안 되는 것이니 빨리 바로잡아야 한다고 주청했으나, 순조는 성균관 유생들의 유소 행위를 평소 탐탁하지 않게 생각하던 차에 심능학의 행위를 은근히 마음속으로 좋게 여겼던 것인지 '이조판서 김재창이 미처 몰랐겠지, 알면서야 일부러 그랬겠느냐?'고 하며 이를 받아들이지

37) 임금이 몸소 주관하는 모든 의식을 지칭하는 용어.

38) 가장 가벼운 죄에 처함.

39) 『순조실록』, 순조 24년 6월 19일 신해조.

40) 제11대 중종의 제1계비 장경왕후(1491~1515) 윤 씨의 능으로 경기도 고양시 덕양구 원당동의 서삼릉에 있다.

41) 방법은 3명 중에 1명을 낙점하는 것이 상례.

않았다.

사간 조충식(趙忠植)이 상소했는데, 대략 이르기를, "신은 희릉(禧陵) 참봉의 구전(口傳) 망단(望單)에 대해 깊이 개탄한 바가 있습니다. 초사(初仕)를 뽑아 의망하는 것은 오로지 선비의 명망을 보는 것인데, 저 두 번째로 의망된 심능학(沈能學)은 곧 어제 명고(鳴鼓)[42]의 벌을 받은 자입니다. 이번 태학의 상소는 대개 세도(世道)의 그릇됨을 근심하고 흉도의 근저(根柢)를 통탄스럽게 여기는 데에서 나와, 서로 이끌어 목욕재계하고 처분할 것을 우러러 청한 것인데, 상소의 책임자가 극력 사피해 곧 그만 두었으며, 소거(疎擧)가 지연되므로 인해 심지어는 대의(大議)의 자리에서 벌을 시행하기까지 했습니다. 그런데 전조(銓曹)에서는 대중을 배제하고 특별히 의망해 마치 권장해 추켜세워서 상으로 보답하는 것처럼 했으니, 또한 유독 무슨 마음입니까? 난만하게 국초(鞫招) 한 것은 전조 당상이 자리에 참여해 보고 들은 바이니, 신강(申綱)을 마땅히 토죄해야 할지 토죄하지 않아야 할지는 의당 그 사이에 의심할 바가 없을 것인데, 문득 오늘날 사론이 격발(激發)할 것이라 했으니 이 어찌 이치라고 하겠습니까? 벌을 시행하는 일을 미처 알지 못했다고 하는데, 많은 선비가 의논하고 온 세상에 전파된 것을 유독 전조 당상만이 들어 알지 못했다면 진실로 또한 이상합니다. 이런데 만약 그만두고 묻지 않는다면, 태학의 체통이 가벼워져서 징토하는 것이 엄격하지 않을 것이니, 신의 생각에는 이조판서 김재창(金在昌)에게 빨리 견삭(譴削)의 율을 시행하는 것이 마땅하다고 여깁니다."하니, 비답하기를, "이조판서가 한 일이 만약 뜻이 있어서 그렇게 했다면 진실로 잘못이겠지만, 이조판서가 어찌 이런 이치를 갖고 있겠는가? 이는 필시 미처 들어 알지 못해서 그랬을 것이다. 너의 말이 또한 지나치다."하고, 윤허하지 않았다.[43]

사간 조충식의 상소 내용이 하자가 많은 심능학을 무슨 상 주듯이 천거했다고 성토하니, 이조판서 김재창은 황당하다는 듯 억울하기 짝이 없지만 알

42) 성균관 유생들이 재회를 거쳐 잘못을 한 유생을 북을 울리면서 벌주는 일.
43) 『순조실록』, 순조 26년 12월 29일 병자조.

고 했어도 죄, 모르고 했어도 죄이니 전하께서 자신의 죄를 자세히 밝혀달라고 상소하였다. 그런데 순조는 유소 책임자로서 소임을 기피하여 성균관 재회에서 명고를 당한 심능학이 천거된 일을 별달리 문제로 삼지 않고 오히려 사간 조충식의 상소가 매우 지나쳤다며 이조판서 김재창은 크게 책임져야 할 일이 아니니 낙향하거나 사직하지 말라고 하였다.

> 이조 판서 김재창(金在昌)이 상소했는데, 대략 이르기를, "신은 사간 조충식(趙忠植)의 상소에서 놀라고 두려워서 도성 밖으로 물러나와 머리를 조아리고 명을 기다리겠습니다. 아! 작년 여름과 가을의 역변(逆變)은 사적(史籍)에도 없는 바입니다. 그리고 신강(申綱)은 곧 김치규(金致奎)·이창곤(李昌坤)·박형서(朴亨瑞)·정상채(鄭尙采)의 기화(奇貨)[44]이고, 이규여(李奎汝)·한경악(韓慶岳)의 앞잡이입니다. 흉소(凶疏)와 흉사(凶詞)는 앞에서 창도하고 뒤에서 호응하며 위를 무함하고 성상을 업신여겨서 국가를 원수처럼 보는데도 아직까지 엄국(嚴鞫)을 지연하고 있으니, 마음에 근심이 쌓여 있습니다. 그리고 심능학(沈能學)의 소임(疏任)을 힘써 기피한 것은 이미 몹시 해탄(駭歎)[45]스러운 일이며, 성균관에서 죄상을 들어 공박하고 사론이 바야흐로 엄중한데, 신은 귀머거리와 소경처럼 전혀 듣고 아는 것이 없어 이에 이러할 즈음에 경솔하게 검의(檢擬)[46]했으니, 고의로 범했다면 물론이고 몰랐다는 것 역시 죄입니다. 오직 이 사람의 하는 말이 심지어는 권장하고 추켜세워 상을 주는 것처럼 했다는 것으로써 신을 성토했으니, 신의 억울함은 죽어도 장차 눈을 감지 못할 것입니다. 위험을 무릅쓰고 간곡한 심정을 아뢰면서 지레 시골로 돌아가겠습니다. 삼가 바라건대, 빨리 유사에게 명해 신의 죄를 엄격히 감단(勘斷)[47]하게 하소서." 하니, 비답하기를, "이 일이 어찌 경이 스스로 말한 것을 기다려서야 무망중에 한 짓인 줄을 알겠는가? 대신(臺臣)[48]의 비답에 이미 그 모든 것을 밝히고 이미

44) 어떤 목적을 이루는 데 이용할 수 있는 좋은 기회.
45) 뜻밖의 일로 놀라고 탄식함.
46) 벼슬아치를 선발할 때에 잘 검토하고 후보자로 추천하던 일.
47) 죄인을 심리하여 그 죄에 따라 처단하는 일을 이르던 말.
48) 사헌부의 대사헌 이하 지평까지의 벼슬을 통틀어 이르던 말.

그들의 너무 지나친 것을 책망했으니, 비록 대신이 경의 상소를 보더라도 또한 반드시 그가 경솔하게 발론한 것을 후회할 것이다. 경이 심각하게 인구(引咎)[49]하는 것은 또한 지나친 일이며, 시골로 돌아가는 것에 이르러서는 더욱더 말할 수 없이 지나치다. 경은 사직하지 말고 곧바로 올라오라."하였다.[50]

후보자 추천이 문제가 된 일은 또 있는데 다음 인용문 내용을 보면, 과거 숙종과 경종 때 노론과 싸워 사문난적이 된 소론 쪽 이세덕[51]이 있었는데, 연좌제 적용으로 사실상 아주 낮은 직책 외에는 맡기 어려운 법규를 무시하고 그의 손자 이재신을 종6품이나 되는 섭기주라는 벼슬에 승정원의 임시 주서 이은상이 제1후보자로 올린 것은 무엄하다고 승지 김교희가 죄로 다스릴 것을 청해 순조가 응하였다. 그런데 성균관 노론 유생들이 이재신의 과거 전력을 문제 삼을 뿐 아니라 이은상의 배후세력을 발본색원하지 않고 이은상만 가볍게 처벌한다고 반발해 권당을 하였다는 것이다. 성균관도 붕당을 따지는 상황이다 보니 자연스레 상대편을 배척하고 내편만 철저히 편드는 분위기였다. 노론이 대세인 상황이었지만 매번 다 들어주기가 불편하였던지 큰 일이 아니라고 생각한 순조는 이게 무슨 권당까지 할 일이냐며 조속히 권당을 철회하도록 명하고 있다.

---

49) 잘못한 일에 대해 스스로 책임을 짐.

50) 『순조실록』, 순조 27년 1월 3일 기묘조.

51) 1662~1724, 사서(司書)가 되어서는 왕세자의 성학의 발전과 임금이 솔선수범해 학문적 교훈을 실천해야 한다고 상소했다. 1712년에는 지평으로서 같은 소론인 이돈(李墩)이 조태채(趙泰采)의 일로 억울함을 당했다고 논하다가 도리어 노론의 미움을 사 먼 곳으로 유배되었다. 1717년 스승인 윤증 부자의 신원을 장문으로 상소했다가, 금령을 어겼다고 고금도에 다시 유배되었다. 이때의 내용은 노론이 주장하는 것과는 달리, 윤증이 송시열과 교분을 끊은 것은 "편지 끝에 그의 아버지인 선거(宣擧)를 욕한 것 때문이지 제문으로 말미암은 것이 아니다."라고 하고 송시열을 낱낱이 헐뜯어서 노론의 강한 반발을 샀던 것이다. 그 뒤 1722년에 다시 상소하기를, 윤증 부자의 죄상을 아무런 근거도 없이 날조해 위판을 철훼하고 끝내 추삭해, 소장은 물론 중외의 소송도 막아 죽은 뒤에도 혹독한 무고의 혐의를 받고 있다고 했다. 이 같은 상소가 있고 난 뒤 노론 정세 하에서 아들 이구응(李龜應)은 특별히 녹용되기도 하였다. 그러나 손자 이재신은 섭기주에 수망(首望: 제1위의 후보자)되었으면서도 사문난적의 후손이라 해 배척당했다.

이에 앞서, 문과방목을 발표한 뒤에 가주서(假注書)[52] 이은상(李殷相)이, 이세덕(李世德)의 손자 이재신(李在臣)을 섭기주(攝記注)의 초망에 맨 먼저 의망했는데, 승지 김교희(金敎喜)가 이세덕이 사문에 죄를 얻었다는 이유로 이은상을 중하게 논죄할 것을 청하니, 붙잡아다 처리하게 했다. 이때에 이르러 거재유생이 권당하고 상서해, 소회를 아뢰기를, "근래 의리가 점점 어두워지고 한계가 엄하지 않습니다. 신은 이번에 이재신이 첫 번째로 의망된 일에 대해 놀라움과 개탄스러움을 금할 수 없습니다. 아! 이재신은 이세덕의 손자입니다. 이세덕이 대의를 등지어 사문에 죄를 얻었으므로, 그의 자손이 청의(淸議)[53]에 배척당한 것은 세상에서 다 아는 바입니다. 그러므로 일찍이 이재신이 외람되게 재유의 추천을 받았을 때에, 사론이 일제히 일어나 이미 추천에서 삭제되었습니다. 그런데 염치를 무릅쓰고 과거장에 들어가 초시에 이미 합격했고 또 과거에 급제했으니, 이것만도 이미 용서받지 못할 죄입니다. 그러고 보면 청직의 의망은 논할 것도 없거니와 신방주서(新榜注書)[54]의 초망에 반드시 이 사람을 어려움 없이 맨 먼저 의망하고, 선정(先正)의 봉사손(奉祀孫)과 학사의 적손을 맨 끝에다 넣었으니, 의도의 불측함이 분명해 엄폐할 수 없습니다. 그가 반드시 윤리를 어지럽히고 세도를 시험해 보려고 한 것은 곧 그들의 단안입니다. 모르겠습니다만, 어떤 불량한 무리가 몰래 숨어서 감히 어진 이를 배반하고 패거리를 감싸는 버릇을 품고, 머리털도 채 마르지 않은 아이를 은밀히 사주해 이런 무엄한 짓을 했단 말입니까? 이처럼 마음대로 행하고 거리낌 없는 무리를 가볍게 죄주는 것으로 그칠 수 없다는 것이 명백합니다."했는데, 하령하기를, "의리가 점점 어두워지고 한계가 점점 무너진 것에 대해 내가 평소에 두렵게 여기어 온 터라, 이번 주서의 의망은 미세한 일이기는 하나, 그냥 놔두어 버릇이 자라게 할 수 없었기 때문에 이미 일전에 처분을 내렸던 것이다. 유생들은 이미 태학에 있으니 한 번 소회를 아뢰면 족할 터인데, 어찌 권당까지 할 것이 있겠는가? 즉시 들어가라고 권해, 경전을 익히고 의리를 강구해 밝히게 하라."했다.[55]

---

52) 조선시대 승정원의 대리 임시관직.

53) 뜻이 높고 올바른 논의.

54) 급제 명단과 정7품직.

55) 『순조실록』, 순조 27년 10월 27일 기해조.

순조의 성균관과 유생들에 대한 시각은 갈수록 좀 더 명확하게 드러나는데, 그것을 다음에서 잘 알 수 있다. 지금까지 보면 대개 권당에 대해서는 공부나 열심히 할 것이지 무슨 대수롭지 않은 일로 권당을 하느냐 하는 정도였고, 유생들의 윤리적 기풍이나 전반적인 학습 태도에 있어서는 거칠고 경솔하기가 짝이 없으니 면학에 힘쓰라는 정도였다. 그래서 성균관 대사성이나 교관들에게 관행적으로 교육문제를 당부하는 것이 많았으며, 일이 커지면 사전에 잘 교육하지 못한 책임으로 대사성을 파면하는 경우가 아주 흔했다.[56] 이렇게 성균관 대사성이 대부분 구임(久任)하지 못하고 단명으로 끝나버리는데 유생들의 기강이 항상 해이할 뿐만 아니라 성균관 교육이 제대로 행해질 리가 만무했다.

영(令)하기를, "요즈음의 일차 유생전강을 애당초 설시(設施)한 의도는 수재를 선발하고 경술을 권장하는 융성한 뜻에서 나왔었지만, 근래로 오면서 점차로 요행하게 차지하는 데로 돌아가는데도 그 실제의 뜻을 요구하지 않으며, 그 문의(文義)를 조목으로 대답한 것을 관찰하면 거칠고 경솔함을 모면하지 못하니, 어떻게 설시한 본래의 뜻이라고 하겠는가? 대사성은 이 영지(令旨)를 제생들에게 알리고 타일러서 경전의 뜻을 독실히 공부하고 정밀하고 성실하게 힘쓰도록 해서 모두가 새롭게 하는 데 참여해 순수하게 면목을 일신하게 하라."했다.[57]

성균관에서 아뢰기를, "유생들이 권당하고 소회를 말하기를, '선성의 휘자는 얼마나 존중한데, 대사성 윤병렬(尹秉烈)[58]은 승보시 육초(六抄)의 설장(設場) 때 부해(賦解)의 가운데에 추부자(맹자)의 성씨와 휘자를 그대로 써서 성전의 매우 가까운 곳에 게시했으니, 일이 지극히 놀라워 성전을 보호하는 곳에서 감히 안연(晏然)하게 있을 수 없다.'고 했습니다."하니, 하교하기를, "잘 살피지

56) 순조(재위, 1800년~1834년)는 성균관 대사성을 121차례나 바꾸었다. 순조 후반기로 갈수록 교체는 더 빨랐으며, 임명 하루 만에 교체되는 일(1819. 2.19 조만원 → 2.20 박종기)까지도 있었다. 성균관대학교 교사편찬위원회, 『성균관대학교 육백년사(인)』, 성균관대학교 출판부, 1998, 302쪽 참고.

57) 『순조실록』, 순조 30년 윤4월 10일 정유조.

58) 윤병렬의 대사성 재임기간은 1831년 10월 17일에서 11월 30일까지.

않고 잘못을 저지른 허물을 모면하기 어려운 바가 있다. 대사성은 파직하고 유생들은 들어가도록 권하라."했다.[59]

성균관에서 아뢰기를, "재유들이 권당하고 소회를 말하기를, '대사성 윤명규(尹命圭)[60]는 이달 12일 상제(庠製)[61]의 시해(詩解) 가운데에 선묘조(宣廟朝)의 어휘(御諱)를 곧바로 써서 장중에 게시했었고, 또 초10일 통독의 제초(製抄) 때는 부제에 어제(御題)를 피하지 않아, 앞뒤의 미혹되어 잘못한 것은 그 책임을 면하기 어렵다.'고 했습니다."하니, 하교하기를, "잘 살피지 못해 또 이런 망발이 있었다. 비록 이 일은 생각이 미치지 못한 탓이겠으나, 이미 나에게까지 알려진 이상 그냥 있을 수만은 없으니, 대사성은 파직하고 여러 유생들은 들어가도록 권하라."했다.[62]

다음 내용은 윤병렬과 윤명규 두 대사성을 파면시킨 일을 두고 성균관 유생들에게 당부하는 것인데, 잘못이 있어서 당연히 파면은 했으나 유생들도 잘하는 것이 없이 대사성을 축출하는 데만 신경을 쓰고 있으니, 이제부터는 사제 간에 상호 의리를 지키며 각기 본분을 다하라는 것으로 유지를 써서 명륜당 벽에 붙이니 대사성이든 유생들이든 항시 주목해 마음에 두라는 것이었다. 물론 그 후로도 성균관 안팎의 환경은 별로 달라지지는 않았다.

성균관 유생들에게 유시하기를, "근일에 두 반장을 처분한 것은 다만 여러 유생들의 말을 소중히 여길 뿐만 아니라, 그 실상은 반장이 잘 살피지 못했던 죄를 깨우쳐 주지 않을 수 없기 때문이었다. 그러나 여기서 또한 분명히 유시해 둘 것이 있다. 지금의 반장이 비록 삼대 때 대사성의 소중했던 것 같지는 않겠으나, 고비(皐比－호피)에 앉아 사석(師席)으로 높이고 여러 유생을 일컬어 박사 제자라고 함은 고금의 통의(通誼)이다. 그 분별이 엄하고 그 의리가 화협해 스승이 된 자가 참으로 잘못한 바가 있더라도, 제생이 그 불가함을 쟁집해

59) 『순조실록』, 순조 31년 11월 27일 을해조.

60) 윤명규의 대사성 재임기간은 1831년 12월 1일에서 12월 14일까지.

61) 월과(月科) 제술시험.

62) 『순조실록』, 순조 31년 12월 14일 임진조.

스스로 부끄럽게 여겨 고치도록 한다면, 인정과 의리가 유통해 그 일이 매우 아름다울 것인데, 그렇게 하지 않고 공척(攻斥)하는 말을 시작해 어려움 없이 밀어 올려 축출한 다음에야 그치니 그 일이 옳겠는가? 두 반장의 실수는 비록 자기 스스로가 저지른 재앙이긴 하나, 이미 심성을 상실해 전혀 인리(人理)가 없고 성현과 임금을 모멸해 사죄(死罪)를 마음 달갑게 여기는 자가 아니라면, 결코 알고서 고의로 범하지는 않을 것임은 부녀자나 어린애도 알 것이다. 사람의 품성은 다 같은데, 내가 감히 하지 못할 것을 남은 감히 한다고 의심했으나, 이미 충후(忠厚)하고 공명한 의리를 크게 손상한 것이다. 그것이 자신을 미루어서 남의 마음을 헤아리라는 교훈에 어긋남이 있음에야 과연 어떻게 하겠는가? 문자를 꼬집어 내는 것도 오히려 불미하다고 이르는데, 하물며 이 일이 비록 소중함을 빙자하나 어찌 문자를 꼬집어 내는 것보다 더 심함이 있지 않겠는가? 만약 그가 '공척하는 말을 시작해 어려움 없이 좇아 버린다.'는 것이 다 이치를 밝히지 못한 데에서 나왔으면 그래도 말할 수 있겠지만, 만에 하나라도 혹시 협잡하는 사심에서 나왔다면 현관의 유생으로 모범을 보여야 될 처지로 성현의 글을 송독하고 본받는 것을 업으로 삼으면서 유독 마음에 부끄러움이 있지 않겠는가? 내가 비록 부덕해 군사(君師)의 책임을 다하지는 못했으나, 그러나 또한 감히 옛 사유와 제생으로써 오늘날의 사유와 제생에게 바라지 않을 수 없기 때문에, 그 말의 길어짐을 꺼리지 않았다. 이미 지난 일은 할 수 없거니와, 지금 이후로 반장이 되는 자는 그 일을 조심스럽게 해 제생으로 하여금 그 실수를 의논하는 바가 없도록 하고, 제생이 되는 자는 명의(名義)를 돌아보아 생각해 반장을 경솔하게 침해함이 없게 한다면, 어찌 현관의 소중함이 더해지고 사풍이 날로 아름답게 되지 않겠는가? 이 유지(諭旨) 1통을 써서 명륜당 벽에 걸고 또 고사(故事)에 기재해 반장과 유생이 항시 눈 익혀 보도록 하라." 했다.[63]

63) 『순조실록』, 순조 31년 12월 19일 정유조.

4. 맺으며

순조 재위 34년을 반으로 나누어 전반기 17년에 이어 순조의 후반기 17년 정도를 여기서 또 살펴보았는데, 기본적으로 세도정치가 극심했던 정치사회적 상황에서 순조는 자기 소신이나 주관적 시각을 갖기가 어려웠으며, 붕당으로 인한 폐해가 복잡하고 어지러웠기 때문에 어떤 문제도 해결할 수 있는 능력을 제대로 갖추지도 못했지만, 노론 등쌀에 그나마 성년이 되어서도 오래 재위하면서 경험한 노하우를 발휘하기도 어려웠다. 그렇다보니 성균관 문제에 대하여 대체로 노론의 입장에서 기본적인 견해를 피력하는 수준에 그친 감이 많았다.

그리하여 성균관과 성균관 유생들의 문제는 언제나 성균관이나 성균관 유생들의 기본적 임무나 원칙론적인 위치를 말하는 정도여서 문제가 생기면 성균관 책임자를 파면하거나 수시로 교체해서 사태를 수습하는 것이 다반사였으며, 성균관 유생들의 문제도 사건을 일으킨 유생들을 조사하거나 잡아들여서 법적 처벌을 하거나 지극히 원론적 수준에서 면학에 열중하기를 명하며 형식적으로 유시하는 정도였기 때문에 성균관에 대한 근본적인 개선은 결코 이루어지지 못하였다.

그럼으로 순조를 탓하기 보다는 그를 둘러싼 시대의 정치사회적 환경이 나빴다고 보는 것이 더 정확할 것 같다. 그럼에도 불구하고 순조가 나름대로의 식견을 가지고 성균관에 대해서 소신 있는 태도를 가지고 있었는지 알아보고자 했던 것인데, 결과는 그다지 기대에 미치지 못했다. 상소나 유소에 대한 비답을 살펴보면 순조의 기본적인 시각을 알아볼 수 있었는데, 성균관과 유생에 대해서는 대체로 긍정적인 마인드나 장기적인 안목을 갖고 있지는 않았다고 생각된다.

제 4 부

예악교육과 노비상벌

제 1 장

성균관 예악 교육

1. 글머리

석전제례(釋奠祭禮)[1]는 전통적으로 국가에서 주관하던 의식의 하나로 조선시대 이전부터도 학교에서 선성선사(先聖先師)[2]들께 드리던 제사의식이며, 유교의 비조(鼻祖)요, 만세종사(萬世宗師)이신 공부자(孔夫子)[3]를 비롯한 유교의 성인과 현인들을 추모하고 그 분들의 위대한 덕을 기리기 위한 행사로 전승되고 있다. 종묘제례가 대사(大祀), 문묘제례는 중사(中祀)이지만 지금도 성대하게 춘추(음력 2월과 8월)로 상정일(上丁日)에 성균관을 비롯한 전국 234개 향교에서 동시에 봉행되고 있으며, 대성전 내에는 공자를 위시한 5성과 아국(我國) 18위, 그리고 공문(孔門) 10철과 송조(宋朝) 6현 등 39위의 위패를 모시고 있다.[4]

---

1) 우리나라의 석전은 세계적으로 유일하게 그 원형을 거의 완벽(?)하게 보존하고 지금까지 실행해 오고 있는 것으로, 1986년 국가 중요 무형문화재 제85호로 지정되었으며, 문묘제례·문묘대제·석전제례·석전대제라고도 말한다. 가급적 석전제례와 석전제례악이라는 용어를 주로 사용할 것이다.

2) 『예기』 「문왕세자」의 "선사선성(先師先聖)에게 제사 지낸다."에서 유래하는데, 원래 선성은 주공과 공자를 가리키고, 선사는 그 외에 덕을 갖추고 가르침을 실행한 사람으로서 사후에 제사 받는 이를 가리켰다. 후한의 명제(明帝)에 이르러 주공을 선성, 공자를 선사로 삼아 학교에서 제사 지냈다. 삼국시대 위(魏) 이후로는 단순히 공자를 선성이라 하고, 주공을 배향하지 않는 대신 안연을 제사지냈다. 당나라 고종(高宗) 때 잠시 주공을 선성, 공자를 선사라 하여 제사지냈으나 곧 공자만을 선성이라고 하였다. 그 후로 선성은 공자를, 선사는 안연 이하 증자·자사·맹자 등을 가리키게 되었다(『유교대사전』 참고).

3) 성 끝에 자(子)가 붙으면 큰 선생님이라는 뜻이지만, 부자(夫子)는 공자에게만 붙이는 극존칭으로 선생님들 중에서도 가장 큰 선생님이라는 뜻이다.

4) 본래 대성전에는 공자와 함께 사성·공문십철·송조육현의 위패가 모셔져 있었으며, 동무·서무에는 공문제자 69위와 한·당·송·원대의 제현 및 동방18현 등 112위가 봉안되어 있

조선시대 성균관 교육은 성리학 전통시대의 특성상 정교일치 교육, 예악일치 교육, 지행합일 교육, 지정의의 조화로운 교육 등을 통해 현실적으로는 수기치인의 관료양성이었지만 이상적으로 추구했던 인간상은 군자가 되는 것이었다. 예악사어서수(=六藝)를 기본으로 익혀야 하는 선비라면 음악이나 활쏘기, 말 타기도 사실 소홀히 할 수 없는 것이었다. 그러나 시대가 변하고 세월이 흐르면서 한쪽으로 치중되거나 어느 한쪽이 소홀히 되는 측면들이 생겨났다.

성균관에서도 시대흐름과 사회유행을 외면하는 진공 속이나 다름없는 시·공간 속에서 교육이 이루어졌던 것은 아니었기 때문에 예악교육에 대한 이해나 그에 대한 실천도 부침을 거듭했고, 따라서 그동안 우리가 여기에 대한 인식도 사실상 매우 소홀히 해왔다. 성균관 교육이 대체로 부진했다거나 거재유생수가 적었던 적이 많았다 할지라도 전란 때를 제외하고 문묘석전의 제사와 예악교육만큼은 일제 강점기에서조차도 중단되지 않았다.[5)]

그리하여 먼저 성균관 예악교육의 양상을 살펴보기 위해 철학적 배경, 악교의 실태, 악정(樂正)의 역할, 석전음악의 형태, 석전일무(釋奠佾舞)의 분석, 석전제례악의 교육적·교화적 기능들을 살펴보기로 하였다.

2. 석전제례악의 양상

1) 철학적 배경

'성균(成均)'[6)]이라는 이름 자체도 본래 음악교육과 연관이 있는 명칭이다. 『주례(周禮)』[7)]에 의하면, 주나라 최고 교육기관으로 오학(五學)[8)]이 있었는데

었으나, 1949년 6월 2천여 명이 모인 전국유림대회에서 심산(心山) 김창숙(金昌淑)의 주장에 따라 112위 중 동방18현은 대성전에 종향(從享)하고, 94현의 위패는 매안하였다(『유교대사전』 참고).

5) 일제강점기에는 봄가을이 아닌 공자탄강일(9월 28일)에 실행되었다.

6) 최일범은 「성균관의 역사와 문화」 41~61쪽에서 명칭뿐만이 아니라 기원, 역사 및 사상적 기능에 대해 자세히 논하였다(서울특별시 문화본부 역사문화재과, 『성균관과 문묘의 세계유산적 가치』, 학연문화사, 2016).

7) 예의 문헌은 '삼례'(三禮)라 불리는 『주례(周禮)』, 『의례(儀禮)』, 『예기(禮記)』가 있다. 『주

그 가운데 남학을 성균이라고 했으며, 음악을 통한 교육을 위해 대사악(大司樂)이 성균의 법을 맡았다는 기록이 있다.[9] 즉 성균은 음악의 가락을 맞춘다는 뜻으로 어그러짐을 바로잡아 지나치고 모자람을 고르게 한다는 의미를 지니는데, 음악을 통한 개인과 사회의 변화와 완성을 근본적인 목표로 삼았다는 것을 알 수 있다.

성균관 유생들이 배우는 교과서 중에서 『예기(禮記)』가 있는데, 이 『예기』는 예와 악을 집대성한 책이며 유교의 악론(樂論)은 『예기』의 「악기(樂記)」편[10]에서 먼저 찾아볼 수 있다. 여기서 악은 심(心)과 관련이 있고 심은 성(性)과 정(情)으로 구분된다. 또 『논어』에서도 '시에서 일어나며 예에 서고 악에서 완성한다.'[11]는 표현이 있고, 『서경』 「순전」편[12]에서도 순(舜)임금이 추구했던 것은 악을 통한 교화였다.

『예기』 「악기」편 서두에서 인심이 악의 근원이라고 하는 사고형태는 유교의 인성론에서 인간의 본성이 천명에 근본하고, 그 본성, 즉 성은 구체적인 심의 작용을 통해 정으로 드러난다고 보며 성의 특징은 고요한 것이라고 했

례』는 주나라의 예를 가리키고 정부조직법을 다루고 있다. 행정관직을 천지와 춘하추동의 6부류로 나누고 각각에 속하는 관직의 책임자와 인원, 직무와 직무수행의 원칙 등을 다루고 있다. 전근대에 왕조가 새로 등장하게 되면 건국집단들은 『주례』를 참조해서 궁성을 축조하고 정부조직을 구성하곤 했다. 『의례』는 사대부의 관혼상제 규정과 절차 그리고 그 의미를 세세하게 규정하고 있다. 경우에 따라 『의례』를 예경(禮經)으로 보고 『예기』를 『의례』를 해설하는 전(傳)으로 취급하기도 한다. 『예기』는 예제풍속만이 아니라 역사, 학술 등 다양한 내용을 담고 있으며 예의 근본정신을 탐구하는 문헌으로서 많은 주목을 받아왔다.(『유교대사전』 참고)

8) 중앙의 벽옹(辟雍)은 천자가 공부하는 곳으로서 스승을 따르고 도를 실현하는 곳으로 감전(監典)의 일을 행하였고, 동학인 동서(東序)는 창과 방패, 피리를 배우는 곳으로 악사(樂師)가 주도하였으며, 서학인 고종(瞽宗)은 예를 베푸는 곳으로 예관이 주도하였고, 남학인 성균은 음악을 배우는 곳으로 대사악이 주도하였으며, 북학인 상상(上庠)은 책을 배우는 곳으로 조서자(詔書者)가 주도하였다(곽제가 저, 이경자 역, 『중국의 고대학교』, 원미사, 2004, 30~35쪽). 연구자는 벽옹은 화(和), 동교(東膠) 즉 동서는 무(舞), 고종은 예(禮), 성균은 악(樂), 상상은 서(書)로 정리해본다. 그런데 5학이 주나라 이전인 은나라 때 이미 생겼다는 말도 있고, 요순시대로 거슬러 올라가기도 한다.

9) 『주례』 춘관 대사악조, "大司樂 掌成均之法 以治建國之學政 而合國之子弟焉…"

10) 『예기』 「악기」편, "凡音之起由人心生也 人心之動物使之然也"

11) 『논어』 「태백」편, "子曰 興於詩 立於禮 成於樂"

12) 『서경』 「순전」편, "帝曰 夔 命汝典樂 教胄子 直而溫 寬而栗 剛而無虐 簡而無傲 詩 言志 歌 永言 聲 依永 律 和聲 八音 克諧 無相奪倫 神人以和"

는데, 이 고요한 상태는 외부의 물(物)과 감응하기 전의 상태이며 지각이 일어나지 않은 상태이다.

『중용』에서도 말하고 있는 희로애락이 아직 발하지 않은 중(中)의 상태로 정서적으로 안정된 상태이다.[13] 마음이 중의 상태가 되어야만 그 총체적 기능을 원만하게 발휘할 수 있다. 사람의 성은 천명지위성(天命之謂性), 즉 천성이라고 하여 천리가 내재한 인간의 본성으로 보고 있으며 마음이 고요한 상태를 가리키고 있음을 말하는 것이다. 정(情)은 성이 하고자 하는 바를 가리키는 데 마음이 본래 고요해도 외물에 느껴 마음이 결국 움직이는 것을 말한다. 절로 그러한 것을 성, 하고자 하는 것이 정이다.

한편 『예기』 「악기」편을 통해 우리는 악이 추구하는 화(和)의 정신을 살펴볼 필요가 있다.

> 악은 천지의 명이며 중화의 결정체이며 인정이 능히 면할 수 없는 것이다.[14]
>
> 악은 내적으로 동하는 것이며 예는 외적으로 동하는 것이다. 악은 지극한 화이며 예는 지극한 순(順)이니, 안으로는 화하고 밖으로는 순하면 백성이 그 얼굴빛을 고치고 다투지 않는다.[15]
>
> 땅의 기운은 위로 오르고, 하늘의 기운은 아래로 내려온다. 음양이 서로 만나고 천지가 서로 움직이는데 우레와 벼락으로 울리고 바람과 비로 떨치고 사계절로써 움직이게 하며 해와 달로 따사롭게 하여 온갖 변화가 일어난다. 이와 같으니 음악은 천지의 조화이다.[16]

위의 글을 통해 악이 담겨져 있는 조화의 정신을 가늠하는 것이 가능하다. 예가 외적인 영역의 일임에 반해 악은 인간 내면에서 비롯되는 것임을 강

---

13) 『중용』, "喜怒哀樂之未發 謂之中 發而皆中節 謂之和 中也者 天下之大本也 和也者 天下之達道也"

14) 『예기』 「악기」편, "故樂者 天地之命 中和之紀 人情之所不能免也"

15) 『예기』 「악기」편, "故樂也者 動於內者也 禮也者 動於外者也 樂極和 禮極順 內和而外順 則民膽其顏色而弗與爭也." 예는 음이며 악은 양으로 본다.

16) 『예기』 「악기」편, "地氣上齊 天氣下降 陰陽相摩 天地相蕩 鼓之以雷霆 奮之以風雨 動之以四時 煖之以日月 而百化興焉 如此則樂者 天地之和也"

조하고 있다. 또한 천지가 조화를 이루는 것과 같이 악도 화의 원리를 본받고자 하는 것이다. 즉 악이 추구하는 목표는 화임을 명백히 하고 있다.

성리학의 집대성자 주희(朱熹)는 선비들이 평소에 금슬(琴瑟)을 통하여 수양해야 하고,[17] 『논어』「태백」편 '흥어시(興於詩) 입어례(立於禮) 성어악(成於樂)' 주석에서 시(詩와) 악(樂)을 통해 성정(性情)을 바르게 해야 결국에 가서 인(仁)을 실현할 수 있다는 인식을 하였다.[18]

이상에서 살펴본 바와 같이 악이 추구하는 가장 궁극적인 목표는 화의 세계이다. 이는 개인적으로 인격의 완성이기도 하고 평화의 정치가 이루어지는 유교사상의 왕도정치를 가리키기도 한다. 즉 악[19]을 통해 성균관 교육이 궁극적으로 추구하고자 한 정치, 철학, 교육의 목표는 결국 조화로운 이상사회라고 여기는 대동세계, 즉 태평성대를 이룩한 평화세계를 지향하는 것이었다.

2) 악정의 역할

태조 때 정도전은 성균관 제조가 되어 많은 악장을 짓고 악(樂)·가(歌)·무(舞)를 갖추어 연행(宴行)하였다. 태종 때 성균관 대사성 정이오(鄭以吾), 세조 때 성균 사예 김수온(金守溫), 세종 때 겸대사성 변계량(卞季良) 등도 같은 일들을 하였다. 즉, 성균관 사유(師儒)들이 주도해 악장을 창작하거나 국왕을 예찬하기 위해 유생들도 교방가요(敎坊歌謠)를 가요청(歌謠廳)의 도움을 얻어 지어 바쳤다.[20]

정4품 지위의 성균관 악정은 태종 1년에 성균관 사예로 바뀌게 되고[21] 그 후 명칭을 조선 중기까지 혼용하기도 했지만[22] 음악을 연구하는 직책이기

---

17) 정일영, 「조선시대 성균관의 악교(樂敎) 양상」, 서울대학교 대학원 박사학위논문, 2015, 77쪽. 정일영은 주로 국악을 연구하는 입장에서 음악사적으로 접근해 學樂的 성균관의 음악교육을 논하였다.

18) 『논어』「태백」편, "詩本性情 有邪有正 其爲言旣易知 而吟詠之間 抑揚反覆 其感人又易入 (中略) 樂有五聲十二律 更唱迭和 以爲歌舞八音之節 可以養人之性情 而蕩滌其邪穢 消融其查滓 故學者之終 所以至於義精仁熟 而自和順於道德者 必於此得之 是學之成也"

19) 유교에서 말하는 악은 실상 詩·樂·歌·舞를 다 포괄하는 개념으로 보아야 한다.

20) 장재천, 『조선 성균관 교육문화』, 교육과학사, 2012, 159쪽.

21) 『태종실록』, 태종 1년 7월 경자조.

22) 정일영, 앞의 논문, 124쪽.

도 했으며, 평소에는 성균관 유생들을 지도하는 교관직을 수행했고, 교육평가와 인재천거의 일도 수행했다.[23] 성균관에 의례가 있을 때에는 예악에 관한 일을 도맡아 했으며, 특별한 경우에는 조정의 대소사에도 관여하며 정치적으로 다른 일에 차출되기도 했다.[24] 뿐만 아니라 중국 사신이 오는 경우, 대부분 현직 사예가 접빈(接賓)을 담당하기도 하였지만 사신들을 더 잘 응대하기 위해 타 부서에 있는 대신들을 임시 차출해 가사예(假司藝)로 삼기도 하였다.[25]

이와 같이 악정 혹은 사예는 각종 의례에 음악이 수반되기 때문에 절차에 맞는 악기(樂器), 악장(樂章), 정재(呈才)[26]를 당연히 알아야 했다. 그래서 각종 의례와 예법에 정통해야 했고, 유생들을 교육해야 하므로 성리학적 지식과 덕망도 당연히 기본적으로 갖추어야만 했다.[27] 이렇게 사예가 음악에 대해 정통했으므로 장악원의 총책임자인 정3품 장악원정(掌樂院正)으로 이동하는 일도 있었다.[28]

한편 석전제례에서 사예는 제관의 역할 중 유사석전의 경우에 종헌관이 되었다.[29] 그러므로 조선시대 성균관 악정(사예)은 주로 음악과 의례에 관한 일을 담당했으나, 주나라에서처럼 춤과 음악을 연습시키거나 실기교육보다는 정신적인 면을 통해 예악정치의 실현과 의례의 정비 및 이론적인 소양에 역점을 두었던 셈이다.

---

23) 『정조실록』, 정조 즉위년 5월 무술조.

24) 『세조실록』, 세조 7년 6월 임신조, 세조 9년 3월 정미조, 『중종실록』, 중종 5년 2월 신축조 등등.

25) 『세종실록』, 세종 2년 4월 기유조. 그리고 『선조실록』, 선조 15년 11월 경오조에는 사신이 존경각에서 우리나라의 『오례의』를 보게 하였다는 일로 사예 한효우(韓孝友)를 추문(推問)했다는 기록이 있다.

26) 정재는 잔치 때의 춤과 노래를 말한다.

27) 『세조실록』 세조 13년 7월 2일 을축조에 보면 사예로 임명된 박윤검(朴允儉)은 관유시절에 성균관 계집종을 몰래 사통해 두 아들을 낳은 적이 있는 간사하고 탐음하며 경박한 사람이라고 했으니, 반드시 유덕자가 사예가 된 것은 아니었다.

28) 윤기(尹箕, 1534－1606)와 이후원(李厚源, 1598－1660)의 사례가 대표적이다. 정일영, 앞의 논문, 126쪽. 사예였다가 후에 대사성이 된 일도 있는데 김구(金鉤, 1383－1462)가 『세종실록』, 21년 8월 정해조에, 또 노자형(盧自亨, 1414－1490)이 그로 『성종실록』, 21년 7월 기묘조에 나온다.

29) 『國朝五禮儀』 권2, 吉禮 有司釋奠文宣王儀 참조.

3) 악교의 실태

조선 초기부터 경전에 대한 공부 즉 강경(講經), 그리고 사장학(詞章學), 즉 제술(製述)을 통한 과거준비에 치우치다보니 성균관에서 『시경』과 『예경』을 통해 음악을 배우고 노래를 부르지만 악기(樂器)[30]를 익히거나 춤을 추는 것과 같은 실제 음악실기교육은 등한시 되었다.[31] 이런 생각은 음악을 기술로 인식해 역대 왕들과 사대부들이 탄금(彈琴)행위 자체를 놀이나 유희로 보고 교양적인 이론지식 쪽으로 대부분 기울었기 때문인 것으로 보인다.[32]

하지만 유달리 정조의 경우는 성균관 교육의 활성화와 함께 음악교육을 강화하기 위한 방안으로 직접 주자의 시 415편을 선별해 『아송(雅誦)』이라는 책으로 엮게 하고 성균관 도서관인 존경각(尊經閣)에 소장해두게 했으며, 매달 고강(考講)하는 책으로 삼도록 했다.[33] 공자가 『시경』교육을 중시했는데, 정조는 음악교육을 위해 시(노래)가 중요하다는 인식으로 주자의 시가 가장 적합하다고 판단을 했던 것이고, 노래 스타일의 암송을 통해 음악교육을 적극적으로 장려한 것이다. 또한 극원(屐園) 이만수(李晩秀, 1752~1820)에게 전국 향교에까지 보급하라고 명해, 그는 관문(關文)[34]을 짓고 『아송』을 450수로 편집해 "선왕들이 사람을 가르침에 시교를 중시했으니, 태사(太師) 기(夔)의 영언

---

30) 공자가 장홍(萇弘)에게 음악을 배우고 사양자(師襄子)에게 칠현금(고구려의 왕산악이 거문고로 개조했다고 알려짐)을 사사 받고 여가시간에 즐겨 연주하였기에, 많은 선비들은 악기 중에서 거문고 연주를 주로 익혔다고 본다. 그 증거로 옛 그림들에서 선비들의 탄금 풍류를 많이 볼 수 있다.

31) 정일영, 앞의 논문, 87쪽. 윤영해, 「조선전기 사대부 금악(琴樂) 연구」, 서울대학교 대학원, 박사학위논문, 2015, 44쪽. 고려시대에도 거문고는 유금(儒琴)이라 하여 군자의 악기로 대변되었다.

32) 『태종실록』, 태종 4년 8월 기축조, 태종 13년 6월 정축조, 『세조실록』, 세조 9년 2월 경오조, 기사조, 『성종실록』, 성종 6년 10월 임인조 등등을 살펴보면 성균관이 음악교육을 전혀 하지 않는 것이 아니라 노래는 부르되 장악원에서처럼 악기를 연주하거나 실기를 익히는 일이 공식적으로는 없었던 것으로 파악된다.

33) 『정조실록』, 정조 23년 10월 무자조.

34) 관 또는 관자라고도 하며, 그를 모아놓은 것을 관첩이라 한다. 원래 동등한 관청 상호간에 주고받는 공문서였지만 상급관청에서 하급관청으로 보내는 양식으로도 사용했다. 하급관청에서 상급관청으로 올리는 문서는 관문양식을 쓰지 않고 첩정을 썼다. 관문의 내용은 주로 두 관청 사이의 현안을 묻고 내용을 서로 통하기 위한 것이다.

(永言)과 성균의 학악(學樂)이 이것이다."라고 하였다.[35]

또 다산 정약용은 『경세유표(經世遺表)』에서 주장하기를, 태학이 본래 음악과 연관되어 있으니 장악원(掌樂院)을 태학 안으로 이전·운영해야 하고 대사성이 장악원 도정(都正)이 되어야 옛 제도와 가까워진다고까지 했다.[36] 유생으로서 성균관 생활을 근 20여년 정도나 한 『반중잡영(泮中雜詠)』의 저자 무명자(無名子) 윤기(尹愭)는 성균관에서 사술(四術), 사교(四教),[37] 석채(釋菜), 입학(入學) 등 모든 일들을 악정(樂正)이 주관했으며 교관들이 모두 음악과 관련이 있다고 하고, 대합악(大合樂)[38]의 의식과 육악(六樂)[39]을 연주하는 절차까지 있었다고 했다.[40] 즉 윤기는 비록 악기의 연주나 실기활동이 성균관 유생들에게 없더라도 음악이 지니고 있는 근본을 찾아가야 하고 음악교육(樂教)에 대한 부흥과 회복을 강조한 것이었다.[41]

이와 같이 음악교육의 회복은 국왕, 관리, 유생들 모두 공감하는 것이었고, 성균관 교육과정에서 음악교육이 많이 약화되었지만 전통이 아주 사라진 것은 아니었다. 모두가 필요성을 인식하고 있었으며 음악을 통한 교화를 구체화하려고 했다. 정조의 경우는 실제로 주자의 시를 읊고 노래로 부르는 음악활동을 유생들에게 장려했던 것이며, 이를 통해 유생들의 정서함양과 예의 실천 그리고 학문을 위한 정신적인 바탕까지도 형성하고자 노력했던 것이다.

---

35) 李晩秀, 『극원유고(屐園遺稿)』 권6 「賜笏集」, "頒降朱書百選雅誦于八道校宮關文 又以爲先王敎人 詩敎爲大 取朱子詩四百五十首 編而命之曰雅誦 師夔之永言 成均之學樂是也"

36) 정약용, 『경세유표』 「춘관예조」 예관지속, "國子監者 成均館也 臣謹案 古者太學 敎人以樂 故名之曰成均 今太學不習樂 成均爲虛名 不可習也 (中略) 掌樂院宜移設於太學之中 令大司成 爲掌樂院都正 知成均 同成均 爲提調 以治樂事 庶乎其近古矣"

37) 사술(四術)과 사교(四敎)는 모두 시(詩), 서(書), 예(禮), 악(樂)을 가리킨다.

38) 육률(황종·대주·고선·유빈·이칙·무역)과 오음(궁상각치우)을 모두 연주하고, 여덟 가지 악기(금金·석石·사絲·죽竹·포匏·토土·혁革·목木)와 모든 춤을 함께 공연하는 것이다.

39) 주대(周代)에 있었다는 황제(黃帝) 이하 6왕조의 음악을 말한다. 황제의 음악인 운문(雲門), 요 임금의 음악인 함지(咸池), 순 임금의 음악인 대소(大韶), 우 임금의 음악인 대하(大夏), 탕 임금의 음악인 대호(大濩), 무왕의 음악인 대무(大武)를 말한다.

40) 『무명자집』 문고 제8책 태학, "…若戴記之四述四敎 釋菜入學等許多般節目 皆命樂正以掌之 周禮之春入秋頒 成均國子等一副當敎灋 悉屬大司樂以治之 以至養老之禮 一歲七行 而必設大合樂之儀 視學之典 季春一擧 而亦有秦六樂之節 凡係太學之事 罔不以一樂字爲第一義…"

41) 『세조실록』 세조 5년 6월 16일 병인조에 보면 세조가 과거에 명륜당에서 음악을 연주하였고, 중국 사신들도 음악을 연주하였다는 기록이 있다.

3. 석전제례악에 의한 예악교육

1) 석전제례악의 형태

석전제례악은 음양의 조화를 중시하는 아악(雅樂)으로서 팔음[42]을 갖춘 악기로 연주되고, 가악무(歌樂舞)가 겸하여진 종합예술적인 성격을 가졌다. 따라서 공자가 말한 군자 됨의 덕목인 문질빈빈(文質彬彬)을 실천하는 의례악이다.[43]

성종대에 편찬된 『국조오례의』와 『악학궤범』에 나와 있는 석전제례의식 절차와 그에 따른 용악(用樂)의 절차 및 악곡은 다음 표와 같다.[44]

석전제례악의 절차와 용악

절차	악현	악곡과 일무
영신례	헌가	응안지악 열문지무 9성, 황종궁 3성, 종려궁 2성, 남려궁 2성, 이칙궁 2성,
전폐례	등가	명안지악 열문지무 남려궁
진찬례	헌가	풍안지악 고선궁
초헌례	등가	성안지악 열문지무 남려궁
	헌가	문무가 물러나고 무무가 나올 때 서안지 악 고선궁
아헌례	헌가	성안지악 소무지무 고선궁
종헌례	헌가	성안지악 소무지무 고선궁
음복례		
철변두	등가	오안지악 남려궁
송신례	헌가	응안지악 송황종궁
망예례		

편성악기 중에서 박을 제외하면 모두 아악기이다. 예악사상의 악(樂=陽)을 상징하는 등가(登架)는 당상에 진설되며, 악기의 편성은 편종, 특종, 편경,

42) 금(金): 편종(編鐘), 특종(特鐘) / 석(石): 편경(編磬), 특경(特磬) / 사(絲): 금(琴), 슬(瑟) / 죽(竹): 지(篪), 적(篴), 약(籥), 소(簫) / 포(匏): 생(笙), 우(竽) / 혁(革): 절고(節鼓), 진고(晉鼓), 노고(路鼓), 노도(路鼗) / 목(木): 축(柷), 어(敔), 박(拍) / 토(土): 훈(塤), 부(缶).

43) 김만석, 「석전의례악 연구」, 성균관대학교 대학원, 박사학위논문, 2002, 206쪽.

44) 이재숙 외, 『조선조 궁중의례와 음악』, 서울대학교 출판부, 1998, 49쪽.

특경, 금, 슬 등으로 이루어지고 노래가 반드시 수반된다. 이 중에서 가장 중요한 것은 노래와 금, 슬이다. 현악기와 문덕을 노래하는 곡이 중심이 되는데, 이유는 노래와 현악기의 울림은 가벼워서 양의 청묘함과 같고 하늘을 상징하는 의미를 갖기 때문이다. 예악사상의 예(禮=陰)를 상징하는 헌가(軒架)는 당하에 진설되며 관악기로 훈, 지, 적, 약 등이 쓰이고 타악기로 노도, 진고, 축, 어, 부 등이 쓰인다. 무기를 가지고 정벌을 상징하는 무무(武舞)가 따르기 때문에 타악기 소리와 우렁찬 관악기가 장중하게 연주되는 것이다.[45)]

그리고 영신(迎神)에서는 헌가에서 응안지악(凝安之樂)과 열문지무(洌文之舞)를 연주한다.[46)] 곡명은 황종궁(黃鍾宮), 중려궁(中呂宮), 남려궁(南呂宮), 이칙궁(夷則宮)인데, 각각 3회, 2회, 2회, 2회 씩 연주한다. 전폐(奠幣)에서는 등가에서 명안지악(明安之樂)과 열문지무(洌文之舞)를 연주한다.[47)] 곡명은 남려궁인데, 의식의 진행에 따라 몇 번이고 반복된다. 초헌에서는 등가에서 성안지악(成安之樂)과 열문지무를 연주한다.[48)] 곡명은 고선궁(姑洗宮)인데, 의식에 맞춰 몇 번이고 반복된다. 아무런 의식 없이 음악만을 연주하는 공악(空樂)에서는 헌가에서 서안지악(舒安之樂)을 연주한다. 곡명은 고선궁으로 이때 문무와 무무가 교대한다. 아헌·종헌에서는 헌가에서 성안지악과 소무지무(昭武之舞)를

석전제례악의 등가와 석전제례악의 헌가

출처: https://t1.daumcdn.net/cfile/blog/246A903555FD58301F
https://search1.kakaocdn.net/argon/0x200_85_hr/Bu5Kz735Se

45) 장재천, 앞의 책, 36~37쪽.

46) 이때의 가사는 다음과 같다. 가사에 관한 문헌은 이하 동일. 『太學志』卷 3, 禮樂篇 樂章條, “大哉先聖 道德尊崇 維持王化 斯民是宗 典祀有常 精純竝隆 神其來格 於昭聖容”

47) “自生民來 誰底其盛 惟王神明 度越前聖 粢幣俱成 禮容斯稱 黍稷非馨 惟神之聽”

48) “大哉聖王 實天生悳 作樂以崇 時祀無斁 淸酤惟馨 嘉牲孔碩 薦羞神明 庶幾昭格”

연주한다.[49] 곡명은 고선궁으로 초헌 때와 같다. 철변두(徹籩豆)에서는 등가에서 오안지악(娛安之樂)을 연주한다.[50] 곡명은 남려궁이다. 송신·망요에서는 헌가에서 응안지악(送神 黃鍾宮)을 연주한다.[51]

2) 석전제례일무의 분석

석전제례에서는 위와 같이 석전제례악과 함께 일무(佾舞)를 춘다. 일무에서 일(佾)은 춤의 줄을 뜻하는데[52] 단순히 춤의 이름이 아니라 신분에 따라 춤의 줄 수를 달리하는 춤의 형식을 의미하는 것으로 존비의 상징이 된다. 일이라는 글자는 쉽다, 편안하다는 의미도 있으며, 이는 무보(舞譜)로 전해지는 춤사위에서도 엿볼 수 있다. 일무의 춤사위는 매우 단순하지만 꾸밈이 없는 편안한 움직임으로 일관된다. 앞으로 나아가고 뒤로 물러가면서 바깥쪽과 안쪽을 향하며, 왼쪽으로 돌고 오른쪽으로 돌며, 마주보거나 등을 지며, 몸을 굽히고 펴면서 땅을 굽어보고 하늘을 우러러 본다. 그리고 양손에 든 무구(舞具)는 하나로 합하거나 둘로 나누는 것을 반복하며 질서정연하게 규칙적으로 움직여 나간다. 이러한 모습은 서로가 지켜야 하는 일상의 예의범절을 나타낸 것으로 매우 자연스럽게 느껴진다. 이렇듯 일무의 춤사위는 우리가 실생활에서 흔히 볼 수 있는 일상적인 움직임에 율동을 더하여 만든 것으로 음양사상과 천지인 삼재사상에 기반하고 있다.[53]

즉 춤사위의 음양관계는 대개 움직임이 일어나는 것이 양이 되고 원래의 위치로 되돌아가는 것이 음이 된다. 따라서 앞으로 나아가는 진이 양이 되고, 뒤로 물러가 제자리로 돌아가는 퇴가 음이 된다. 안에서 밖으로 먼저 춤추는 것이 양이고 되돌아가는 것이 음이며, 상대와 등을 지는 것이 양이고 마주 보는 것이 음이며, 왼쪽으로 도는 것이 양이고 오른쪽으로 도는 것이 음이다. 그리고 굴신동작에서는 움직임을 일으켜 몸이나 무릎을 먼저 굽히게 되는 것

---

49) "百王宗師 生民物軌 瞻之洋洋 神其寧止 酌彼金罍 惟清且旨 登歌惟三 於喜成禮"

50) "犧象在前 籩豆在列 以享以薦 既芬既潔 禮成樂備 人和神悅 祭則受福 率遵無越"

51) "有嚴學宮 四方來宗 恪恭祀事 威儀雍容 歆茲惟馨 神馭還復 明禋斯畢 咸膺百福"

52) 『논어』「팔일」편 주석에서 주자는 일이 춤의 줄(佾 舞列也)이라고 했다.

53) 임학선, 『문묘일무의 예악사상』, 성균관대학교 출판부, 2011, 33~34쪽.

이 양이고 반대로 펴는 것은 음이다. 손동작에서도 앞으로 내미는 것이 양이고 몸 쪽으로 잡아당기는 것이 음이다. 마음을 서로 주고받는 동작에서는 주는(授) 동작이 양이고 받는(受) 동작이 음이다.[54] 그리고 진퇴를 3회씩, 삼고두(三叩頭) 3회, 세 걸음 나아가는 동작 등등도 모두 삼재사상이다.[55]

일무 중 팔일무(八佾舞)는 8명씩 8줄로 총 64명이 추는 춤으로 본래 천자의 제사 때 추던 방식이다.[56] 공자는 문선왕(文宣王)으로 추증되었기 때문에 팔일무를 추는데, 숙종 전에 조선초기의 팔일무가 육일무로 변화되어 문제가 있다고 했으나, 준행된 지 오래되어서 그대로 행한 것으로 보인다.[57] 이는 제후국가의 입장과 무관하지 않으며 대한제국(1897년) 때에 와서 비로소 팔일무로 환원되었다.[58]

석전제례악의 팔일무

출처: https://t1.daumcdn.net/cfile/cafe/115C6D334CA1F4066A

54) 임학선, 위의 책, 256쪽.

55) 임학선, 위의 책, 263쪽.

56) 天子 : 八佾舞, 諸侯 : 六佾舞, 大夫 : 四佾舞, 士 : 二佾舞.

57) 『태학지』 권 3, 예악조. “肅宗二十九年癸未 禮曺判書閔鎭厚啓五禮儀 文廟有用八佾之 文制禮之意不必偶然 請詢大臣左議政李畬 日國初用八佾而其後變爲六佾 盖所爲祭之神 宜用八佾而用六佾者 以祀在藩邦也 遵行已久恐不可改 從之” 『반중잡영』에서 윤기(尹愭)는 육일무를 춘다고 하였다.

58) 이와 관련된 문제는 지금도 계속 논란이 되고 있는데, 진설 즉 12변 12두로 하느냐 10변 10두로 하느냐의 문제를 비롯하여 8일무냐 6일무냐 하는 것과 상세한 춤사위 문제에 이르기까지 원형복원 및 세계문화유산 등재신청과 관련하여 이설이 많다. 팔일무는 1928년 경학원 추계석전 때부터라는 주장도 있다(이종숙, 「한국 석전대제 문묘일무의 쟁점과 전형 검토」, 『국악원논문집』 37집, 2018).

그리고 석전제례악에서의 일무는 문무와 무무로 나뉜다. 문무는 양으로 문덕(文德)을 송축하는 것이며, 무원(舞員)의 복장은 홍주의(紅周衣)에 남사대(藍絲帶)를 띠며, 목화(木靴)를 신고 머리에는 진현관(進賢冠)을 쓴다. 무구(舞具)로는 왼손에 약(籥)[59]을, 오른손에는 적(翟)[60]을 든다. 춤사위는 음악이 시작되면 오른 발을 들며 양팔을 들어 어깨에 메는 시늉을 하다가 바로 허리를 굽히며 양팔을 아래로 내리는 동작을 짓는데, 먼저 북쪽을 향하고 이어 서쪽, 동쪽, 다시 북쪽을 향하여 같은 동작을 반복한다.

무무는 음으로 무공(武功)을 찬미하는 것이며, 복장은 피변관(皮辨冠)에 홍주의·남사대·목화를 하는데 시대에 따라 약간씩 차이가 있었다. 무구로는 왼손에 간(干: 방패), 오른손에 척(戚: 도끼)을 든다. 춤사위는 가슴 앞으로 손을 모아 준비 자세를 취한 뒤, 음악이 시작되면 먼저 왼쪽으로 방향을 바꾸며 양손을 벌려 오른손을 머리 위로 들었다가 도끼로 방패를 내리치는 동작만을 반복한다.

제례 절차에 따라 살펴보면, 영신·전폐·초헌 때는 문무를, 아헌·종헌 때는 무무를 추며, 공악(空樂) 등에는 춤을 추지 않는다. 일무는 성인의 유덕을 추모하면서 참여자들의 정서를 순화시키는 역할을 하는 것이며, 전통을 중히 여기는 것이다. 본래는 문왕과 무왕의 유덕을 추모하는 데서 시작된 이 일무도 통치 집단의 이념적 특성이 반영된 것을 그대로 따르는 것이었다고 생각된다.[61]

3) 교육과 교화 기능

성균관 교육의 궁극적인 목적은 공자와 같은 성인군자가 되는 것이므로 그러한 모델들을 제사함으로써 경(敬)을 직접 실천해야 하는 것이다. 따라서 근본적으로 성리학 이념을 내면화 하는 방법은 석전제례에 모두 참여시키는 것이다. 또 석전제례에서의 예악은 음양의 화합이고 유덕자로 길러지는 가장

---

59) 黃竹으로 만든 구멍이 셋인 악기.

60) 나무에 꿩의 털로 장식한 舞具.

61) 장재천, 앞의 책, 39~40쪽.

좋은 도구이다.

실상 예는 민심을 규제하고 악은 민성(民聲)을 교화시키며 예는 신분의 차별을 분명하게 하고 악은 마음을 화합시키기 때문에 화합하면 서로 친하고 차별을 분별하면 존경할 줄 알게 된다. 따라서 예악을 중시하는 이유가 조화를 이루어 태평성대를 실현할 수 있다고 보기 때문이다. 예악은 신과 인간, 군과 신, 부와 자 간의 도리를 지켜 나가게 한다. 그렇게 함으로써 만물이 모두 편안해지고 번영하게 된다. 이러한 결말은 예악을 위주로 하는 석전제례가 정치가 궁극적으로 바라는 계급 간의 갈등을 극복하고 통합하는 기능이 있기 때문이었다.[62)]

따라서 조선시대 성균관에서의 예악교육은 성균관 유생들의 온전한 인격을 갖추기 위한 교육과정의 일부였으며 수기치인과 내성외왕이라는 유교의 교육관을 반영하는 것이었고, 또한 예악일치 교육을 통해 이상적인 군자로서 성장하도록 하는 성균관 교육의 궁극적인 목적을 구체적으로 실현하는 방법이었다.

물론 성균관 교육이 현실적으로는 성리학적 소양을 갖춘 유덕한 치자가 되는 것이었지만, 석전제례에 참여하여 국가통치이념을 재확인 및 수호하고, 정서교육의 실천을 통해 덕성을 갖춘 예비관료로서의 인간적 자질을 갖추어 지역 백성들을 교화시킬 수 있는 사회 교화적 수단으로서 적극 활용되었던 것이다.

뿐만 아니라 석전제례는 언제나 국가적인 행사였기 때문에 참여하는 전국적인 인사들을 비롯해 일반 백성들에게도 충분히 사회교화적인 기능을 발휘하였다.[63)] 즉 석전제례가 사회교화의 수단으로 활용되었던 이유는 성균관 교관들과 유생들 및 성균관 반촌 주민들만이 아니라 항상 조정대신들 그리고 지역별로 선정된 인물들이 대거 참여해 잠시나마 갈등을 해소할 수 있었기 때문이다.[64)]

---

62) 장재천, 『조선조 성균관 교육과 유생문화』, 아세아문화사, 2000, 121~122쪽.

63) 산림들을 우대하기 위한 정책으로 특별히 정3품 좨주(祭酒)가 석전대제 행사의 책임자가 되기도 하였다. 장재천, 『조선 성균관 학교문화』, 피와이메이트, 2018, 41~51쪽 참조.

64) 장재천, 앞의 책, 34쪽. 제관만 해도 최하 200여 명에 달하였고 군졸과 빈객 및 구경꾼까

석전제례악에서 사용하는 음악과 무용을 기술적으로 전담하는 기관이 있었기에 유생들이 직접 공연을 하지는 않았지만 이론적으로 익힌 상태에서 석전제례에 참여하는 것이었기 때문에 가·악·무를 보면서 충분히 감화와 감동을 받았을 것으로 여겨진다.[65] 왜냐하면 음악과 춤은 사람의 성정을 북돋을 수 있으며, 감정의 순화와 욕망의 조절을 가능하게 해주기 때문이다.

4. 맺으며

지금까지 살펴본 바와 같이 성균관에서의 예악교육은 상당한 의미를 지니고 있다. 실기도 많이 가르쳤던 주나라의 학교와 비교하면 실제적인 교육활동으로서는 현저히 약화되었지만 대신 석전제례악을 통해 교육목표를 실현시키는 적극적인 활동으로 이어졌다. 성균관의 기초적인 음악교육은 선진유가와 주자학의 악론이 바탕이 되었으며 시와 악서교육에 대한 교육은 예악정치 실현을 위한 의례의 제정에도 중요한 역할을 하였다.

성균관 사예가 주도해 만든 악장은 조선 초기에 정재에 수용되어 예악을 형상화하는데 기여하였고, 『예기』, 『율려신서』와 같은 악서 및 『시경』교육은 아악의 정비에도 많은 영향을 미쳤다. 이것들은 조선 초기에 『오례의』, 『악학궤범』의 기초 자료로 활용되었고, 조선 후기의 다양한 악서의 편찬, 악론의 연구와 논의로도 이어졌다.[66] 성균관 예악교육은 사대부 예악문화를 형성하고 향유하는 시발점의 역할을 하였고, 계속 마음의 수양을 중시하게 하였다.

석전제례를 지극한 정성으로 준비하고 겸양과 공경의 예로 참여함으로써[67] 구경하는 백성들에게도 예악에 대한 교육적인 의미를 전달하였으며, 백성들이 다함께 정서적으로 즐길 수 있는 마당이 되도록 하였던 것이다.

지 합하면 성균관에 몰려든 인원만도 기본 수 천 명이 넘었다.

65) 정일영은 앞의 논문 286쪽에서 가(歌)는 성(誠)으로 마음의 뜻이 악장으로 표현되고, 무(舞)는 경(敬)으로 형식이 춤이나 예법으로 형상화되고, 악(樂)은 화(和)로 가무악의 어울림을 통해 예와 악이 조화롭게 된다고 하였다.

66) 『정조실록』에 많이 나온다.

67) 유생들도 제 각각 칙임을 맡아 치재하고 여러 차례 미리 연습을 하였다. 장재천, 앞의 책, 33~34쪽.

성균관 예악교육의 목표와 내용은 성균관 유생들이 석전제례악을 통하여 예악을 조화시키고 인격의 수양과 덕성을 함양해서 군자가 되고 사회교화를 달성하는 것이었다.[68] 따라서 이상적으로는 자신의 심성을 갈고 닦아 국가와 사회를 위해 헌신하고 봉사하는 것이었으므로, 현재의 초·중·고 장기간에 걸친 서양식 감성계발 위주의 음악교육과 대학에서의 음악교육 부재는 많은 문제점이 있다고 생각된다.

68) 물론 음악교육을 통해 신분사회에서의 차별적 사회화를 달성했다는 비판도 가능하다.

제 2 장

성균관 노비 상벌

1. 글머리

조선시대 성균관 구성원 문화에 대한 연구는 지금까지 유생이나 교관들에 국한되었지 하부구조를 구성하고 있는 성균관 노비문화에 대한 연구는 그다지 연구하지를 않았다. 필자로서는 성균관 유생과 교관에 대한 연구가 아무래도 관련 자료가 많다 보니 항시 그 분야가 우선적이었을 것이다. 그렇지만 성균관 노비와 관련된 반촌문화에 대한 논문이 한 편[1]은 있었다.

그런데 이번에 특별한 관심을 갖게 된 것은 분명히 성균관 교관과 유생보다도 성균관 노비들의 숫자가 훨씬 많았었는데 왜 그들에 대해서는 관심을 소홀히 했을까? 하는 생각에 이 연구는 출발하게 되었다. 그러나 막상 성균관 노비와 관련이 있는 기록문헌들이 워낙 적다보니 금방 한계에 부딪혔다. 그나마 『조선왕조실록』에서의 성균관 노비에 대한 관련된 기록들을 모아보니 상벌에 관련되는 논문을 한 편 정도는 작성할 수 있겠다 싶어서 시작하였다.

문제는 참고로 할 만한 선행 연구가 전무하였다는 점이다. 그냥 일반적인 노비 연구들은 있으나 성균관 노비에 대한 연구는 좀처럼 찾아볼 수 없었다. 그래서 선행 연구물 인용은 부득이 없을 수밖에 없으며, 또한 인용할 만한 유용한 자료들이 『태학성전』, 『태학지』, 『증보문헌비고』, 『승정원일기』에도 없었으므로, 『조선왕조실록』만을 인용할 수밖에 없었다는 것을 밝혀 둔다. 따라서 인용문 분량이 문맥상 생략할 수 없는 경우가 많았기에 부득이 상당

1) 장재천, 「조선후기 성균관의 반촌과 반촌인」, 『향토서울』 77호, 서울특별시사편찬위원회, 2011.

한 지면을 차지할 수밖에 없었음을 밝힌다.

2. 상찬 사례

이 상찬 사례에서는 거리가 있기는 하지만 성균관 노비들이 어떤 일들을 건의해서 그들이 건의한대로 수용해 실행토록 했다는 국왕의 명령들, 그리고 상찬과 직접 관련되는 일들을 먼저 재위했던 국왕들의 순서에 따라, 그리고 가급적 비슷한 내용의 순서로 소개할 것이다. 즉 어떤 일들로 인해서 칭찬을 받은 일과 상을 받은 일, 또는 기림을 받은 일들과 경사라고 여겨서 소개된 일들을 언급하려고 한다. 먼저 성균관 노비 관계 기사 중 노비들이 건의한 것이 수용된 사례로서 처음으로 살펴볼 수 있는 것들은 중종 때부터이다.

다음 기사를 통해 알 수 있는 것은 노비들이 상언[2)]을 했다는 것인데, 상언이란 국왕에게 어떤 건의 말씀을 문서로 올렸다는 것으로 서민들과 노비들도 이런 일 정도는 할 수가 있었다. 내용은 상업분야에서 저화의 사용이 그다지 편리하지 못하다는 사실을 건의해서 국왕이 관련부서인 호조와 대신들에게 논의하도록 명했다는 것으로 저화를 사용하는 것이 즉시 폐지되지는 않았다. 그러나 저화의 사용은 차츰 중종 시기 말에 가서 결국 자취를 감추게 되고 말았지만, 저화 유통의 불편한 문제가 성균관 노비들에 의해 거론되었다는 것 자체가 놀라운 일이다. 성균관 노비들이 가졌던 특권이 있었는데, 그것은 성균관 반촌에서 성균관 반인들도 생활의 필요상 현방(다림방－푸줏간)을 운영하게 하였었다. 그런데 상업상 동전화폐를 많이 사용하였던 것으로 볼 때, 당시에 유통시키고자 했던 종이돈인 저화는 지금과는 달리 의외로 불편하였던 것으로 생각된다. 그래서 성균관 노비들이 상언을 통해 현실에서의 상업적인 생활의 불편함을 해결하려고 하였던 것이다.

---

2) 상언은 모든 사람들이 쓸 수 있는 문서다. 상소와 다른 점은 상소는 관원과 유생·사림이 국왕에게 올리는 문서양식이나, 상언은 사인(私人)으로서 올리는 것이며, 이두를 쓴다. 상언 내용은 효자·충신·열녀의 정려·정문과 효자·충신·학행자의 증직을 국왕에게 청원하는 것이 대부분이다. 상언은 사림들이 하는 경우도 있고, 자손들이 조상을 위해 올리는 경우도 있다. 상언의 구체적인 서식은 『유서필지(儒胥必知)』에 나타나 있다.

> 앞서 성균관 노비 등이 '저화(楮貨)가 편리하지 못하다.'는 것을 상언하였다. 이를 호조에 내리자, 호조가 널리 의논할 것을 청하니, 대신에게 명해 의논하게 하였다. 유순정이 의논드리기를, "국가에서 저화를 통용한 지 매우 오랬는데, 한때의 관리가 능히 준행하지 못함으로 인해 드디어 폐지하는 것은 매우 합당치 못합니다. 전일 호조의 수교(受教)에 자세히 기재되었으니, 이를 다시 밝혀 거행함이 어떠하겠습니까?"하고, 성희안, 민효증, 송일의 의논도 같았다.[3)]

성균관 노비들의 상언 관계에 대한 언급은 명종 때에도 나오고 있다. 다음을 보면 명종 때의 이야기이기는 하나 중종 때의 관학(성균관) 전복(노비), 즉 성균관 노비들이 상언을 하여 처음으로 어전[4)]을 하사하였다고 말하고 있다. 이는 성균관 유생들의 공궤를 위해 생선들도 반찬으로 필요하였는데 생선종류의 안정적인 공급은 일단 물고기를 잡아야 하는 것이기 때문이었다. 따라서 물고기 잡이에 필요한 어구들 중 어전은 상언을 통해 요청한 것으로 보인다.

> 사헌부가 어전(漁箭)[5)]의 일에 대하여 아뢰니, 답하기를, "조종조에서는 유생들의 양육을 사재감(司宰監)[6)]의 어물로 지공하였었는데, 중종 때에 와서 관학

---

3) 『중종실록』, 중종 7년 4월 20일 갑오조.

4) 물고기를 잡기 위하여 물속에 둘러 꽂은 크고 긴 나무 울로 함정 어구류에 속하는 어구의 일종이다. 처음에는 어량(漁梁, 魚梁)으로 일컬었으며, 흔히 양(梁)이라고 약칭하였다.

5) 물고기를 잡기 위해 물속에 둘러 꽂은 나무 울. 처음에는 어량(漁梁, 魚梁)으로 일컬었으며, 흔히 양(梁)이라고 약칭했다. 성종 이후부터의 실록에는 어량이라는 명칭이 거의 사용되지 않고 대신 어전(漁箭, 魚箭)이라는 명칭이 사용되고 있다. 일제강점기에도 어전이라고 했고, 오늘날의 정식 명칭도 어전으로 되어 있다. 어전어업은 「수산업법」상으로는 면허어업 중의 제3종 공동어업의 하나이기는 하나 일부 지방에서 겨우 그 명맥을 유지하고 있다. 어전어업은 민족사와 함께 장구한 역사를 지니면서 우리 민족에게 염가의 동물성 단백질을 대량으로 공급했으며, 전성기에는 오랫동안 정상의 자리를 지키고 있었다. 문화재청에서는 2019년 4월 3일 어전(어살)의 민족사적 중요성을 인정해 '전통어로방식－어살'을 국가무형문화재 제138－1호로 지정했다.

6) 어물·육류·식염·소목·거화 등에 관한 일을 담당했다. 1392년 7월 고려의 제도를 이어받아 설치했고, 〈경국대전〉에 정3품 아문으로 법제화되었다. 1403년 사수감과 합쳐지면서 선박에 관한 일을 맡기도 했으나, 1422년에 다시 분리되었다. 관원으로 제조 1명, 정3품 정 1명, 종3품 부정 1명, 종4품 첨정 1명, 종6품 주부 1명, 종7품 직장 1명, 종9품 참봉 1명 등을 두었다. 주부 이상 1명은 구임관이었다. 뒤에 정·부정·참봉이 없어지고 봉사 1명이 늘어나면서 종4품 아문이 되었다가 1882년에 폐지되었다.

전복들의 상언에 의해 처음으로 어전을 하사하였던 것이다. 공주로 말하면 사패전(賜牌田)을 많이 절수(折受)[7]받지 못했기 때문에 이 어전으로 사패전의 부족한 부분을 충당하게 한 것이므로 지금 고칠 수 없다. 허다한 것이 어전이니 관학에서 원하는 대로 고르게 해 절수하게 하라."했다. 그 후에도 대간, 홍문관이 여러 달을 두고 번갈아가며 논계하였으나 윤허하지 않았다.[8]

한편 다음 인용문들을 살펴보면 명종 때에는 특이하게 성균관 노비에게 전답을 주도록 명한 일이 나타나고 있으며, 선조 때에는 종묘 등의 제향에 필요한 노비들을 성균관 남자노비들 중에서 차출해서 부려먹었는데 그 인원 증감문제를 협의하고 있다. 그 이유는 아마도 중노동에 해당되어서 협의가 필요해졌던 것으로 보인다.

승정원이 아뢰기를, "지난해 윤9월 알성 후에 전교하시기를 '관학노비에게는 전답을 사급(賜給)해야 한다. 죄인의 전민(田民)을 추쇄(推刷)[9]한 다음에 승전(承傳)[10]을 받들어 지급하라.'하셨는데, 지금 세월이 이미 오래되어 추쇄를 거의 끝냈으니, 승전을 받들도록 해주소서."하니, 그리하라고 전교했다.[11]

형조가 아뢰기를, "근년 이래 각 아문의 선상노자(選上奴子)[12]가 그 일을 감당하지 못해 가산이 탕진되어 거처를 잃고 유리해 듣고 보기에 참혹하므로 조정에서는 폐단을 염려해 상정(詳定)하고 신명(申明)하는 규정을 법전에 의해 마련했습니다. (중략) 이후로는 선상노비를 감하는 일은 수리하지 않는 것이 어떻겠습니까."하니, 상이 성균관에 명하고 또 장례원에 명하여 주도록 했다.[13]

---

7) 절수란, 벼슬아치가 나라로부터 녹봉(祿俸)으로 토지나 결세(結稅)를 떼어 받는 것이다.
8) 『명종실록』, 명종 4년 10월 24일 경신조.
9) 환원하는 일.
10) 왕명의 전달.
11) 『명종실록』, 명종 3년 2월 25일 임신조.
12) 차출된 남자 종을 말함.
13) 『선조실록』, 선조 5년 9월 4일 정해조.

다음 인용문을 통해서 알 수 있는 것은 대사헌 송준길이 성균관 여종 중에 열녀라고 칭송하며 정표(旌表)가 필요하다고 하니 국왕이 이를 수락하였다는 것이다. 성리학적 질서를 중요시 한 조선이 500여 년 간 부지런히 실시한 정책이 바로 정표정책[14]인데, 이 열녀에 대한 정표가 반가의 규수에만 그친 것이 아님을 알 수 있는 내용이다. 또 성균관의 동쪽에 위치한 동반촌으로 추정되는 곳에서 살고 있는 성균관 여종이 아들 둘, 딸 하나의 세쌍둥이를 낳았다는 것을 특이한 큰 경사로 기록하고 있다.

> 상이 옥당의 강관을 소대하고 『심경』을 강론했다. (중략) 대사헌 송준길이 아뢰기를, "요즈음 들으니 성균관의 관비 가운데 열녀가 있었는데, 남편이 죽은 뒤에 통곡하는 소리가 밤낮으로 끊이지 않더니 마침내 스스로 목매어 죽었다고 합니다. 그의 행실이 극히 아름다워 숭상할 만하므로 마땅히 정표하는 거사가 있어야 할 것 같습니다."하니 상이 이르기를, "해조에 말하라."했다.(하략)[15]
>
> 동부의 성균관 관비(館婢)가 한 번에 아들 둘, 딸 하나를 낳았다.[16]

다음 인용문의 내용을 살펴보면 성균관 노비들의 촌락인 반촌에서의 특권 즉 도사(푸줏간) 운영에서 나오는 수입을 속전(세금)으로 바치는 것이 과하여 그들의 삶이 피폐해졌으니 매년 1천 냥씩 감해주기를 성균관 대사성 김만길[17]이 청하고 지경연사 박태상[18]도 찬성하니 숙종이 그리하도록 명하였다는 것이다. 또한 국장[19] 때 왕실의 상여를 매고 사현까지 다녀온 자들 중 40

14) 국가에서 미풍양속을 장려하기 위해 효자, 충신, 열녀 등을 표창하는 정책.

15) 『효종실록』, 효종 10년 2월 18일 기묘조.

16) 『현종개수실록』, 현종 6년 12월 1일 임자조.

17) 1645~?. 1682년 주부로서 춘당대 문과 을과 급제, 1689년 숙부 김익훈의 신원을 위해 사판(仕板) 삭제를 청하다가 귀양. 1694년 갑술환국으로 재 등용되어 동부승지, 부제학, 전라도관찰사, 1695년 7월 5일 성균관 대사성이 되어 이듬해 3월 26일까지 재임, 1697년 이조참의가 되었다.

18) 1636~1696. 1671년 정시문과 장원. 1680년 경신대출척 때 남인의 실각으로 이조참의, 형조참의, 대사간. 1694년 갑술옥사 이후 이조참판 겸 홍문관제학을 거쳐 양관대제학으로 중궁 복위의 옥책문 작성. 1696년 이조판서로 있다가 지병으로 사직.

명의 성균관 노비들의 다섯 달 속전을 면제시켜주라는 영조의 어명도 있었다. 요역부담 경감, 화재진압 공로 등등의 이유로 속전을 감면해주라는 어명은 영조 38년 1월 9일 계묘조, 46년 11월 14일 병진조, 49년 윤3월 3일 임술조, 정조 14년 1월 14일 을유조, 17년 1월 1일 을미조, 18년 1월 1일 기축조에도 나오고 있다.

> 주강에 나아갔다. 대사성 김만길(金萬吉)이 또한 청대(請對－면회)하여 입시(入侍)했다. 김만길이 성균관 예속(隸屬)의 조폐한 상황을 갖추 진달하고 삼사(三司)에 바치는 도사속전(屠肆贖錢)[20]을 매년 1천 냥씩 감하기를 청했으며, 지경연사 박태상(朴泰尙)도 또한 이에 찬동하니, 임금이 이를 허락했다.(하략)[21]
>
> 여군(轝軍)[22]의 자원자인 성묘의 수복 40명에게 5달의 속전을 덜어주고 동문외계(東門外契)에게 1년의 구실을 면제해 주도록 명했다. 임금이 여군이 부족한 때문에 경조(京兆＝서울)에 신칙해 누락자로 하여금 자수하게 했는데, 성균관의 수묘(守廟)로 당연히 면제될 자 40명이 자원해 응모했고, 동문 밖의 백성들 또한 대여(大轝)[23] 맬 것을 자원해 사현(沙峴)[24]에 나아갔으므로, 정성을 가상하게 여겨 이런 명이 있었다.(하략)[25]

그리고 병자호란 때에 모두 피난을 가버려 문묘가 텅 비게 되었을 때, 성균관 노비였던 정신국과 박참미가 문묘 위패들을 자루에 넣어 각각 짊어지고 남한산성의 개원사로 피난 갔다가 다시 복귀해 원위치 시켰기 때문에, 그 공이 지대하다고 전복들이 상언하고 또 성균관 관계자들과 유생들도 동일한 주

---

19) 3월 대왕대비 인원왕후 김씨(숙종의 두 번째 계비) 국장을 말함.
20) 도사는 현방, 다림방 즉 푸줏간을 말하며 속전은 원래 죄를 면하기 위해 내는 돈을 말함.
21) 『숙종실록』, 숙종 21년 8월 2일 신묘조.
22) 상여를 메는 사람들.
23) 왕실의 상여를 말함.
24) 홍제동 모래네를 말함.
25) 『영조실록』, 영조 33년 5월 17일 정미조.

장들을 자주 하였다. 그래서 이 둘을 천민에서 해방시키고 그들이 죽은 후 영조 때에 와서는 정문[26]을 설치하도록 영조가 명해 오랫동안 성균관 향석교 옆 명륜동 초입에 그 정문이 세워져 전해내려 왔다고 한다. 뿐만 아니라 정신국의 후손을 알게 되고 나서 쌀과 포를 하사했다는 기록도 있으며, 또 당시에 그들과 함께 위판 피난문제를 사실상 지휘하고 도운 성균관 유생 신분이었던 고(故) 나이준[27]에 대해서도 당시에 참봉을 제수하라고 하였으나 시행되지 않았기에 지금이라도 추가로 은전을 베풀어야 한다는 의견들이 많이 있어서 증직을 명했다는 기록도 보이고 있다.

> 태학전복 정신국(鄭信國)과 박잠미(朴潛美)를 정문(旌門)하도록 명했다. 정신국 등은 병자년의 난리 때에 성묘의 위판을 받들고 남한산성으로 들어갔던 사람인데, 이에 이르러 전복들이 상언한 것에 따라 이 명이 있었다.[28]
>
> 임금이 여차(廬次)[29]에 나아가 유신(儒臣)을 불러 『주례』를 강했다. 태학전복으로서 인산(因山) 때에 따라갔던 자를 부르라고 명해 향교(香橋) 곁에 정려한 자가 누구냐고 물으니, 병자란 때에 선성위판을 보호했던 정신국의 정려라고 대답했다. 후손을 물으니, "정신국의 5대손 정원교(鄭元僑)가 지금 수복으로 있습니다."하니, 쌀과 포를 주라고 명했다.[30]
>
> 고(故) 진사 나이준(羅以俊)을 증직하도록 특명하자, 민백흥(閔百興)[31]이, "호란 때에 태학생이 모두 흩어졌는데, 나이준은 정신국과 함께 대성(大聖)과

26) 면천하고 호성공신 통정대부라 했으나 사양하고 수복으로 평생을 마쳤다. 사후 동네 집 앞에 사당을 세워 호성사(扈聖祠)라 했다. 정신국 후손들은 성균관 서리 역할을 했으나 박참미 후손은 절손되었다. 종로구청, 명륜2가동 홈페이지 참고.

27) ?~1686. 1635년(인조 13) 사마시 합격, 1646년(인조 24) 식년문과 병과급제. 숙종이 즉위하자 부교리, 집의·사간, 1774년(영조 50) 성묘를 지켰다는 공으로 이조참판에 추증되었고, 사계서원(泗溪書院)에 배향되었다.

28) 『영조실록』, 영조 3년 3월 18일 을사조. 연려실기술 별집 제3권 사전전고(祀典典故) 문묘(文廟).

29) 임시로 치는 천막을 말함.

30) 『영조실록』, 영조 33년 10월 5일 갑자조.

31) 1715~? 목사로 있다가, 1762년 알성문과 을과급제, 1765년 이조참의, 1767년 동지의금부사, 이듬해 동지경연사, 좌윤, 예조참판, 승지, 공조참판, 1768년 대사헌, 1771년 이조참판이 되었다.

오현(五賢) 위판을 싸가지고 정신국으로 하여금 등에 지고 말을 타게 했고, 뒤쫓아가서 남한산성에 도착했습니다. 정신국은 호성공신(扈聖功臣)으로 정포(旌褒)의 은전이 있었으나, 나이준만 빠졌기 때문에 영천유생들이 단자를 올린 것이 한두 번이 아니었습니다. 청컨대 대신들에게 하순(下詢)[32]해 처리하도록 하소서."하자, 영상 김상복(金相福)이, "과연 중신이 아뢴 것과 같다면, 나이준의 경우에도 당시에 참봉 제수 명이 있었다고 하는데, 그 뒤 10년 만에 급제했을 때는 방목에 진사라고 썼으니 이유는 모르겠습니다. 추시[33]하는 은전을 받도록 하는 것이 마땅할 듯합니다."하니, 임금이 특별히 증직을 하도록 허락했다.[34]

다음 인용문 내용을 살펴보면 석전제나 상소 때와 같은 특별한 경우에는 야금을 범해도 처벌을 면할 수가 있다는 사실을 알 수 있다. 그런데 그런 경우를 무시하고 순졸이 효종이 하사하여 '사태학'이라고 글자가 새겨져 있는 은배를 가지고 나오는 성균관 노비를 잡아 곤장을 쳤다는 일로 인해서 격분한 성균관 유생들의 권당 끝에 금영대장을 중추하라고 영조가 명했다는 내용이다. 성균관 노비문제로 단식투쟁인 권당까지 행한 것을 보면 성균관 유생들이 나름대로 신경을 써서 그들을 보호한다는 것을 파악할 수 있다. 이 같은 일은 정조 때에도 있었다.

태학의 거재유생이 반례(泮隷)가 통금을 범했다가 금영(禁營)[35]에서 곤장을 맞기에까지 이르렀다 해 권당했는데, 임금이 대사성에게 명해 들어가도록 권하니, 반유(泮儒)가 곧 들어갔다. 앞서 효종 때에 태학에 은배(銀杯)를 내렸는데 사태학(賜太學)이라고 새겼다. 석전제나 상소 때에는 깊은 밤일지라도 반례가 이 잔을 가지고 나가면 나졸이 감히 묻지 못했다. 이때에 금영의 순졸이 잔을

32) 신하에게 질문하는 일을 말함.

33) 추가로 시행하는 일.

34) 『영조실록』, 영조 50년 4월 29일 신해조.

35) 금위영(禁衛營)이라고도 불리던 금영(禁營)은 조선 후기 5군영(五軍營) 가운데 하나로, 훈련도감(訓練都監) · 어영청(御營廳)과 함께 국왕의 호위와 수도의 방어를 담당하던 군영이었다.

가지고 나온 반례를 잡아 곤장으로 때리고 잔을 돌려보냈으므로, 유생들이 능모를 받았다 해 권당했는데, 임금이 그 대장을 중추하라고 명했다.[36]

태학유생들이, 재예(齋隷)가 임금이 하사한 은 술잔을 가지고 밤에 나오다가 순찰 도는 군졸에게 붙잡혔다는 이유로, 식당에 출입을 중지하니, 하교하기를 '대조(大朝)께서 유생들을 중시하는 덕의(德意)가 얼마나 큰데, 하찮은 일로 소란을 일으켜 성인의 사당에 사람이 없게 해서야 되겠는가. 병조장관을 엄히 문책하겠다.'라고 하고는, 재유들을 권해 들어가게 하라고 명했다.(하략)[37]

또 특이한 것은 성균관 전복들을 위하여 성균관 대사성 서지수[38]가 대출을 청했다가 오히려 중추를 당했다는 기록이다. 하여간 이것은 그래도 성균관 노비들의 경제적인 어려움들을 해결해주려고 성균관 대사성 신분의 서지수가 나섰다가 이해를 못한 영조에게 도리어 죄의 무거움을 따지는 중추를 당하기는 했으나 성균관 노비편이 되어주려던 일이었다.

임금이 경현당에 나아가서 『대학』을 주강했다. 대신과 비국당상을 인견하고 명해 충청도 결총 밖에 여결(餘結) 7천 6백결 말고 5천결은 구환(舊還)이 우심한 고을에 수봉(收捧)[39]을 정지하기를 특별히 허락했다. 대사성 서지수가 전재(錢財)를 대여하기를 청하니, 임금이 말하기를, "국자장은 학교를 일으킬 임무를 맡겼는데 도리어 전복(典僕)을 위해 구청했으니, 중추함이 가하다."했다.[40]

다음 인용문의 내용은 성균관 수복 중 해당자가 누구인지는 알 수 없으나 성균관 유생들의 부당한 명령과 협박을 거부하는 성균관 수복의 기개와 지조가 나타나는 내용이라고 보인다. 즉 성균관 대사성 이병정[41]이 생원은

---

36) 『영조실록』, 영조 30년 1월 28일 무인조.

37) 『정조실록』, 정조 13년 10월 7일 기미조. 어제 장헌 대왕 지문②

38) 1714~1768, 1733년 진사, 1740년 증광문과 병과급제. 이후 양관(兩館)의 제학과 대사헌, 이조판서 등 역임. 대사헌으로 있을 때 장헌세자의 비행을 조작해 영조에게 허위보고한 김상로·홍계희 일당을 탄핵, 시강원의 빈객으로 세자를 교도해 보호에 힘썼다.

39) 징수하는 일.

40) 『영조실록』, 영조 36년 10월 4일 을해조.

동재에, 진사는 서재에 거처하는 법을 당색 때문에 어기고 있는 유생들을 정거시키기도 하고 또 타이르고 지도하였지만, 대사성의 말을 듣는 척 시늉하다가 결국에는 어기면서 성균관 수복으로 하여금 '어리석고 잘못된 규정'이라고 대사성에게 전하라고 하니, '그런 거는 죽어도 못하겠다.'고 하였다. '그럼 네 아버지까지 죽이겠다.'고 협박하였다고 들으니 '참으로 해괴하기가 짝이 없습니다.'라고 국왕에게 고하니 중벌을 내리라고 명하는 내용이다.

> 대사성 이병정(李秉鼎)이 상소하기를, "태학의 동서재에 색목을 갈라 나뉘어 거처하는 것이 백 년 동안 고치기 어려운 폐단이 되고 있기 때문에, 지난번 칠일제가 끝난 뒤에 장색(掌色) 이하 유생들을 불러 놓고 옛 규정에 따라 생원은 동재에, 진사는 서재에 들어 거처하라는 뜻으로 타일렀더니, 이튿날 동서재의 유생들이 각자 나뉘어 들어갔습니다. 그런데 동재유생 넷이 앞서 한 말을 바꾸면서 여전히 옮기지 않기 때문에 정거를 내렸는데, 신이 일전에 식당에 참석해 정거를 풀어주고서 서재로 들어가도록 권했습니다. 그러자 네 유생은 수복을 불러 '근래 태학의 일을 사석(師席)은 일마다 옛 규정으로 회복시키려 하나 동서재로 나뉘어 거처하게 한 명령은 참으로 어리석다.'는 말을 신에게 전하게 하므로 수복이 이런 말이라면 죽는다 해도 고하지 못하겠다고 하자, '네가 고하지 않는다면 너와 네 아비까지 죽이겠다.'고 했답니다. 이는 태학이 생긴 이래로 일찍이 없던 변괴니, 스승의 자리에 있을 수 없다는 것은 재론의 여지가 없습니다."하니, 비답하기를, "생원, 진사를 동재, 서재로 나누어 거처하도록 한 것은 옛 법이다. 경이 옛 법을 회복한 것이 체통에 맞는데, 유생들의 거조는 해괴하기 그지없다. 이 역시 기강과 관계되는 것이니 경은 각별히 더 무거운 벌을 실시하라."했다.[42]

다음 인용문 내용에서는 종들을 가장 많이 때리는 곳들이 성균관, 포도

41) 1742~1804, 1766년 정시문과 병과급제. 1779년 충청도관찰사. 1789년 대사성. 대사헌, 공조판서, 예판, 병판, 1804년에 상호군으로 졸함.

42) 『정조실록』, 정조 13년 7월 19일 계묘조.

청, 순청 순이라고 하고 있으니, 성균관 유생들이 성균관 종들을 쓸데없이 트집 잡아 구타를 하는 일들이 제일 많아서 가장 먼저 언급되었던 모양이다. 따라서 이런 일이 없도록 해야 한다는 내용인데, 아마도 유생들이 전달사항이나 여러 통지사항들을 성균관 종들이 제때에 전달하지 않거나 불확실하게 일을 하면 마구 잡아다가 큰 소리를 치며 혼을 내키고 때리고 했었던 듯하다. 국왕으로서는 이에 대한 대책을 세우라고 명하니 한성판윤 구익(具廙)[43]이 반드시 성균관 유생들뿐만이 아니라 성균관 당하관이든지 관계자들의 책임을 엄히 묻도록 하는 것이 좋겠다고 말한 것이다.

> 상이 오부백성들이 가장 많이 고통을 겪고 있는 폐단을 걱정해 한성부에 명해서 변통할 계책을 강구하도록 했는데 이때에 와서 판윤 구익이 아뢰기를, (중략) "여러 관청에서 오부하인들을 침해하는 것은 어디서나 다 마찬가지입니다만, 성균관과 좌우 포도청과 순청[44]이 가장 심한 곳입니다. 포도청과 순청에서는 좌경(座更)[45]을 빼먹었다고 핑계대고 성균관에서는 통지사항을 성실히 알리지 않았다고 트집 잡는가 하면 심지어 성균관 동서재와 4부학당까지도 공적인 일이건 사적인 일이건 막론하고 공공연히 잡아다가 마구 때려 오부에까지 뛰어 들어가 멋대로 소란을 피웁니다. (중략) 신의 생각으로는 오부 하인배들이 혹시라도 직무를 성실히 수행하지 않는 일이 있다면 각사의 낭관, 순장의 종사관, 성균관의 구임낭청, 사학의 교수나 훈도가 그 죄상을 적어 한성부에 통보해서 엄히 다스리도록 하며, 대신의 분부와 승정원, 내각, 비변사, 의정부, 한성부 이외에는 비록 5개의 상급관아와 각 군문(軍門)이라 하더라도 멋대로 하인을 잡아가거나 가둘 수 없도록 하는 것을 규정으로 정해 엄히 신칙하되, 만약 이를 범하는 자가 있으면 한성부에서 초기해 논죄하도록 하는 것이 좋겠습

43) 1737~1804, 1761년 정시문과 을과급제. 1765년 정언, 홍문관수찬, 승지, 이조참판, 대사헌. 1776년에 멀리 유배된 것으로 보아 영조 때에 승지로서 영조의 개혁정치 또는 사도세자의 죽음을 둘러싸고 투쟁하던 시파와 벽파 중 벽파. 1784년에 대사헌, 함경감사, 강원감사, 도총부도총관, 한성판윤 및 병조, 공조판서, 판의금부사를 거쳐 1804년 지돈녕부사로 졸함.

44) 야간 순찰을 맡아보는 관청

45) 야간에 경비하는 일을 말함.

니다."(하략)[46]

3. 벌칙 사례

다음 내용을 보면 백동이라는 성균관 노비가 여러 다른 기관 종들과 함께 개성부의 여러 절에서 불경을 많이 훔쳐 다른 종들보다 아주 무거운 형벌인 교형에 처해진 사건이다. 매우 드문 일이 아닐 수가 없다.

> 의금부에서 아뢰기를, "백성 김말생, 성균관 종 백동, 교서관 종 금음동·나읍송, 조례(皂隷) 김생·동부학당 종 북간이 개성부의 여러 절에 간직하고 있는 불경을 도적질했습니다. 장물을 계산하니, 김말생과 백동은 아울러 1백 99관이므로 교형(絞刑)에 처하되 대시(待時)하게 하고, 금음동·김생·나읍송·북간은 80관 미만이므로 아울러 장 1백대에 유(流) 3천리에 처하되, 금음동·나읍송·북간은 천구(賤口)이니 유형을 속하게 하고 도관물(盜官物)이란 세 글자를 자자(刺字)하게 하고, 그 무리 지삼염·김철이는 도망 중에 있으므로 본집에다 속전을 거두게 하되 추후 체포해 자자하게 하소서."하니, 그대로 따랐다.[47]

성균관 노비들에게 특권으로 부여되었던 소의 도살을 임진왜란 후여서 선조는 일단 금한 것으로 보이는데 그것이 잘 안 지켜졌기 때문에 다시 명한 것으로 보인다. 소의 도살을 더 이상 방치하지 말고 일절 금해 반궁을 깨끗이 하도록 하명하였다.

> 비망기[48]로 전교했다. "성균관에서는 지금도 소를 도살하는가? 이 일은 평소 전교한 것이 한두 번이 아니다. 우선 국법은 그냥 두고라도 수선(首善)의 곳이 도살하는 소굴이 되었으니 어찌 추하지 않은가. 저 유생과 그 스승들은 어찌해

46) 『정조실록』, 정조 15년 4월 4일 무신조.

47) 『세조실록』, 세조 7년 5월 9일 무신조.

48) 임금의 명령을 적어 승지에게 전하는 문서. 잊지 않기 위하여 적은 기록.

엄금하지 않는가? 내가 듣기로는 풀 한 포기 나무 한 그루도 그 시기가 아닐 때 꺾으면 어질지 못하다고 했고, 옛날 사람은 창문 앞의 풀도 뽑지 않았다고 했다. 그런데 도리어 아무도 탓하지 못하는 성역으로 생각하고 사람을 시켜 하루에도 수십 마리 혹은 수백 마리씩이나 함부로 도살하는데도 유사는 감히 다스리지 못하고 있다. 소도 생명체로서 고통으로 괴로워하는 소리와 피비린내가 신성한 곳까지 미치는데도 부끄러운 줄을 모르며 사람들도 해괴하게 생각하지 않으니, 비루한 습속을 변화시키기가 너무 어렵구나. 이후로는 각별히 엄금해 한 사람의 도수(屠手－백정)도 그곳에 용납하지 못하게 해서 반궁을 정숙하고 깨끗이 하도록 성균관에 말하라."[49]

다음 내용은 해결하는데 시일이 좀 걸린 문제로 성균관 종과 왕족의 종들끼리 다툰 일이었다. 왕족인 전성군 이준이 자기 집 종을 위해 법에 의거하지 않고 나장을 시켜 성균관 종을 잡아다가 가둔 일이 더 큰 발단이 되어 지평 이유연이 파직을 청했으나 선조는 왕족임을 감안하였는지 추고케만 하였다.

지평 이유연(李幼淵)이 와서 아뢰기를, "전성군(全城君) 이준(李準)이 전에 그의 종이 성균관 전복(典僕)과 서로 싸운 일로 형조에 정장(呈狀)[50]했습니다. 이런 경우 사건해결은 본래 담당하는 곳이 있는 법인데, 종을 풀어 반궁과 매우 가까운 곳에서 소란을 피우게 했고, 심지어는 데리고 있는 나장(羅將)[51]을 시켜 성균관 종을 잡아다가 바로 수금까지 했습니다. 사체를 돌아보지 않고서 제멋대로 사형(私刑)을 행한 죄가 크니 파직을 명하소서."하니, 답하기를, "그런 일 때문에 파직까지 할 수는 없으니, 추고하라."했다.[52]

다음은 선조 39년 5월 25일 밤에 일어난 행실이 나쁜 조정대신, 궁인, 내시들을 비방하는 동무 벽에 붙인 벽서사건[53] 즉 성균관에서의 대자보 사건인

49) 『선조실록』, 선조 35년 6월 10일 경자조.
50) 격식을 갖춘 보고서.
51) 의정부의 하급 관원을 말함.
52) 『선조실록』, 선조 36년 5월 11일 병인조. 5월 29일 갑신조.

데, 이를 조사하는 두 달여의 과정에서 많은 성균관 수복들이 잡혀가 문초를 받다가 죽기도 하는 등 수 십 명의 성균관 노비들이 아주 큰 고통을 당하였다.

> 성균관 노비 효남(孝男)의 공초 내용은 다음과 같다. "저는 지난달 21일 행상하는 일로 개성부에 갔다가 28일 돌아왔는데 수복 천룡(天龍)이 수금(囚禁)되었으므로 그 대신 저를 가 수복(假守僕)으로 차정했습니다. 30일 향(香)을 받은 뒤 제가 문자를 모르기 때문에 수복에서 개차되었다가 또 순룡(順龍)이 수금되자 다시 차정되었습니다. (중략) 관중에 다른 하인이 없었으므로 사학 하인인 저를 형조로 보낸 것이니, 도망했다가 잡힌 부류는 아닙니다. 벽서 일은 그때 제가 개성부에 다녀오기 전의 일이어서 전혀 모릅니다. 28일 돌아온 뒤 반중 하인은 모두 도망했기 때문에 들어보려 해도 물어볼 데가 없었습니다. 저는 하인들이 다 달아난 뒤에 혼자 성묘를 수직했습니다. 11일 동무 벽에 다시 단청을 칠할 적에 장무관[54], 감역관과 함께 수리했고, 15일 분향할 때에는 혼자서 수소(修掃)했습니다. 이외에 다른 일은 전혀 듣지도 알지도 못하니 분간해 시행하소서."[55]

통행금지 사항을 어긴 성균관 노비를 반궁 영역 안에서는 함부로 잡아갈 수 없는데도 불구하고 훈련대장 이완 측이 이를 어기고 잡아가자, 성균관 유생들이 이완의 하인을 대신 잡아서 매질을 하니 서로 맞대결을 펼치는 상소 사태가 일어났다. 따라서 현종은 시비는 자신들이 가릴 터이니 유생들은 학업에나 힘쓰라고 명한 것이었다.

> 처음에 상이 온천에 거둥하면서 훈련대장 이완에게 도성 안의 도적을 겸해 살펴 통행금지를 엄하게 하도록 명했었다. 법금을 어긴 성균관 노비를 나졸이 성균관 식당으로 달려 들어가 다리 안쪽의 하련대 가에서 잡아갔는데 유생들이

53) 장재천, 「조선시대 성균관의 벽서 사건 고찰」, 『동방사상과 문화』 2집 동방사상문화학회, 2008. 137쪽.

54) 낭관, 당하관들.

55) 『선조실록』, 선조 39년 6월 24일 신유조.

이완이 데리고 있는 하인을 잡아들여 매질을 하자, 이완이 사람에게 모욕당했다고 상소하여 죄를 청했는데, 상은 '나이 어린 부랑배들의 소행을 마음에 둘 것이 있느냐.'고 답했다. 간원이 이완이 투소한 내용은 고발하는 것과 같다는 이유로 추고하기를 청하니, 상이 듣지 않았다. 유생들도 상소해 자신들의 입장을 변명하니, 상이 답하기를, "자연히 조정에서 시비를 가릴 것인데, 그대들이 상소해 스스로 해명한단 말인가. 그대들은 더욱 학업에 힘쓰도록 하라."했다.[56)]

과거를 볼 때마다 많은 부정들이 발생하였는데 성균관 종들도 직간접적으로 부정과 관련이 되는 일이 있어서 중간에 농간을 부리는 일이 생겨나지 않도록 건의사항을 영조가 수용한 것이다.

사간 이윤신(李潤身)이 상소했는데, 대략 이르기를, "근래 한 번의 과거를 치를 적마다 빈번이 사람들의 말이 있으니, 시관이 데리고 다니는 겸종(傔從)[57)]의 출입을 일체 금지하게 하소서. 반궁의 복례(僕隷)도 다른 관사에 있는 자들로 일체 모두 이차(移差)[58)]함으로써 연줄로 서로 통하는 길을 단절시키게 하소서. 시권을 고사(考査)할 적에 비록 잘못 쓴 시권이 있더라도 본래의 초고를 들여오지 말게 하고 장외(帳外)에 있는 대관(臺官)[59)]으로 하여금 상세히 고준(考準)[60)]해 농간을 부리는 폐단을 방지하게 하소서."하니, 그대로 따랐다.[61)]

성균관 전복이 궁궐 액예에게 구타를 당했다고 돈화문 밖에서 너무 소란을 피워 변괴라고 하며 성균관 대사성을 비롯해 당상들을 파직하고 장의마저 무기 정거(停擧)를 명한 일이다.

---

56) 『현종개수실록』, 현종 6년 6월 5일 경신조.

57) 예전에, 양반집의 수청방(守廳房)에 있으면서 여러 가지 잡일을 맡아보고 시중을 드는 사람을 이르던 말.

58) 임시로 차출하거나 옮기는 일을 말함.

59) 사헌부와 사간원 관리를 지칭함.

60) 장부를 확인하고 대조하는 일.

61) 『영조실록』, 영조 16년 10월 19일 병진조.

병조에서 아뢰기를, "대궐문을 닫은 뒤에 태학의 전복이 액례에게 구타를 당했다며 돈화문 밖에서 고함을 지르고 있습니다."하니, 하교하기를, "이는 전에 들어보지 못한 변괴이다. 비록 대낮에도 감히 그런 짓을 할 수 없는데 어두운 밤에 대궐문에서 이처럼 놀라운 짓을 했으니, 이를 예사롭게 처리했다가는 앞으로의 폐단이 어느 지경에 이를 지 알지 못하겠다. 즉시 포도청으로 이송해 형벌을 사용한 뒤에 법대로 처리하라. 태학전복이 이러한 죄를 지었으니, 본관의 큰 수치거리다. 대사성을 삭탈하고 성균관당상들을 모두 파직하고 장의는 무기한 과거를 보지 못하게 하라."했다. 또 하교하기를, "엊그제 한밤중에 집춘문 밖에서 작란한 놈들을 일찍 엄중한 법으로 엄히 징계했더라면 어찌 다시 오늘 밤과 같은 일이 일어났겠는가? 대체로 근래에 안일에 젖은 것이 습관이 되어 옥관(獄官)이 그처럼 세월만 보내고 있으니, 이게 어찌 작은 일이겠는가? 형조 당상에게 다시 관직 삭탈하는 법을 시행하라."했다.[62]

다음 내용은 선조 때도 소의 도살을 금했는데 성균관 노비들에게는 아마도 잘 지켜지지 않아서 정조 때에도 이런 유사한 일이 생긴 것으로 보인다. 농사 형편을 전혀 고려하지 않고 농사 도구인 소를 마구 잡는 일이 성균관 하예들에 의해 행해져서 호서와 호남지방의 농사를 망치고 있다는 상소들이 빗발친 것이다.

대사간 임제원(林濟遠)이 상소하기를, "올 가을 삼남지방 농사 형편은 비오고 개는 일기가 알맞아 파종과 김매는 시기를 잃지 않은 관계로 이 근래에 보기 드문 풍년이 들었다는 것입니다. 그러나 듣기에 논이 있는데도 모를 내지 못한 곳이 많이 있고 이미 모내기는 했으나 너무 늦게 낸 곳도 많다고 합니다. 이는 흉년이 들고 전염병이 퍼져서 인력이 미치지 못한 소치이기도 하지만 실은 일소(農牛)가 너무나 귀한 소치라고 합니다. (중략) 그 폐단을 논하자면 호서와 호남이 앞장서고 있는 것입니다. 그 까닭에 소 한 마리가 백금이나 되어 논밭을 갈 만한 소가 없어서 사람이 대신 갈게 되므로 모내지 못한 것이나 늦

62) 『정조실록』, 정조 6년 10월 4일 정묘조.

게 내는 것은 형편이 그렇게 만든 것입니다. 어찌 세운의 탓이겠습니까. 소 도살을 국법으로 크게 금하고 있고 더구나 지금 농사를 망치는 폐단이 모두 이 지경에 이르렀으니 금법을 거듭 밝히는 것이 오늘의 급선무입니다."(하략)[63]

역시 과거 시험에서는 많은 부정들이 행해졌는데 하인들에 의한 농간도 심하였다. 그 일을 핑계 삼아 토색질을 심하게 한다는 것이다.

(상략) "승보시험과 사학의 제술시험에 관해서는 그 행사를 알려주는 일이 규정이 있는데도 불구하고 성균관과 사학서리와 하인들이 밑에서 심하게 독촉함으로써 토색질하는 밑천으로 삼고 있으니 한심합니다. 신(판윤 구익)의 생각으로는, 문신제술과 전강은 전례대로 군직청에서 거행하며 승보시험은 대사성이 한성부에 공문을 보내고 사학의 제술시험은 교수가 한성부에 통보하면 한성부는 각부에 공문을 보내 각부에서 동임(洞任)에게 알리도록 하는 것이 사리에 맞아 폐단이 저절로 제거되리라 여겨집니다. 이를 규정으로 정한 뒤에도 전처럼 침해하는 일이 있으면 한성부에서 성균관 및 사학서리와 하인들을 엄히 다스리고, 신칙하지 못한 낭청과 훈도들은 초기해 죄를 주게 하소서."하니, 따랐다.(하략)[64]

다음 내용도 역시 위와 같이 성균관 노비들이 상전들을 믿고 방자한 일들을 저질러서 이를 바로잡고자 국자장, 즉 성균관 대사성을 엄히 다스리겠다고 명한 것이다.

차대(次對)[65]했다. 좌의정 김재찬이 아뢰기를, "역관을 보내어 바다를 건너가 또 반학(泮學)의 하예들을 풀어서 멋대로 잡아다가 추징할 적에 가지 않는 곳이 없으며, 하례들도 빙자해 저지르는 일이 많아 심지어는 시전에서 온갖 방

63) 『정조실록』, 정조 17년 9월 11일 신축조.

64) 『정조실록』, 정조 15년 4월 4일 무신조.

65) 매달 여섯 차례씩 의정(議政), 대간(臺諫), 옥당(玉堂) 등이 나라의 중요한 일을 임금에게 아뢰는 일을 이르던 말.

법으로 때리고 협박하면서 강탈하는 것이 많다고 합니다. 과거에 이런 일 때문에 선조(先朝)의 수교(受敎)가 지극히 엄절(嚴截)해 각사의 관원이 하예를 차송하는 경우에 이르러서도 관장(官長)을 논죄해 통렬히 금단하게 했습니다. 그런데 지금은 전에 견주어 더욱 극심하기 때문에 저리(邸吏)[66]들이 지탱해 견뎌낼 수 없다고 합니다. 성균관, 사학, 경조에 분부해 일절 엄히 금단하게 하며, 이 뒤에 이렇게 할 경우에는 먼저 대사성과 경조의 당상부터 중한 쪽으로 논해 감죄하게 하소서."하니, 하교하기를, "연전에 대신이 이 일 때문에 거론해 아뢰었었는데 이제 또 대신이 아뢰는 내용을 들으니, 그런 폐단이 아직도 있다고 한다. 사습이 이러하니 실로 개탄스러운 일이다. 아뢴 대로 경조윤(京兆尹),[67] 국자장을 엄히 신칙해 논감하겠다는 것으로 또한 신명시키고 법식으로 정하라."[68]

4. 맺으며

조선시대 최고의 교육기관인 성균관은 하부구조를 이루고 있는 성균관에서 일하는 노비들 때문에 유지되며 운영되었다고 하여도 과언은 아니다. 노비들이 아니라면 수많은 잡일과 허드렛일들은 누가 한단 말인가? 성균관 내에서 일하는 노비가 적게는 수십 명, 밖에서 일하는 노비들까지 합치면 많게는 수백 명의 노비들이 있었기에 성균관이 유지되었던 것이다. 그런데 우리는 성균관을 뒷받침하고 있는 이 성균관 노비들에 대해서는 실상 그다지 큰 관심들을 기울이지 아니 하였다. 그래서 성균관 교관이나 유생들에 대한 연구도 아직 할 것이 많이 남아 있지만 이번에 특별한 관심을 가지고 성균관 노비들의 상벌문제를 가지고 본격화하기 시작하였다.

성균관 노비들이 당연히 해야 할 일들이었지만 그래도 잘 수행하거나 공

---

66) 중앙과 지방 관청의 연락 사무를 맡아보거나 서울에 출장 온 지방 관리들의 편의를 돕는 향리를 이르던 말.

67) 한성부 판윤을 말함.

68) 『순조실록』, 순조 9년 5월 12일 신미조.

적을 쌓으면 칭찬이나 보상을 받거나 기림을 받게 되는 일들이 있었다. 즉 저화 사용이 불편함을 상언하여 수용되기도 하고, 유생 공궤 문제로 상언하여 어전을 하사 받기도 하고, 전답을 사급 받기도 하였다. 성균관 여종이 열녀라고 정표를 한다든가, 세쌍둥이를 낳았다고 사관이 실록에 기록한다든지, 푸줏간 속전을 감면해주라는 조치, 화재 진압에 앞장섰다고 요역 면제, 국장 인산 때 수고했다고 요역 면제, 병자호란 때 위패를 보호했다고 정신국은 면천과 호성공신, 은배를 나르다가 야금을 위반했다고 순졸에게 맞은 일로 유생들이 권당까지, 성균관 노비들에게 생활자금을 대여해주어야 한다고 대사성이 상소, 색목으로 인한 유생들의 부당한 명을 거부, 유생들의 종 구타 금지 등등 상찬과 관계되는 일들이 많이 있었다.

뿐만 아니라 성균관 노비들 중에는 불경을 도둑질해서 교형에 처해진 일, 소 도살의 특권이 무분별해져서 임진왜란 후나 정조 때에 박탈당한 일, 다른 기관의 종들과 싸운 일, 선조 때 조정대신들을 비방하는 벽서 사건으로 성균관 종들이 심문 받거나 문초로 죽는 일, 과거시험 때 늘 중간 과정에서 농간을 부리거나 그것을 핑계 삼아 토색질을 하는 일, 상전을 믿고 방자하게 굴어 다른 이들에게 피해를 주는 일 등등 벌을 받는 일들도 많이 있었다.

결국 성균관과 관련되는 일들을 하면서 이리저리 얽혀 상벌이 따른 것이었다. 말하자면 성균관 노비들도 삶의 애환이 있을 수밖에 없는 것이 그들의 삶은 전적으로 성균관에 달려 있었고, 또 성균관 주변 반촌에 살면서 운명적으로 만들어질 수밖에 없는 것이었다. 전통사회라는 시대적인 한계가 있기는 하였지만 교관이나 유생들이 상전이었기에 피곤한 삶을 살아내야만 했던 것이다.

• 참고문헌 •

1. 원전류

『경국대전』, 『경도잡지』, 『경상도읍지』, 『경서』, 『경세유표』, 『고대일록』, 『고려사』, 『고려사절요』, 『국조문과방목』, 『국조방목』, 『국조오례의』, 『국조인물고』, 『국조인물지』, 『극원유고』, 『기묘록보유』, 『기묘록속집』, 『대동기문』, 『대동야승』, 『대동운부군옥』, 『대동패림』, 『대전통편』, 『동국통감』, 『동문선』, 『명세보』, 『명세총고』, 『명심보감』, 『무명자집』, 『문과방목』, 『반중잡영』, 『보한재집』, 『사마방목』, 『삼강행실도』, 『소청일록』, 『속대전』, 『속전첨록』, 『속조야집요』, 『송와잡설』, 『송재집』, 『수교집록』, 『순암문집』, 『순자』, 『승정원일기』, 『시경』, 『신증동국여지승람』, 『안락당집』, 『양곡집』, 『여문집성』, 『연려실기술』, 『영남읍지』, 『영남인물고』, 『예기』, 『사서오경』, 『오륜행실도』, 『용재집』, 『용재총화』, 『유서필지』, 『유헌집』, 『율곡전서』, 『음애일기』, 『이륜행실도』, 『익산군지』, 『임하필기』, 『전고대방』, 『정무익공유고』, 『조선고적도보』, 『조선금석총람』, 『조선승무유현년표』, 『조선왕조실록』, 『조선환여승람』, 『조야집요』, 『주례』, 『주자가례』, 『중용』, 『증보문헌비고』, 『지봉유설』, 『청선고』, 『추강사우록』, 『태학성전』, 『태학지』, 『통감』, 『퇴계집』, 『필원잡기』, 『한국역대인물종합정보』,『한국향토문화전자대전』, 『한서(漢書)』, 『해동명신록』, 『해동명신전』, 『해동방목』, 『해동잡록』, 『효경』, 『효행록』, 『후천집』.

2. 논저류

강광식, 「조선조 유교정치문화의 구조와 기능」, 『한국의 정치와 경제』 제1집, 한국정신문화연구원, 1992.

곽제가 저, 이경자 역, 『중국의 고대학교』, 원미사, 2004.

교학사 편집부, 『새 국사사전』, 교학사, 2011.

권인혁, 「19세기초 양제해(梁濟海)의 모변실상과 그 성격」, 『탐라문화』 7, 제주대학교 탐라문화연구원, 1988.

김기수 외, 『한국 민속문화의 탐구』, 민속원, 1996.
김동수, 「서원통문의 공론성과 서원의 정치세력화의 요인－서원통문 불만의 내용 검토」, 『역사학연구』 10, 전남대학교, 1981.
김만석, 「석전의례악 연구」, 성균관대학교 대학원, 박사학위논문, 2002.
김상오, 「당쟁사의 입장에서 본 이이의 문묘종사 문제」, 『전북사학』 제4집, 전북대학교, 1980.
김성윤, 『조선후기 탕평정치 연구』, 지식산업사, 1997.
김용헌, 『조선 성리학, 지식권력의 탄생』, 프로네시스, 2010.
김태능, 「양제해란과 제주민의 자주기도」, 『제주도지』 통권 34, 1968.
김해영, 『철학자, 정조의 효치를 분석하다』, 안티쿠스, 2012.
목정균, 『조선전기 제도언론 연구』, 고려대학교 민족문화연구소, 1985.
문화재청, 『서울문묘실측조사보고서』, 2006.
박광용, 「조선후기 탕평 연구」, 서울대학교 대학원 박사학위논문, 1994.
박주, 『조선시대의 정표정책』, 일조각, 1990
박천규, 「문형고」, 『사학지』 6, 1972.
설석규, 「16세기 전반정국과 유소의 성격」, 『대구사학』 44, 대구사학회, 1992.
설석규, 「광해조 유소동향과 대북정권의 사회적 기반」, 『조선사연구』 2, 복현조선사연구회, 1993.
설석규, 「숙종조 원우 동향과 붕당의 사회적 기반」, 『국사관 논총』 34, 국사편찬위원회, 1992.
설석규, 『조선시대 유생상소와 공론정치』, 도서출판 선인, 2002.
성균관대학교 교사편찬위원회, 『성균관대학교 육백년사(천)』, 성균관대학교 출판부, 1998.
성태용, 「진정한 내성외왕의 학을 위한 제안」, 『오늘의 동양사상』 3, 예문동양사상연구원, 2000.
손정목, 『조선시대 도시사회 연구』, 일지사, 1994.
손직수 역, 『학교사회학－상호작용론적 견해』, 원미사, 1998.
송준호, 『조선사회사 연구』, 일조각, 1987.
신명호, 『조선 왕비실록』, 역사의 아침, 2007.

유교사전편찬위원회 편, 『유교대사전』, 박영사, 1990.
유본예 저, 권태익 역, 『한경지략』, 탐구당, 1981.
유본예, 『한경지략』, 서울특별시사편찬위원회, 1956.
유숙 저, 홍희 역, 『예의 정신』, 동문선, 1994.
육수화, 『조선시대 왕실교육』, 민속원, 2009.
윤기 저, 방동민 역, 『성균관 유생들의 생활상』, 도서출판 우삼, 2010.
윤기 저, 이민홍 역, 『반중잡영: 조선조 성균관의 교원과 태학생의 생활상』, 성균관 대학교 출판부, 1999.
윤사순, 『동양사상과 한국사상』, 을유문화사, 1989.
윤영해, 「조선전기 사대부 금악(琴樂) 연구」, 서울대학교 대학원, 박사학위논문, 2015.
윤정, 「숙종~영조대의 세자교육과 소학」, 『규장각』 27, 서울대학교 규장각 한국학 연구원, 2004.
이병걸, 『조선전기 기호사림파 연구』, 일조각, 1984.
이병걸, 『조선전기 사림파의 현실인식과 대응』, 일조각, 1999.
이성무, 『조선시대 당쟁사 1, 2』, 동방미디어, 2000.
이성무, 『조선초기 양반연구』, 일조각, 1980.
이수건, 『영남사림파의 형성』, 영남대학교 민족문화연구소, 1979.
이우성, 『한국의 역사상』, 창작과 비평사, 1992.
이원호, 「조선조 성균관 유생의 소집에 관한 연구」, 『교육학연구』 8, 한국교육학회, 1970.
이장희, 『조선시대 선비연구』, 박영사, 1998.
이재숙 외, 『조선조 궁중의례와 음악』, 서울대학교 출판부, 1998.
이종숙, 「한국 석전대제 문묘일무의 쟁점과 전형 검토」, 『국악원논문집』 37집, 2018.
이준구, 『조선의 선비 이황』, 스타북스, 2006.
이태진, 「조선왕조의 유교정치와 왕권」, 『한국사론』 23, 서울대학교, 1990.
이태진, 『조선유교사회사론』, 지식산업사, 1989.
이홍직, 『국사대사전』, 학원출판공사, 1999.
이희권, 「조선전기 공관 연구」, 『사학연구』 28, 한국사학회, 1978.

이희권, 「조선전기 공관·권당 연구」, 『사학연구』 30, 한국사학회, 1980.

이희승, 『국어대사전』, 민중서림, 2017.

임학선, 『문묘일무의 예악사상』, 성균관대학교 출판부, 2011.

장재천, 「대사성까지 역임한 성균관의 우수 교관 사례」, 『한국사상과 문화』 77집, 한국사상문화학회, 2015.

장재천, 「순조 전반기의 성균관과 유생에 대한 시각－유소에 대한 비답을 중심으로」, 『한국사상과 문화』 102집, 한국사상문화학회, 2020.

장재천, 「실록에 나타난 조선후기 성균관 장의의 영예」, 『한국사상과 문화」 67집, 한국사상문화학회, 2013.

장재천, 「조선 중종 전반기 성균관 유생들의 사습 논란」, 『한국사상과 문화』 96집, 한국사상문화학회, 2019.1.31.

장재천, 「조선 중종대 성균관 유생들의 천거 중 효행에 의한 관직 진출 사례」, 『청소년과 효문화』 32집, 한국청소년효문화학회, 2018.

장재천, 「조선시대 성균관 장의의 역할과 권한」, 『한국사상과 문화』 65집, 한국사상문화학회, 2012.

장재천, 「조선시대 성균관 통문에 의한 공론 형성 과정」, 『한국사상과 문화』 53집, 한국사상문화학회, 2010.

장재천, 「조선시대 성균관의 벽서 사건 고찰」, 『동방사상과 문화』 2집 동방사상문화학회, 2008.

장재천, 「조선후기 성균관의 반촌과 반촌인」, 『향토 서울』 77호, 서울특별시사편찬위원회, 2011.

장재천, 『교육사회학의 이론과 실천』, 교육과학사, 2009.

장재천, 『조선 성균관 교육문화』, 교육과학사, 2012.

장재천, 『조선 성균관 학교문화』, 박영사, 2018

장재천, 『조선조 성균관 교육과 유생문화』, 아세아문화사, 2000.

정구선, 『조선시대 천거제도 연구』, 초록배, 2001.

정만조, 「조선조 시대의 언로와 상소」, 『담수』15, 담수회, 1986.

정일영, 「조선시대 성균관의 악교(樂教)양상」, 서울대학교 대학원, 박사학위논문, 2015.

조광, 「신유박해의 성격」, 『민족문화연구』 13, 1978.
조광, 「황사영 백서의 사회사상적 배경」, 『사총』 21 · 22합집, 1977.
지두환, 『조선전기 의례연구』, 서울대학교 출판부, 1996.
차미희, 『조선시대 문과제도 연구』, 국학자료원, 1999.
촌산지순 저, 최길성 역, 『조선의 풍수』, 민음사, 1990.
최석우, 『한국천주교회의 역사』, 한국교회사연구소, 1982.
최승희, 『조선초기 언관·언론 연구』, 서울대학교 출판부, 1976.
최이돈, 「16세기 공론정치의 형성과정」, 『국사관 논총』 34, 국사편찬위원회, 1992.
최이돈, 『조선중기 사림정치 구조연구』, 일조각, 1994.
최일범, 「성균관의 역사와 문화」, 『성균관과 문묘의 세계유산적 가치』, 서울특별시 문화본부 역사문화재과, 학연문화사, 2016.
최진옥, 『조선시대 생원진사 연구』, 집문당, 1998.
태학지번역사업회, 『국역 태학지』, 성균관, 1994.
피정란, 「조선중기 성균관유생의 언론활동을 통한 정치참여에 대하여」, 『성대사림』 12, 13, 성균관대학교, 1997.
피터 우즈 저, 손직수 역, 『학교사회학 – 상호작용론적 견해』, 원미사, 1998.
한국정신문화연구원 편집부, 『한국민족문화대백과사전』, 한국정신문화연구원, 1991.
한국청소년효문화학회, 『청소년과 효문화』 1집~30집, 2002~2017.
홍기은 역, 『갈암집』 제3권, 한국고전번역원, 1999.
홍이섭, 「신유년(辛酉年)에 있어서의 신문상황」, 『아세아학보』 8－2, 1965.
Coleman, J., Education and Political Development, Princeton University Press, 1965.
Dallet 저, 최석우 · 안응렬 역주, 『한국천주교회사』, 분도출판사, 1980.
Robinson, P., 손직수 역, 『교육사회학의 전망(perspectives on the sociology of education)』, 양서원, 1992.

3. 기타

Daum.net

http://www.facebook.com/historyminstrel.

https://search1.kakaocdn.net/argon/0x200_85_hr/Bu5Kz735Se

https://t1.daumcdn.net/cfile/blog/246A903555FD58301F

https://t1.daumcdn.net/cfile/cafe/115C6D334CA1F4066A

JTBC, 2018년 1월 29일자.

KBS2 드라마 성균관 스캔들 홍보 화면, 2010.

문화원형백과(culturecontent.com), 한국콘텐츠진흥원.

세계신문보, 2009.11.6.일자.

위키백과.

장달수의 한국학 카페, http://cafe.daum.net/jangdalsoo.

종로구청 홈페이지(명륜2가동).

한겨레신문, 2007.5.21.

한국역대인물종합정보시스템(people.aks.ac.kr), 한국학중앙연구원.

한국학중앙연구원 – 향토문화전자대전

• 찾아보기(인명) •

• 찾아보기(사항) •

저자소개

장재천(張在天)

주요 학력/경력

- 성균관대학교 교육학과 및 동 대학원: 문학사, 교육학 석사, 교육학 박사학위 취득
- 성균관 유교사상연구원 한림원 학정계제 2년, 한림계제 3년 졸업
- 성균관대(학부, 대학원, 교육대학원), 한국외대 교육대학원, 서울교대, 상명대, 한국체대, 강남대, 용인대(학부, 교육대학원), 한국방송통신대, 한국사상문화연구원, 한국청소년예절교육원 강사, 대전효문화진흥원 자문위원, 한국교육사학회 감사, 보성중고 부장교사, 용인대학교 교직과장 및 교수학습지원센터장 역임
- 현재 한국교육사학회 이사 겸 편집위원장, 한국사상문화학회 교육이사 겸 편집이사, 한국청소년효문화학회 상임부회장 겸 편집위원장, 국제교류문화진흥원 이사 등
- 현재 용인대학교 교양교육원 교수
- 관심분야는 교육사회학, 평생교육, 교육사, 교육인류학, 한국사상문화, 한국전통효문화, 정치학, 역사학, 유교철학 등

주요 저서

『조선조 성균관교육과 유생문화』, 『조선 성균관 교육문화』(2013년 대한민국 학술원 우수학술도서), 『조선 성균관 학교문화』(2019년 대한민국 학술원 우수학술도서), 『교육사회학의 이론과 실천』, 『교육학의 기초』, 『교직실무론』, 『쉬운 교육사회학』 등

『교육의 기초와 인간상』(공저), 『대학생의 명심보감』(공편저), 『한국인의 효사상』(공저), 『한국의 효사상과 정신문화(1), (2), (3), (4)』(공저) 등

조선 성균관 교학문화

초판발행 2021년 3월 30일

지은이 장재천
펴낸이 노 현

편 집 전채린
기획/마케팅 장규식
표지디자인 이미연
제 작 고철민·조영환

펴낸곳 ㈜ 피와이메이트
서울특별시 금천구 가산디지털2로 53 한라시그마밸리 210호(가산동)
등록 2014. 2. 12. 제2018-000080호
전 화 02)733-6771
f a x 02)736-4818
e-mail pys@pybook.co.kr
homepage www.pybook.co.kr
ISBN 979-11-6519-155-9 93370

정 가 19,000원